"十三五"职业教育国家规划教材
现代学徒制研究成果系列教材

手把手教你做网络营销

赵　俊　陈思佳　主　编
晏美芝　王晓洁　张汇敏　副主编
陈　朋　林　环　荣冰晴　参　编

中国铁道出版社有限公司
CHINA RAILWAY PUBLISHING HOUSE CO., LTD.

内 容 简 介

本书按照具体产品的网络营销流程来设计，逻辑上遵循工作过程系统化的思路：选择三种不同类型产品，分别在教师示范、学生课堂练习、课外巩固环节使用。通过三个完整的营销流程的学习与练习，达到掌握技能、提升能力的目的。全书共分四篇：准备篇，分析产品、分析市场、决定市场定位；策划篇，根据市场定位选择适合的网络营销推广渠道，并有选择地实施；实施篇，重点是如何开设网店和店铺装修；移动篇，主要通过移动端使用微信、HTML5 进行产品、网站、网店的推广。

本书适合作为职业院校电子商务和营销专业的教材，也可供相关网络营销从业人员参考。

图书在版编目（CIP）数据

手把手教你做网络营销/赵俊，陈思佳主编. —北京：中国铁道出版社，2017.8（2023.7重印）
现代学徒制研究成果系列教材
ISBN 978-7-113-23228-3

Ⅰ.①手… Ⅱ.①赵… ②陈… Ⅲ.①网络营销-教材 Ⅳ. ①F713.365.2

中国版本图书馆CIP数据核字(2017)第133940号

书　　名：手把手教你做网络营销
作　　者：赵　俊　陈思佳

策　　划：邬郑希　　　　**编辑部电话：**（010）83527746
责任编辑：邬郑希　贾淑媛
封面设计：刘　颖
责任校对：张玉华
责任印制：樊启鹏

出版发行：中国铁道出版社有限公司（100054，北京市西城区右安门西街 8 号）
网　　址：http://www.tdpress.com/51eds/
印　　刷：北京铭成印刷有限公司
版　　次：2017 年 8 月第 1 版　2023 年 7 月第 4 次印刷
开　　本：787 mm×1 092 mm　1/16　**印张：**16.25　**字数：**395 千
书　　号：ISBN 978-7-113-23228-3
定　　价：56.00 元

前　言

在日趋成熟的电子商务环境下，商品的竞争越来越激烈，网络营销逐渐成为企业主要的销售方式之一。虽然说“得网络者得天下”有夸张之嫌，但是不去理会网络，想占据主流市场，对于企业而言，越来越难。在这种趋势下，网络营销的影响力渗透到社会生活的各个方面和各个行业。网络营销涵盖面非常广泛，如各种线上工具、各类网站、网络广告、邮件列表、B2B 平台、C2C 平台、APP，等等，总之，想象力有多远渠道就有多少，其发展前景十分广阔。由于网络营销的方式方法非常多，需要用文字、图形、声音、视频等综合方式把信息传达给受众，并让人们愿意和乐于接受。因此，网络营销最难的地方就在于适当的选择和适时的应用。

要提升网络营销水平，就必须重视人才的培养。目前，市场上有关网络营销的书籍较多，但大多偏重于理论讲解。本书的特点是实用性强，主要针对没有任何网络营销基础，但又想在较短时间内能够独立进行网络营销操作的人员而设计。本书选择了创业过程中能得到相关政策扶持，对个人创业更有帮助的特色农产品和特色工业品分别作为操作示例和练习示例，实际示范如何进行网络营销的实际操作，并设计同步练习。本书旨在将实践性操作与网络营销理论相结合，以营销理念为主线，以示例操作为手段，以任务为教学单元，以三个完整的工作过程，向初学者展示如何从零开始做网络营销。

本书共分四篇：准备篇，针对商品进行宏观和微观的分析，对产品特性和市场定位做出相应的准备工作；策划篇，找到最为常用的网络营销渠道，根据示范产品特点，选择适合该产品的网络营销渠道进行一般性推广操作；实施篇，以淘宝 C 店为例，进行开设店铺、店铺装修和简单经营；移动篇，使用移动端如微信、HTML5 等方式对产品、网站、网店进行宣传和推广。本书的讲解过程和顺序完全按照企业网络营销工作流程进行。

本书展示了大量操作界面截图的图片，旨在手把手地演示操作过程，并说明思路，对读者的思考起到抛砖引玉的作用，激发读者动手的兴趣。本书语言简练、示范步骤详细、图文并茂，结构安排合理、详略得当、操作性强，是中等职业院校电子商务类专业第一、二学期学习的最佳选择，也可供网络营销人员、电子商务人员及对电子商务感兴趣的人士使用。本书相关素材资源可以在 www.51eds.com/show/5938.html 上查询。

参加本书编写的作者长期工作在网络营销和电子商务教学的第一线，具有教学研究及电子商务的实践经验。所以在编写教材时，本着循序渐进、由浅入深的原则，从示范操作到知识补充，都做了比较完整的阐述，同时在练习的选择上留出选择的余地，力求传达最实用的网络营销方法。

本书由赵俊、陈思佳任主编，晏美芝、王晓洁和张汇敏任副主编，陈朋、林环、荣冰晴参与编写。第一篇由晏美芝编写，第二篇由张汇敏和王晓洁编写，第三篇由陈思佳编写，第四篇由陈朋、林环和荣冰晴编写，赵俊负责统稿。在编写过程中，参阅、吸收了网络同类产品的诸多优秀成果，并部分借鉴了网络和网店展示的优秀作品。篇幅所限，凡注明或未注明出处者，在此一并表示衷心的感谢！同时，要感谢中国铁道出版社对本书出版的支持。值此书稿付梓之际，我们谨向所有关心支持本书编写的朋友们致以衷心的感谢！

网络营销的发展速度和变化是非常快的，产品的特性和市场需求也在不断变化，再加上编者的水平有限，书中难免会有不当之处，希望读者提出宝贵意见，以便本书进一步修改完善。

编者

2017.2

目录

准备篇

思政目标 >>>>>>

- 体会到国家对脱贫工作的重视，同时也认识到个人通过努力也是可以改写命运的。
- 正确认识从企业利益与生态、客户利益关系，培养社会责任感。
- 了解家乡文化，增强文化自豪感。

任务一 分析产品

任务背景

湖北荆州公安县90后女孩小吴想为家乡“脱贫攻坚战”贡献一份力量，于2014年返乡，在村里的帮助下，种植了200亩桃树，经过三年辛苦的付出，2017年夏季桃树硕果累累，果实成熟。桃子个头均匀，色泽红润，含糖量14.5%。口感脆、甜、爽，品质上佳。为了把好桃子卖出好价格，在亲朋好友的帮助下，她将自家的桃子和市场常见桃子做了对比，利用自己的优势，决定主推网络渠道，一边为自家果树申请地域特色产品、有机种植资质，一边采用互联网包装，在线销售。

桃子是我国居民主要消费的水果之一，人人喜食，素有“仙桃养人”之美誉。它具有芳香诱人、色彩艳丽、汁多味美、营养丰富等特点。富含人体大量所需的有机酸，蛋白质，维生素C、B1、B2及类胡萝卜素等营养成分。成熟期的桃子皮薄、肉软，如果不尽快采摘，就会熟透掉落。因此，小吴接下来要做的首要任务就是熟悉自家桃子的特性，做好桃子的储存和运输工作，并与市场桃子进行对比，找出自家桃子的“卖点”，为下一步的销售做准备。

任务目标

- 分析产品的属性。
- 分析产品的“卖点”。

实操教练 分析产品

1. 分析产品的基本属性

以“加州红”桃为例，从外在质量和内在质量两方面去分析产品的基本属性特点，如表 1-1-1 ～表 1-1-3 所示。

表1-1-1 “加州红”桃的感官分析

色	外观比较红，初熟时鲜红色，后期变成紫红色，果实可全红
香	成熟的桃子闻起来有水果香甜气息，味浓香溢
味	口感脆、甜、爽，属硬质桃
形	长圆或圆形，单果重210 g，最大果300 g，属于桃中比较大的品种

表1-1-2 “加州红”桃的营养成分分析

主要成分	含量/100g果肉	营养价值（或药用价值）
糖分	14.5%	降压润肠、补气益血、养阴生津、美容养颜。是缺铁性贫血病人的理想辅助食物；富含多种维生素、矿物质及果酸等，纤维成分果胶多，可缓解老年人习惯性便秘；含钾多、含钠少，适合水肿病人食用；新鲜桃子有助于缓解神经系统，对机体有调节作用；富含维生素 A、维生素 B 和维生素 C，可强化儿童的身体和智力
铁	0.5 mg	
磷	18 mg	
维生素	12.05 mg	
蛋白质	0.9 g	
其他成分	碳水化合物、盐酸、镁钙锌等	

表1-1-3 “加州红”桃的其他质量要求

包装	预冷	可预冷，但桃子不可与冰袋直接接触
	包装盒的选择	防压包装盒，内配独立泡沫包装袋，外层加定制纸箱
	容量大小	2.5 kg装或5 kg装
储存方法	冷藏保鲜方法，适宜的冷藏温度为-0.5℃～0℃，相对湿度为90%，适当通风换气，不可长期储存	
运输	速度快、服务可靠的快递公司	
其他方面	可使用气柱等缓冲物料，单个桃子包装缓冲材料，不可挤压及受伤	

2. 分析产品的“卖点”

与市场上其他品种进行对比，找出自家桃子的“卖点”，完成表格 1-1-4 的填写。

表1-1-4 “加州红”桃与其他品种桃的比较

桃子的主要品种	差异属性	特色属性（卖点）
水蜜桃	果顶平圆，缝合线浅，果肉柔软多汁，皮可剥离，不耐贮运	果肉柔软多汁，甜度高
蟠桃	果肉柔嫩多汁，皮易剥，品质佳，适宜南方气候	柔嫩多汁，皮易剥，数量少
黄桃	果肉较紧，离核者软绵少汁，粘核者致密而韧	口感绵软，汁水较少，适合制罐头

续表

桃子的主要品种	差异属性	特色属性（卖点）
油桃	果形较小，核大肉少、果肉脆硬，汁少、味酸	耐储运，口味酸甜，上市时间长
“加州红”桃	果肉红润，甜度高，成熟早，多汁	果形漂亮，果肉红，甜度高，错峰上市

知识储备

1. 认识“网络营销”

目前，对“网络营销”还没有一个统一的、公认的、完整的定义，在不同时期、从不同视角对网络营销的认识是有一定差异的。

网络营销（E-Marketing），就是以互联网络为基础，利用数字化的信息和网络媒体的交互性来辅助营销目标实现的一种新型的市场营销方式。简单地说，网络营销就是以互联网为主要手段进行的、为达到一定营销目的的营销活动。

2. 网络营销的职能

网络营销的职能包括建立网络品牌、网站推广、信息发布、销售促进、销售渠道、提供顾客服务、维护顾客关系、网上调研。网络营销的职能是通过各种网络营销方法来实现的，同一个职能可能需要多种网络营销方法的共同作用，而同一种网络营销方法也可能适用于多个网络营销职能。

小贴士：

网络营销是一个系统工程，涉及很多方面，需要结合自身的实际情况，对市场进行需求分析，做好网络营销计划，最终才能够实现网络营销对企业宣传推广的作用。

3. 产品的属性

产品属性，是指产品所具有的、顾客通过购买而满足某些需要的特性。它包括两方面：

（1）产品的自然属性：指产品满足人们某种需要的使用价值的适用性。通俗地讲，自然属性就是它原来就有的，商品的使用价值是商品本来就有的，比如大米能满足人们吃的需要，衣服能保暖等。人们在评定商品质量时，通常以这个属性为依据。可以从以下两方面认识：

- 内在属性：指产品在生产过程中形成的商品体本身固有的特性，如化学性质、物理性质、机械性质、光学性质、热学性质及生物学性质等。
- 外在属性：指产品可以在不使用的情况下进行评估的属性，包括产品的品牌、包装、服务和价格等内容。

（2）产品的市场属性（也称社会属性）：指在一定条件下，评价产品所具有的各种自然、经济、社会属性的综合及其满足消费者使用、需求的程度。它受时间、地点、使用条件、使用对象、用途和社会环境及市场竞争等因素的影响，市场属性通常也是消费者最关注的属性。

4. 产品属性分析

随着市场的变化，产品属性随着人群的需求、期望、偏好及购买习惯等因素在不断变化，不同的产品具有不同的属性特点，在进行产品分析时，可以从以下三方面进行。

（1）基本属性分析：指顾客认为所有同类产品都应具备的属性。

（2）差别属性分析：指顾客认为表明某一产品与同类产品不同之处的属性。

（3）特色属性分析：指顾客认为表明某一产品与同类产品最大、最根本不同之处的属性。

接下来在众多属性中找出目标顾客群所接受和重视的关键属性，再根据对顾客心理的影响程度进行分析和总结，寻找出产品的真正“卖点”。

5. 产品的卖点

所谓“卖点”，是指所卖商品具备了前所未有、别出心裁或与众不同的特色、特点。这些特点、特色，一方面是产品与生俱来的，另一方面是通过营销策划人的想象力、创造力来产生，“无中生有”的。不论它从何而来，只要能使之落实于营销的战略战术中，化为消费者能够接受、认同的利益和效用，就能达到产品畅销、建立品牌的目的。

6. 商品的基本质量要求

（1）食品类：安全卫生、营养价值、色香味形。

（2）日用品：适用、耐用、安全、结构和外观。

（3）纺织品：服用性、耐用性、艺术性。

课堂实训

湖北省武汉市仪表电子学校数控技术专业是湖北省的重点专业，该专业开设的实操课程，有普通车削加工、数控车削加工、数控铣削加工、数控线切割加工等，同学们在实训时要制作出一些金属切割制品。

在上周的实训课上，制作了一批规格大小不同的金属孔明锁，非常精致有创意，其工艺水平可与市场同类产品媲美，从商业角度考虑，可以尝试借助网络来进行推广销售。电子商务专业的学生接到这个任务后，向数控专业的同学搜集了孔明锁的相关资料：

孔明锁：全金属，不锈钢材质；质量 500 g 以内；直径 20 cm；数量 40 个；成本价格为 8 元。

实训要求

4 ~ 5 名同学组成一个团队，利用上文中提供的信息，通过不同渠道去了解、搜集孔明锁的属性资料（如外形特性、功能用途、市场前景等），填写表 1-1-5 和表 1-1-6。

表1-1-5　分析产品——“孔明锁”的任务清单

<table>
<tr><td rowspan="2">团队成员及分工</td><td colspan="2">组长：　　分工：</td></tr>
<tr><td colspan="2">成员：　　分工：</td></tr>
<tr><td colspan="3">搜集渠道</td></tr>
<tr><td>渠道一：学生</td><td>渠道二：数控专业老师</td><td>渠道三：网络</td></tr>
</table>

续表

产品的基本属性	尺寸： 数量： 单重： 材质： 功能/用途： 其他：
产品的差异属性（与同类产品比较）	（市场上同类产品有什么，基本属性是什么，本品与之多维度比较结果如何）
产品的特色属性（卖点）	（人无我有的独特优势）
产品的社会属性（其他价值、市场前景等）	

表1-1-6　课堂训练任务评价表

任务名称	任务职责	参与成员	自评分	互评分

课后实训

湖北省武汉市仪表电子学校形象设计专业开设了美甲、美发、化妆、造型等课程，经过在校两年的学习，同学们已经具备上岗实操的技能水平。在学校的支持下，该专业学生组成了几个创业小团队，在老师的协助下，每周五下午在专业实训室为师生提供有偿服务。刚开始他们推出了美甲（20元/次），化妆（15元/次），盘发造型（15元/次），纹眉、纹眼线、纹唇线（大约800元/次）的服务项目。作为电子商务专业学生，请提出自己的看法。

实训要求

以4～5人为一个团队，根据上文提供的信息，从以下几个问题入手分析他们所提供的服务产品的特点和优势。

问题一：形象设计这个行业提供的产品和服务种类有哪些？

问题二：美甲、美发、化妆、造型、纹眉、纹眼线、纹唇线等服务项目各自的特点是什么？对质量的要求体现在哪几方面？

问题三：武汉市仪表电子学校学生提供的美甲、化妆、盘发造型等服务有什么优势？

任务二 分析目标市场

任务背景

随着网络的普及和电子商务的发展壮大，我国网络消费群体已经形成巨大的市场规模。要想在未来激烈的电商竞争中取胜，必须要了解网络市场，通过各种调研方法去准确把握网络消费者的需求、心理及特征，从而有针对性地进行营销活动。

在前期的任务中，小吴已经充分地了解了自家桃子的特性，接下来就要准备投入市场了。可小吴不了解网络市场及网络消费者，她需要对市场做一下调研，以便为以后的营销方案和决策做依据。

任务目标

- 通过发布网络调查表，获取在线消费者和目标市场的特点。
- 能够通过调查结果做好市场的分析和预测，并会撰写市场调查报告。

实操教练 分析市场

1. 设计调查问卷

以“桃子”为例，搜集消费者的职业、年龄结构、收入水平、购买习惯、消费频率、对价格包装的看法，以及市场同类产品的销售情况。要求提问方式既有开放式问题，又有封闭式问题，问题设计要有针对性，且不少于 10 个。根据提示完成表 1-2-1 的填写。

表1-2-1　网上调查问卷

调查表标题：	网购新鲜桃子的调查问卷
前言：	本调查问卷不记名，不泄露个人隐私。本调查保证不利用填写调查问卷的信息发送广告。完成问卷的用户如在问卷末尾提供的店铺中发生购买可获独享折扣。
问卷正文：	1. 您网购时间有多长？ □1年以内　□1-3年　□3年以上 2. 您的职业？ □外资企业　□国企　□私企 □教育　□自由职业　□学生 □其他 3.您的收入水平？ □3000元以下　□3000-6000元　□6000元以上 4. 您多长时间网购一次水果？ □从未　□每个月　□偶尔 5. 您喜欢在哪里买水果？（可多选） □商超　□水果店　□网购 □微商　□团购 6. 您喜欢吃什么口味的水果？（可多选） □越甜越好　□酸酸甜甜　□味道随便，水分要足 □味道比较特别的 7. 对网购水果，您都担心什么问题？（任选三个） □坏果赔不赔　□退货　□送货时间 □价格　□好不好吃 8. 对快递水果，您都担心什么问题？ ____ 9. 您认为桃子都有哪些营养成分？（多选） □蛋白质　□矿物质　□多种维生素 □铁　□钾　□果胶 □脂肪　□碳水化合物 10. 您认为什么人群适宜食用桃子？ □大病初愈，气血虚浮的人　□缺铁性贫血的人 □老人　□儿童
结束语：	感谢您的友好和支持！为表达我们的谢意，如果您愿意在我们的自营店铺中购买水果，和客服说出暗号：“桃子问卷调查支持者”，客服将奉上您专享的优惠。 我们的店铺地址：https://shop111376318.taobao.com/?spm=a313o.7775905.1998679131.d0011.qDygnM

2. 发布问卷

（1）在问卷网（https://www.wenjuan.com/）注册用户，其界面如图 1-2-1 和图 1-2-2 所示。

图1-2-1　进入问卷网主页

图1-2-2　手机注册或邮箱注册

（2）选择用户类型，完善资料，完成注册，其界面如图 1-2-3 和图 1-2-4 所示。

图1-2-3　选择用户类型

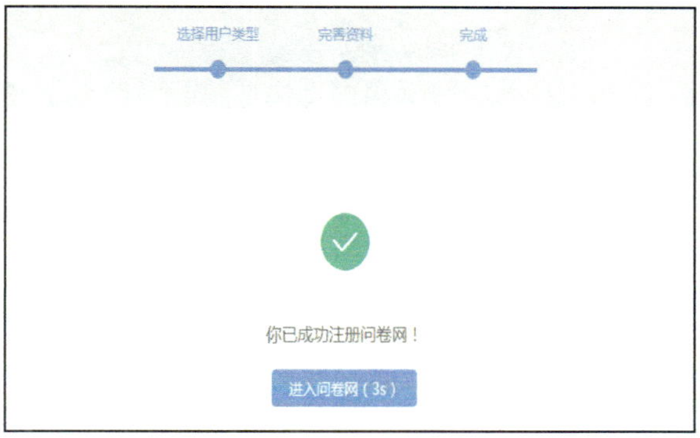

图1-2-4　注册成功

(3)单击页面中的“新建项目”按钮,开始创建问卷。在创建问卷时可以根据自身情况来使用,其界面如图 1-2-5 ～图 1-2-7 所示。

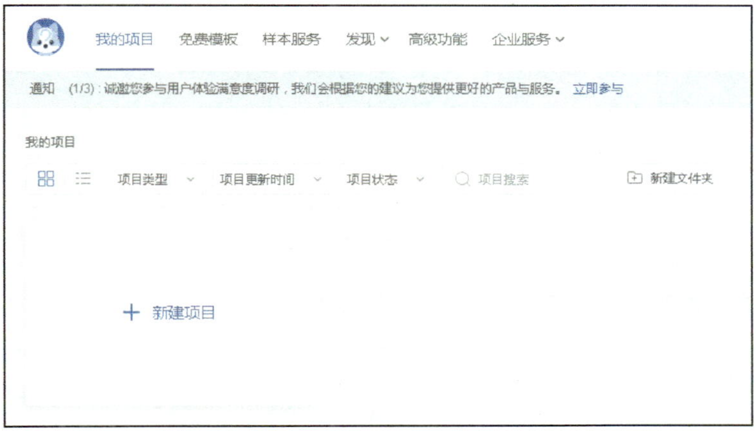

图1-2-5　单击“新建项目”按钮

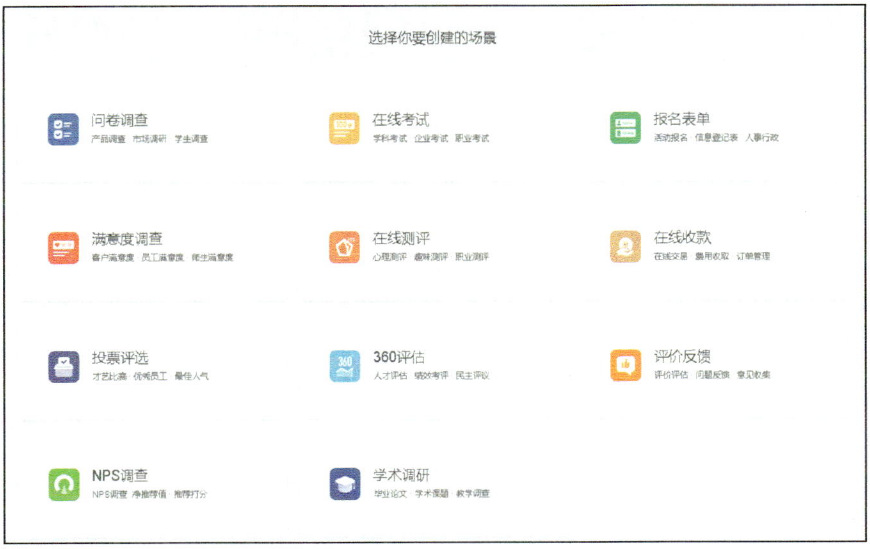

图 1-2-6　选择创建场景

图1-2-7　选择创建方式

（4）进入编辑界面编写问卷，如图 1-2-8 所示，完成编写后，点击“发布并分享”按钮发布问卷。

图1-2-8　编写问卷

（5）发布后系统将生成一个的唯一访问链接和二维码，可将该链接或二维码发送给受访者回答，如图 1-2-9 所示。

图1-2-9　项目分享

（6）进入统计报表页面查看你收到的数据，单击“导出”按钮可以下载数据和报表，如图 1-2-10 所示。

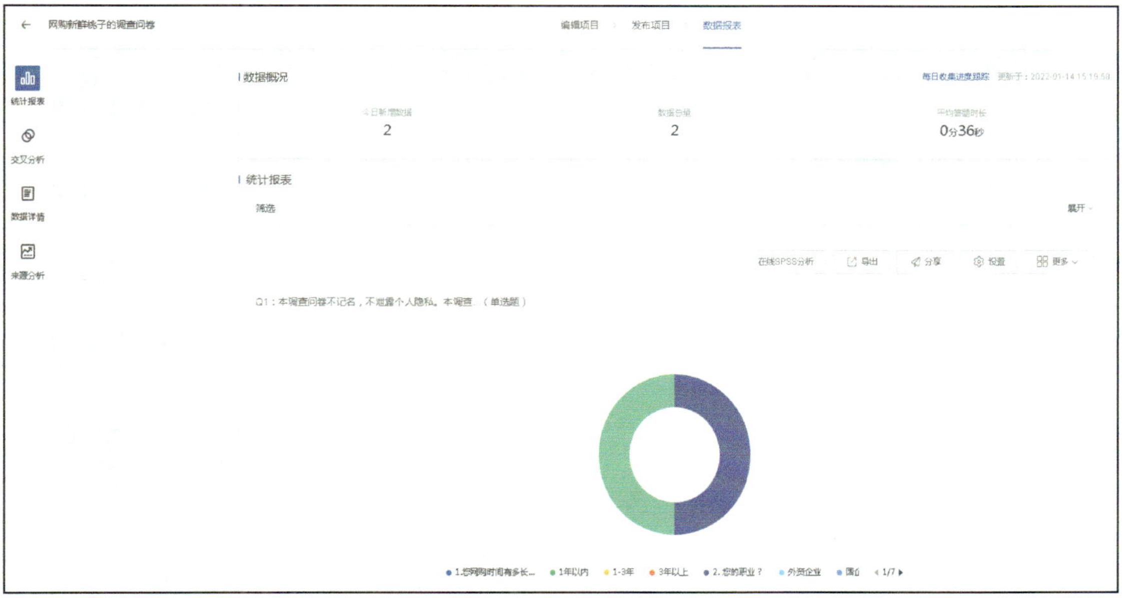

图1-2-10　数据统计

3. 撰写市场调研报告

根据调研结果进行消费者需求、网络市场环境分析和预测，撰写市场调研报告。根据提示完成下面的市场调研报告。

网售“加州红”桃子的市场调研报告

（1）基本情况：

调查时间：2017年春季

调查地点：互联网

调查对象：具有网购习惯的消费者

调查方法：在线调查问卷

调查目的：目标市场描述

（2）综合分析（以下内容可作为参考）：

① 目标人群：

性别	女
年龄	20～40岁
收入水平	中上
职业	白领
使用终端	移动及PC端

② 消费者需求：

价格（区间）	4～8元/500g
对产品质量的要求	包装美观结实；桃子个头大、果形漂亮；口味好
场景（需求情况）	线下周边采购不够方便；周边桃子价格高；周边没有足够符合个人口味的桃子；送贺礼；等等
购买的原因	该品种的桃子更甜更好吃；该商品品质比实体店好；包装更适合作为礼物；性价比高
其他	本地区没有这种桃

③ 网络市场环境：

SWOT分析	
Strengths（优势）： • 桃子更甜，果实较大，卖相好 • 品种成熟早，上市早 • 耐储运 • 市场上同品种产量不多	Weaknesses（劣势）： • 非著名品种，了解的人较少 • 包装成本较高 • 精挑细选，有瑕疵果实不适合运输 • 新开店铺无客户积累
Opportunities（机遇）： • 上市早，竞争较小 • 新开网点可获平台支持	Threats（威胁）： • 线下水果销售渠道竞争威胁大 • 其他早熟品种桃子上市 • 其他气候更温暖产区的桃子上市

（3）总结或启示：

桃子的购买人群比较广泛，但是特点不清晰。结合喜欢网购水果的人群特点，可以汇总得到结论：在网上购买水果的通常是工作时间比较长，收入水平中上的人群；女性居多；对价格相对不太敏感，更注重水果品质；生活成本比较高的地区人群。

知识储备

1. 网上市场调研的一般步骤

（1）明确问题与调研目标。

（2）确定市场调研的对象。主要分为三大类：企业产品的消费者；企业的竞争者（数量、规模、品种、价格、渠道）；企业的合作者和行业内的中立者。

（3）制订调研计划。包括五部分内容：资料来源，调研方法（专题讨论、问卷、实验法），调研手段（在线问卷、软件系统），抽样方案（抽样单位、样本规模、抽样程序），联系方法。

（4）收集信息。

（5）分析信息。对从互联网上获得的市场调研信息，有关人员应根据调研的目的和用途进行认真的筛选、分类、整理等科学的加工，并形成规范的市场调研报告，以供有关企业决策者参考。

（6）提交报告。调研报告的填写是整个调研活动的最后一个阶段。报告不是数据和资料的简单堆砌，调研员不能把大量的数字和复杂的统计技术扔到管理人员面前，而应把与市场营销关键决策有关的主要调研结果写出来，并以调研报告正规格式书写。

2. 网上直接调研和间接调研

（1）网上直接调研是指利用互联网直接进行问卷调查等方式收集一手资料，主要采用站点法辅助以电子邮件法通过 Internet 直接进行。直接调研的方法有：观察法，专题讨论法，问卷调查法，实验法。

（2）网上市场间接调研是指利用互联网的媒体功能，从互联网收集二手资料的调研方式。互联网虽有着海量的二手资料，但要找到自己需要的信息，首先必须熟悉搜索引擎的使用，其次要掌握专题性网络信息资源的分布。互联网上查找资料主要通过三种方法：利用搜索引擎；访问相关的网站，如各种专题性或综合性网站；利用相关的网上数据库。

3. 调研问卷设计注意事项

在设计调研问卷之前，一定考虑这些问题：调研的主题是什么？被调研人群范围？希望得到的结果？再根据这些来选择出题类型、描述用语，才能够达到一个比较好的效果。

在问卷的开头，一定要明确告诉对方调研目的，以及对方该如何作答。

在问题类型的选择上，最好以选择题为主，如果需要对方提出某些具体的意见或建议，这样的问答题最好控制在三个以内。

在选择题备选答案的设计上，如果是答案很明确，非此即彼的，就可以用二选一的题型；假如是问频率之类容易因个体感受不同而有分歧的问题，最好能有一个具体量化的选择，比如“一天一次、三天一次、一周一次”，而不要用“经常、有时”这样笼统的词汇。

在问题的排列顺序上，应该先易后难，按照一定的逻辑，把几个相互之间有联系的问题排在一起，不要像心理测验的卷子一样，东一问西一题，毕竟设计心理测验的目的和调研问卷是不一样的。

在描述上，一定要注意用词恰当，能够清楚表达含义，而且不会发生歧义。问题尽量用肯定句式，比如“我觉得看书是有益的”，那么答案可以是“同意、基本同意、基本不同意、完全不同意”，千万不要设计成“我不觉得看书是有益的”，有时候人们的思维定势可能会让他们错看这个“不”字，那么面对相同的答案选项，很有可能就做出了与本意相反的选择。

4. 如何撰写市场调研报告

市场调研报告是在对目标市场了解、分析及研究的基础上做出的，一般是为企业的经营管理者或者是相关机构负责人阅读的，因此，在写市场调研报告时，一定要言简意赅、条理清晰。市场调研报告的格式一般由：标题、目录、概述、正文、结论与建议、附件等几部分组成。

（1）标题。标题和报告日期、委托方、调查方，一般应打印在扉页上。一般在与标题同一页，把被调研单位、调研内容明确而具体地表示出来，如《关于武汉市家电市场调研报告》。有的调研报告还采用正、副标题形式，一般正标题表达调研的主题，副标题则具体表明调研的单位和问题。

（2）目录。如果调研报告的内容、页数较多，为了方便读者阅读，应当使用目录或索引形式列出报告所分的主要章节和附录，并注明标题、有关章节号码及页码。一般来说，目录的篇幅不宜超过一页。

（3）概述。概述主要阐述课题的基本情况，它是按照市场调研课题的顺序将问题展开，并阐述对调研的原始资料进行选择、评价、做出结论、提出建议的原则等。主要包括三方面内容：

第一，简要说明调研目的。即简要地说明调研的由来和委托调研的原因。

第二，简要介绍调研对象和调研内容，包括调研时间、地点、对象、范围、调研要点及所要解答的问题。

第三，简要介绍调查研究的方法。简短叙述调查研究的方法，并说明选用方法的原因。例如，是用抽样调研法还是用典型调研法，是用实地调研法还是文案调研法。另外，在分析中使用的方法，如指数平滑分析、回归分析、聚类分析等方法都应作简要说明。如果部分内容很多，应有详细的工作技术报告加以说明补充，附在市场调研报告的最后部分的附件中。

（4）正文。正文是市场调研分析报告的主体部分。这部分必须准确阐明全部有关论据，包括问题的提出到引出的结论、论证的全部过程、分析研究问题的方法，还应当有可供市场活动的决策者进行独立思考的全部调研结果和必要的市场信息，以及对这些情况和内容的分析评论。

（5）结论与建议。结论与建议是撰写综合分析报告的主要目的。这部分包括对引言和正文部分所提出的主要内容的总结，提出如何利用已证明为有效的措施，以及解决某一具体问题可供选择的方案与建议。结论和建议与正文部分的论述要紧密对应，不可以提出无证据的结论，也不要没有结论性意见的论证。

（6）附件。附件是指调研报告正文包含不了或没有提及，但与正文有关必须附加说明的部分。它是对正文报告的补充或更详尽说明。包括数据汇总表及原始资料背景材料和必要的工作技术报告，例如为调研选定样本的有关细节资料及调研期间所使用的文件副本等。

5. 网络消费需求的特征

（1）个性消费的回归。没有一个消费者的心理是完全一样的，每一个消费者都是一个细分市场。心理上的认同感已成为消费者做出购买品牌和产品决策的先决条件，个性化消费正在也必将成为消费的主流。

（2）消费需求的差异性。不仅仅是消费者的个性化消费使网络消费需求呈现出差异性。对于不同的网络消费者因所处的时代、环境不同而产生不同的需求，不同的网络消费者在同一需求层次上的需求也会有所不同。所以，从事网络营销的厂商要想取得成功，必须在整个生产过程中，从产品的构思、设计、制造，到产品的包装、运输、销售，认真思考这种差异性，并针对不同消费者的特点，采取有针对性的方法和措施。

（3）消费主动性增强。消费主动性的增强来源于现代社会不确定性的增加和人类追求心理稳定和平衡的欲望，网上消费者以年轻人为主，一般经济收入比较高，因此，主动性消费是其特征。

（4）对购买方便性的需求与购物乐趣的追求并存。

（5）价格仍然是影响消费心理的重要因素。

（6）网络消费仍然具有层次性。网络消费本身是一种高级的消费形式，但就其消费内容来说，仍然可以分为由低级到高级的不同层次。在网络消费的开始阶段，消费者侧重于精神产品的消费，到了网络消费的成熟阶段，消费者在完全掌握了网络消费的规律和操作，并且对网络购物有了一定的信任感后，才会转向日用消费品的购买。

（7）网络消费者的需求具有交叉性。在网络消费中，各个层次的消费不是相互排斥的，而是具有紧密的联系，需求之间广泛存在着交叉的现象。

（8）网络消费需求的超前性和可诱导性。根据中国互联网中心 CNNIC 的统计，在网上购物的消费者以经济收入较高的中、青年为主，这部分消费者比较喜欢超前和新奇的商品，他们也比较注意和容易被新的消费动向和商品介绍所吸引。

（9）网络消费中女性占主导地位。

6. 网络消费者的心理动机

网络消费者购买行为的心理动机主要体现在理智动机、感情动机和惠顾动机等三方面。

（1）理智动机。理智购买动机具有客观性、周密性和控制性的特点。在理智购买动机驱使下的网络消费购买动机，首先注意的是商品的先进性、科学性和质量高低，其次才注意商品的经济性。

（2）感情动机。感情动机是由于人的情绪和感情所引起的购买动机。

（3）惠顾动机。这是基于理智经验和感情之上的，对特定的网站、图标广告、商品产生特殊的信任与偏好而重复地、习惯性地前往访问并购买的一种动机。

7. 消费者需求

消费者需求是人们为了满足物质和文化生活的需要而对物质产品和服务产生的欲望和购买能力的总和。

消费者的需求往往是多方面的、不确定的，需要营销人员去分析和引导。当一位客户站在我们面前时，他对我们的产品有了极大的兴趣但仍然不知道自己将要买回去的产品是什么样的。在这种情况下，需要增强与消费者的沟通，将消费者购买产品的欲望、用途、功能、款式逐渐进行发掘，将消费者心里模糊的认识以精确的方式描述并展示出来。

网络消费者的群体特点：喜好新鲜事物，有强烈的求知欲。网络用户爱好广泛，对未知的领域报以永不疲倦的好奇心，但缺乏耐心搜索信息，比较注重搜索所花费的时间，如果连接、传输的速度比较慢，他们一般会马上离开这个站点。

8. SWOT 分析

SWOT 分别代表：Strengths（优势）、Weaknesses（劣势）、Opportunities（机遇）、Threats（威胁）。

视频

SWOT分析法

SWOT是一种战略分析方法，通过对被分析对象的优势、劣势、机会和威胁等加以综合评估与分析得出结论，通过内部资源、外部环境有机结合来清晰地确定被分析对象的资源优势和缺陷，了解对象所面临的机会和挑战，从而在战略与战术两个层面对方法、资源加以调整，以保障被分析对象达到所要实现的目标。SWOT分析法又称为态势分析法，是一种能够较客观而准确地分析和研究一个单位现实情况的方法。

课堂实训

在前面的课堂训练中，电子商务专业的学生已经通过三个不同渠道搜集了孔明锁的信息资料，了解了孔明锁的基本属性、差异属性、特色属性，总结出了关键卖点。接下来需要对竞争对手和孔明锁的目标需求人群等方面进行进一步的了解调研，以便为后期的营销推广做准备。

实训提示

调研目的可以包括顾客的需求问题、市场机会、竞争对手、行业潮流、分销渠道以及战略合作伙伴等方面的情况。发布调研表的免费网络平台如下：

- 调研宝在线调查系统：http://www.diaoyanbao.com/。
- 问卷星：https://www.sojump.com/。
- 麦客CRM：http://www.mikecrm.com/。
- 调查派：https://www.diaochapai.com/。

实训要求

4～5名同学组成一个团队，利用免费网络平台发布一份问卷，并填写表1-2-2和表1-2-3。

表1-2-2　设计并发布调查表的任务清单

团队成员及分工	组长：　　分工： 成员：　　分工：
调查表的题目	
调查的目的	
前言	
问卷的正文（问题不少于10个）	

续表

结束语	
选择的网络平台	

表1-2-3　课堂训练任务评价表

任务名称	任务职责	参与成员	自评分	互评分

课后实训

在前期任务中，我们从产品特点等方面分析了形象设计专业学生每周五下午在校内提供的特色产品和服务，接下来需要在校内做一下调研，从目标人群、校内市场、学校周边潜在市场、行业状况等方面去分析消费需求和目标市场。

实训要求

请根据例文《关于大学生化妆品的调查报告》撰写一份市场调研报告。

请扫描二维码查看例文《关于大学生化妆品消费的调查报告》。

实训提示

(1) 采用访问、问卷、座谈等形式进行校内调研，获取一手资料。

(2) 利用网络搜索引擎查找二手资料。

(3) 围绕以下问题来撰写调研报告：

问题一：他们的目标客户是谁？这些客户都有什么特点？需求是怎样的？

问题二：校园内师生最需要哪些形象设计方面的服务？能够接受什么价位的服务？

问题三：校园的形象设计服务行业都存在哪些竞争？来自哪里？

问题四：在校园内适宜使用什么样的促销手段？

任务三 规划品牌策略

任务背景

品牌是极有效率的推广手段，品牌形象具有极大的经济价值。根据国际商标协会的调查，在网络使用中，有 1/3 的使用者会因为网络上的品牌形象而改变其对原有品牌形象的印象，有 50% 的网上购物者会受网络品牌的影响，进而在离线后也购买该品牌的产品，网络品牌差的企业，年销售量的损失平均为 22%。这说明，品牌是无形价值的保证形式，在网上购物品牌更为重要，网站成功的秘诀就在于创造一个响当当的网络品牌。

小吴经过前期对网络市场的了解和分析，意识到成功的市场营销策略是从打造好的网络品牌开始的，一个好的品牌能给自己后期带来很大的收益，于是她想到了要利用地域特色，打造亲切友好、绿色无污染的网络品牌效应。但具体从何下手呢？

任务目标

- 能根据产品特点设计品牌标识。
- 制定品牌营销目标。
- 实施品牌营销方案。

实操教练 规划品牌

1. 设计品牌标识

根据提示信息设计品牌标识。

视频

如何设计品牌

小贴士：

品牌名称的确定，可以从以下几个角度考虑，如：健康、营养、甜蜜、品牌创始人、起源地、品牌故事等。

（1）产品名称或网店名称。为小吴的“加州红”网店取一个观感亲切的店名，填写在横线上。经过淘宝检测，在无重复性的前提下，店名暂定为：桃桃妹的桃桃园。

（2）店标（使用 PS 软件或其他手绘软件进行设计，大小为 80 像素 ×80 像素，要求与产品名称或网店名称相符。)

店标样式：

(3) 设计意图：

拟人态桃子形象显示出店铺主营商品，一目了然；拟人态卡通形象更加亲切；粉红色色调与桃子的颜色呼应。

2. 确定品牌营销目标

以"桃子"为例，根据前期调研结果，从不同消费人群去确定阶段性的营销目标，并完成表1-3-1的填写。

表1-3-1　品牌营销目标

人群	营销目标
注重营养和健康的人群	树立荆州"加州红"桃子营养更丰富的品牌形象
选购礼品的人群	让高品级的果实能够获得相应的价格并得到消费者认可
喜欢吃桃子的人群	让"桃妹"家的桃子在"吃货"圈中获得口碑

3. 规划品牌营销方案

请以"桃子"为例，结合前期分析的产品卖点和目标市场的具体状况来制定一些优势的、并适合的推广模式。按提示完成以下内容的填写。

小贴士：荆州地域特色

荆州是楚文化的发祥地和三国文化的中心，江汉平原的腹地，水资源和生物资源都十分丰富，且土壤环境优质，适宜多种作物生长，是打造绿色无污染品牌策略的最佳选择。

(1) 根据前期产品分析、市场分析和竞争者分析，对品牌进行定位：

健康、美味、美丽、亲切。

(2) 思考企业的经营理念和愿景：

企业经营理念：用心生产、精挑细选，让客户体验和桃子一样美味难忘。

企业愿景：坚持提供绿色健康的食品，成为健康有责任的社会分子。

(3) 选择合适的方法或渠道来推广品牌：

第一阶段——品牌导入期

- 方法或渠道：

投放网络广告；

微信公众号配合发布桃子健康养生系列软文；

策划果园主题活动。

• 设计思路：

根据目标客户的特点，在网上寻找目标客户群比较集中的在线社区或者网站，发布推广信息，可有效提升推广效率；开通微信公众号，发布软文，可维护老客户同时低成本宣传品牌形象；策划主题活动，发布头条新闻以及新闻式软文，提升曝光率、树立品牌形象。

• 具体活动内容：

联系社区管理员或者网站管理员，申请投放广告；

开通微信公众号，定期发布热点信息、桃子健康养生文或者桃子健康食谱；

把果园活动信息发头条消息，在各种农产品的 B2C 和 B2B 网站上发布产品信息等，确保信息发送量。

第二阶段——品牌成长期

• 方法或渠道：

网站链接、图片广告大量投放；增加信息展示；优惠促销；预售。

• 设计思路：

综合利用百度推广和网盟推广，利用优惠促销工具；登录各大 B2C、B2B、C2C 平台网站并积极参加平台主题促销活动，促进销量增长；限量促销。

• 具体活动内容：

增加广告预算；通过微信平台增加推送图文消息的频率；参加包括淘宝在内的电商平台的促销活动，如聚划算或者试吃等，在平台发布优惠信息；在允许的电商平台上做预售。

第三阶段——品牌成熟期

• 方法或渠道：

持续投入网络广告；微信公众号平台定期推送图文消息；在各电商平台上优化排名。

• 设计思路：

品牌成熟期，品牌具有一定的辨识度和消费者基础，此时可适当降低宣传费用，但是要严控产品管理，保持产品高水准。在搜索引擎和电商平台上均需要保持排位，持续做好优化工作。

• 具体活动内容：

将提高产品品质的内容加入推广信息中，在各大电商平台上持续发布推广信息；做搜索引擎的优化和电商平台上的搜索优化；降低促销优惠力度，保持价格水平不降；根据销售数据和投入产出比，及时调整各平台广告投放，及时利用各种官方主题促销活动。

• 最终成果：

将果园内鲜果绝大部分销售完毕，并获得 10 万元以上的毛利润。

知识储备

1. 品牌

1）品牌的概念

所谓品牌，就是产品的牌子。它是企业给自己的产品规定的商业名称，通常由文字、标记、符号、图案和颜色等要素或这些要素的组合构成，用作一个企业和企业集团的标志，以便同竞争者的产品相区别。品牌就是一个集合概念，包括品牌名称、品牌标志、商标。

2）品牌的作用

品牌对企业的作用：有助于促进产品销售，树立企业形象；有利于保护品牌所有者的合法权益；有利于约束企业的不良行为；有利于扩大品牌组合；有利于企业实施市场细分战略。

品牌对消费者的作用：有利于消费者辨认和识别、选购商品；有利于维护消费者的权益；有利于促进产品的改良，满足消费者的需求。

3）品牌命名与选择

- 从产品利益联想，如恒热、永久。
- 从产品特殊属性联想（作用和颜色等），如舒肤佳、镇脑宁。
- 易读、易记、易认、美观（音、韵、调、形、意），如娃哈哈、康师傅。
- 与众不同，如柯达、支点。

要求无不良含义，可利用联想、谐音等。

4）品牌的推广方法

品牌的推广方法主要包括：搜索引擎推广、网站内部资源推广、关联网站推广、电子邮件推广、资源合作推广、信息发布推广、病毒性营销方法、社会化网络推广、网络广告推广、综合网站推广。

2. 品牌策略

品牌策略是指企业通过创立市场良好品牌形象，提升产品知名度来开拓市场、吸引顾客、扩大市场占用率、取得丰厚利润回报、培养忠诚品牌消费者的一种策略选择。它是 STP（市场细分、目标市场、产品定位）战略加 4P（产品、价格、渠道、促销）战略的总和，常见的品牌策略有：

1）统一品牌策略

视 频

品牌策略

统一品牌策略是指企业将经营的所有系列产品使用同一品牌的策略。使用统一品牌策略，有利于建立“企业识别系统”。这种策略可以使推广新产品的成本降低，节省大量广告费用。如果企业声誉甚佳，新产品销售必将强劲，利用统一品牌是推出新产品最简便的方法。采用这种策略的企业必须对所有产品的质量严格控制，以维护品牌声誉。

2）个别品牌策略

个别品牌策略是指企业对各种不同产品，分别采用不同的品牌。这种策略的优点是，可以把个别产品的成败同企业的声誉分开，不至于因个别产品信誉不佳而影响其他产品，不会对企业整体形象造成不良后果。但实行这种策略，企业的广告费用开支很大。最好先做响企业品牌，以企业品牌带动个别品牌。

3）扩展品牌策略

扩展品牌策略是指企业利用市场上已有的一定声誉的品牌，推出改进型产品或新产品。采用这种策略，既能节省推广费用，又能迅速打开产品销路。这种策略的实施有一个前提，即扩展的品牌在市场上已有较高的声誉，扩展的产品也必须是与之相适应的优良产品。否则，会影响产品的销售或降低已有品牌的声誉。

4）品牌创新策略

品牌创新策略是指企业改进或合并原有品牌，设立新品牌的策略。品牌创新有两种方式：

一是渐变，使新品牌与旧品牌造型接近，随着市场的发展而逐步改变品牌，以适应消费者的心理变化。这种方式花费很少，又可保持原有商誉。二是突变，舍弃原有品牌，采用最新设计的全新品牌。这种方式能引起消费者的兴趣，但需要大量广告费用支持新品牌的宣传。

品牌策略的核心在于品牌的维护与传播，如何把品牌做到消费者心坎里去，是品牌策略中最重要的一个环节，如今品牌营销方式多种多样，相对传统品牌营销方式（电视、报纸、户外公关等），网络品牌营销逐渐被企业所青睐，但是，网络品牌营销策略的核心在于解决用户信任度的问题，因为网络的虚拟性，如何让消费者信任企业品牌和产品是最核心的关键。

3. 规划品牌策略的一般步骤

（1）通过产品分析、市场分析和竞争者分析，提出品牌定位。

品牌定位是企业在市场定位和产品定位的基础上，对特定的品牌在文化取向及个性差异上的商业性决策，它是建立一个与目标市场有关的品牌形象的过程和结果。换言之，即指为某个特定品牌确定一个适当的市场位置，使商品在消费者的心中占领一个特殊的位置，当某种需要突然产生时，比如在炎热的夏天突然口渴时，人们会立刻想到“可口可乐”的清凉爽口。

品牌定位维度：市场定位、价格定位、形象定位、地理定位、人群定位、渠道定位等，品牌定位是技术性较强的策略，必须遵循以下原则：

- 消费者导向原则。品牌的定位都必须以满足特定消费群体的心理需求为导向，全面、充分、客观、准确、及时地进行消费者调查，通过适当的传播媒介，将吻合消费者心理需求的定位信息进驻于消费者心灵。
- 个性化原则。每一个品牌都应具备独有的精神和灵魂，可能与产品的物理特征或功效毫无关系，它代表的是与其他产品的差异性，是通过品牌定位所赋予的。
- 动态性原则。品牌定位要根据市场的不断变化做出调整，让品牌永远具备市场活力。品牌维护是一项长期的、动态的过程，必须与品牌细分、品牌延伸、品牌拓展等一系列活动相互配合。

（2）从企业理念、愿景等方面发掘企业品牌形象。

（3）以消费者需求为导向，选择不同方法来规划品牌个性与核心价值。

4. 不同阶段的品牌推广策略

1）品牌导入期

品牌导入期的推广重点在于强调产品功效方面的特色优势，以培育市场认知度为主。

导入期也是企业刚刚引入品牌经营理念，且是一个全新起点。此时，品牌是和产品紧密关联的，脱离产品的品牌没有实际的意义，所以此时的核心是传播产品的USP（Unique Selling Proposition，“独特的销售主张”或“独特的卖点”）并将之与品牌联系，使消费者对品牌的记忆中有产品的印记而产生实际的产品购买行动，那么就把推广策略重点放在强调新产品独特性与功能性上面，尽快培育其市场认知度，为顺利进入成长期奠定良好基础。

品牌导入期的主要推广渠道有：采用一些诸如军训、发布会、演示和推广会等非常规的做法，以吸引媒体的注意；利用企业有关技术、产品、服务等的创新举措，邀请媒体给予报道；推广和传播时挖掘与品牌有关的社区、企业和员工的新闻题材，借媒体之力扬品牌之名。

2）品牌成长期

品牌成长期的推广重点应该以品牌诉求为主，即以树立品牌形象、建立品牌内涵文化来带动产品的成功导入。

在成长期，可通过大量的媒体广告、软文、影视广告片、公共关系、事件热炒等手段，轰轰烈烈地制造有关企业与品牌的正面效应新闻，来提升市场信心，以品牌带动产品的快速导入。其次，给渠道商优惠而又灵活的销售政策，如各种各样的折让、赠送、补贴等。强调由于产品的特色与品牌所带来的溢出性市场价值，以及给渠道商带来的利益空间等。同时，配合终端促销，利用各种产品体验工具和 POP（即吊牌、促销海报、宣传单页、小贴纸）等形象店促销工具进行生动的品牌展示。

3）品牌成熟期

品牌成熟期推广的重点应该以突出企业文化优势与大品牌形象为主，不断开辟新的细分市场。

在成熟期，行业内的各种品牌均形成了一定的知名度和忠诚度，所以，在导入新产品时要有创新思维，善用自己的各种优势，重点放在进一步细分市场与开辟新市场以及建立大品牌形象上面。主要方法有：一是依靠长期建立起来的企业形象和企业文化积淀，强化企业品牌对新产品的文化影响，并通过各种形式的公共广告和形象广告强化品牌吸引力；二是依靠进一步开辟新的细分市场，迅速建立大品牌形象；三是依靠差异化产品特色，迅速找到自己的目标市场。当此类产品已经进入成熟期时，就必须拥有自己产品与同类产品相区别的个性化特色。

在进行品牌推广时，先要弄清产品在整体市场中正处于产品生命周期的哪个阶段，不同阶段的品牌推广策略重点是不一样的。另外，不同产品及其不同的市场表现，使得没有一成不变的推广模式，这要求企业针对具体的产品、具体的目标市场、具体的市场状况来设定一些优势的、并适合自己的推广模式，照搬上述方式很可能会弄巧成拙。

课堂实训

在前面的课堂训练中，电子商务专业的学生已经通过线上和线下的市场调研，了解了益智玩具和孔明锁的应用等方面的数据信息，进一步掌握了市场需求、市场机会、竞争对手、行业潮流、分销渠道，以及战略合作伙伴等方面的情况。接下来需要为“孔明锁”打造合适的品牌效应，为日后的推广和营销做铺垫。

实训要求

4 ~ 5 名同学组成一个团队，根据下面的提示完成品牌营销策略规划方案，并填写表 1-3-2。

规划品牌营销策略 的任务流程：

第一步：对品牌进行定位。

品牌名称：________________

品牌标志：

____

产品卖点：________________

品牌定位（方向）：________________

第二步：企业的经营理念和愿景。

第三步：选择合适的方法或渠道来推广品牌。

推广的方法或渠道：

设计思路：

具体活动内容：

表1-3-2　课堂训练任务评价表

任务名称	任务职责	参与成员	自评分	互评分

课后实训

在前期的任务中，电子商务专业的学生已经帮助形象设计专业的学生在校内做了一个调研，从目标人群、校内市场、行业状况等方面分析了消费需求和目标市场，并获取了一些一手资料和二手资料。为了更好地在校内开展产品服务，提高知名度，让校园周边的人群也过来体验，他们想到了要创立自己的品牌，通过品牌效应来拓宽市场渠道。作为电子商务专业的学生，请提出自己的看法。

实训要求

以 4 ～ 5 人为一个团队，结合下面的引例，从以下几个问题入手去帮助他们规划品牌营销策略。

[引例] 情侣苹果的故事

元旦，某高校俱乐部前，一老妇守着两筐大苹果叫卖，因为天寒，问者寥寥。一教授见此情形，上前与老妇商量几句，然后走到附近商店买来节日织花用的红彩带，并与老妇一起将苹果两个一扎，接着高叫道："情侣苹果哟！八元一对！"经过的情侣们甚觉新鲜，用彩带扎在一起的一对苹果看起来很有趣，因为买者甚众，一会儿功夫，苹果全卖光了，所赚颇丰！

问题一：他们的产品和服务特色是什么？

问题二：什么样的品牌标识才是适合他们的？

问题三：他们的经营理念和愿景应该是什么？

问题四：他们阶段性的营销目标该如何制定？

问题五：他们可通过哪些渠道来进行品牌推广？

问题六：他们可开展哪些活动来提高品牌认知度？

任务四 拍摄商品图片和视频

任务背景

商品图片和视频在营销宣传、网上商店中起着至关重要的作用。一张好的图片、一个好的视频是吸引买家点击和购买的重要因素。买家在购物过程中看不到实物，所以会非常关注商品图片的细节，从而了解商品相关的信息，做出是否购买的决策。

因此，接下来有必要对小吴家桃子的图片进行采集和处理，为日后营销宣传、网店商品上架做准备。

任务目标

- 掌握拍摄商品图片的方法。
- 能对已拍的商品图片进行简单的处理。
- 熟悉拍摄商品短视频的思路和流程。

实操教练一 拍摄商品图片

1. 拟定拍摄计划

以桃子为例，拟拍摄计划，如表 1-4-1。

表1-4-1 拍摄商品计划表

商品品类	食品—水果—桃子
照片的用途	网站、印刷制品、广告
要拍摄的图片角度	选取桃子采摘前、采摘时、装筐中、装箱中、包装时、包装后的状态，并从顺光、逆光、对光等角度拍摄商品组以及单个商品的正面图、左侧面图、右侧面图、前面图、后面图、上方鸟瞰图、左上方鸟瞰图、右上方鸟瞰图、全景艺术图、若干细节图等
拍摄的照片种类	商品正面图、左侧面图、右侧面图、前面图、后面图、上方鸟瞰图、左上方鸟瞰图、右上方鸟瞰图、全景艺术图、若干细节图等，根据产品特点和用途来确定

续表

拍摄场地	室外拍摄、室内拍摄
拍摄风格	根据产品定位来决定，如食品以暖色调为主
拍摄器材	相机、三脚架、闪光器材、辅助物品等

2. 拍摄

（1）内部环境拍摄布置。拍摄背景环境力求单一，一般选择白、灰、黑，桃子可选择白色背景，有条件尽量使用摄影棚。辅助环境为可自制摄影房、灯箱等。自制摄影房示例图如图 1-4-1 所示。

从多个角度拍摄，平拍（图 1-4-2）、俯拍（图 1-4-3）、仰拍（图 1-4-4）、从细节处拍（图 1-4-5、图 1-4-6）。

图1-4-1　自制摄影房示例图

图1-4-2　EOS 70D　速度：1/6s
光圈：F5.0　ISO：200　焦距：45mm

图1-4-3　EOS 70D 速度：1/80s　光圈：F4.5
ISO：100　焦距：50mm

图1-4-4　EOS 70D　速度：1/60s　光圈：F2.8
ISO：200　焦距：100mm

图1-4-5　EOS 70D　速度：1/250s　光圈：F10.0
ISO：400　焦距：100mm

图1-4-6　细节部位图

小贴士：内部拍摄工具及其相关参数设置

① 照相机：

- 像素大小：300 万以上；
- 最好具备手动功能；
- 最好是有微距功能，微距能力在 5 cm 以下；
- 有自定义白平衡功能；
- 有曝光补偿功能。

②三脚架。用来防止拍摄过程中出现手抖，在长时间或微距拍摄时尤为重要。

③ 闪光器材：最好 2 个，一个主光源，一个副光源。可选择专业摄影灯、反光板或普通节能灯等，要求光源恒定，光线强度尽量大。闪光器材如图 1-4-7 所示。

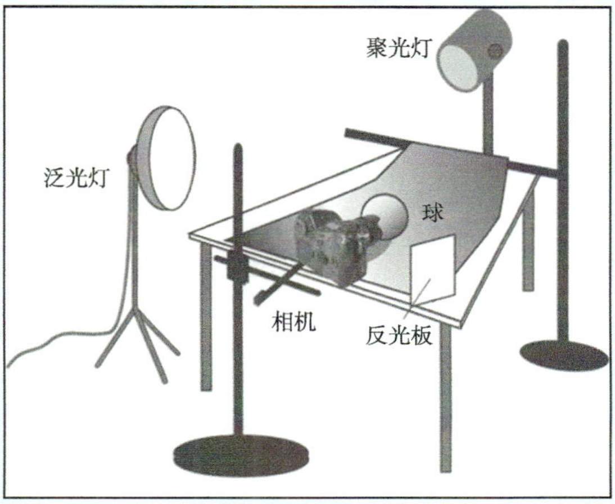

图 1-4-7　闪光器材

利用辅助物品（衬布、白纸、饰品等），如图 1-4-8 所示为利用道具产生的艺术效果。

（2）拍摄室外环境，在自然光环境下拍摄，阳光直射时或多云的天气均不适合；拍摄最佳时段是上午 9:00 ~ 11:00 点，下午 3:00 ~ 5:00 点。拍摄场景可以选择图 1-4-9 所示春季桃花开、图 1-4-10 所示树上桃、图 1-4-11 所示桃子收获装筐等。

图1-4-8　利用道具产生的艺术效果

图1-4-9　春季桃花开

图1-4-10 树上桃

图1-4-11 桃子收获装筐

小贴士：户外拍摄常用的照相机设置模式为首次自动对焦、单点自动对焦；曝光模式选择光圈优先；最佳光圈调到 F13 ~ F16 最适宜；感光度为 50 ~ 100。

3. 图片处理

将前期拍摄好的照片用图片编辑软件来优化效果。使用 Photoshop CS6 图形图像编辑软件来对照片进行简单处理。

（1）调整大小。如图 1-4-12 所示，执行“图像”→“图像大小”命令将图片文件调整至 800（高）×800（宽）像素。

图1-4-12 调整大小

（2）裁剪图片，删除所有不必要的背景。

（3）调整图片的色彩。如图 1-4-13 所示，执行“图像”→“调整”→“色彩平衡”命令，调整图片色彩。

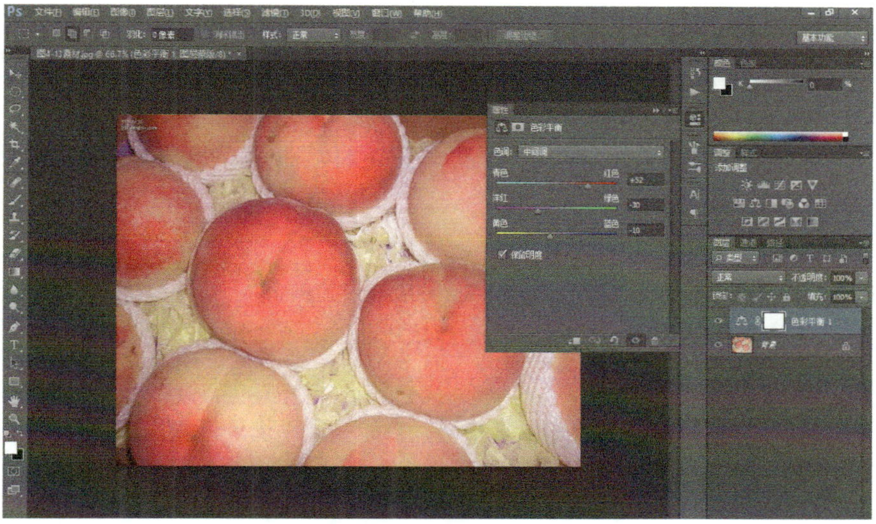

图1-4-13　调整图片的色彩

（4）使用“镜头光晕”效果，让图片更光彩夺目。操作步骤：执行“滤镜”→“渲染”→“镜头光晕”命令。

（5）模糊图片的处理。使用“滤镜”→“锐化”→“USM 锐化”命令，调整边缘细节的对比度，可使边缘突出，造成图像更加锐化的错觉。

（6）使用“图像”→“调整”→“曲线”命令，调整图片对比度、图像明暗度。

（7）给图片配上店标，如图 1-4-14 所示。

图1-4-14　给图片配上店标

（8）将制作好的图文进行打包。

知识储备

1. 一张合格图片的要求

（1）形。形就是商品的外形特征，要选择合适的参照物和角度，以便买家看到商品的真实信息。

（2）色。色就是商品的色彩。颜色一定要真实，并尽可能地让背景和实物反差大点。白色背景基本适合所有物品的拍摄。

（3）质。质就是商品的质量、质地、质感。主要要体现商品的细节，可使用微距拍摄。

2. 数码照相机及相关参数介绍

1）数码照相机

（1）像素：不是主要因素，100 万像素 = 1280px × 960px。

（2）CCD：成像元件，还原底片的功能，与相片的清晰度有关，CCD 越大，色彩越饱满。

（3）光学变焦：利用光学原理进行变焦。但网店图片多为近距离拍摄，此项要求不高。

（4）白平衡：主要是还原色彩，尽量选择可以自定义白平衡的照相机。

（5）微距：能把物品细节表现清晰的，一般应不大于 10 cm，5 cm 以下为好。

2）相关参数

（1）光圈大小。光圈越大，不同距离物体的虚实效果越明显；使用大光圈突出主题产品虚化背景，增强立体感。光圈越小，不同距离物体的虚实效果越接近，使用小光圈体现画面整体。

（2）ISO 感光度。ISO 感光度值越小，颗粒越细，画面感觉越清楚和细腻，层次也更丰富；ISO 数值越高，画面的颗粒越大。因此，拍摄时尽量用小的 ISO 值。

（3）微距。相机的微距功能用来拍摄小物品，可以很好地展示物品细节。对宝贝的某个具有特色的地方拍特写，会创造出具有强烈视觉冲击力的图像。

（4）快门。就是曝光时间的长短，如光圈定为 F8，快门越快，进来的光就越少，快门越慢进来的光就越多。快速的快门可以把运动瞬间凝结在底片上，如流动的水珠等；放慢快门速度，则会产生模糊的运动效果。

（5）曝光模式。在可供使用的程序曝光（P）、快门优先（S）、光圈优先（A）和手动（M）四种模式中，作为新手最好选择光圈优先（A）。因为在此模式下，当选择光圈的同时，照相机将自动选择可产生最佳曝光的快门速度，而一般情况下拍摄风景照片大都需要通过光圈大小来控制景深效果。

3. 商品拍摄技巧

（1）白平衡的使用。白平衡，是让物品在白色或其他光学环境下应该呈现的原有颜色。手动调节白平衡操作过程：

第一步：把数码照相机变焦镜头调到最广角（短焦位置）。

第二步：找一个白色参照物，如白纸，放置好。白纸作为“标准白色”，用于和被摄体做比较。

第三步：白平衡调到手动位置，将镜头对准晴朗的天空，拉近镜头直到整个屏幕变成白色。

第四步：按一下白平衡调整按钮直到取景器中手动白平衡标志停止闪烁，这时就调整完成。

（2）光圈、快门的使用。光圈也称 F 值，F 值越大，光圈越小；F 值越小，光圈越大。小光圈用于拍摄远、深的物品，大光圈用于近距离的拍摄。

（3）光线的使用：

- 光源：有自然光、人造光（灯光等）、相机光源（闪光灯）等。

- 表面粗糙的商品：应使用侧光，表明商品的明暗起伏，如棉麻等。
- 表面光滑的商品：应使用散射的柔和光，避免强烈的反射，如金银首饰等。
- 透明的商品：应使用底光或侧光，表现商品晶莹剔透的质感，如玉、水晶等。
- 无影静物：应使用底光和正面光
- 服装：应使用主光＋辅助光。
- 食品：应使用黄色光源。

（4）背景选择技巧：小件物品可选择背景布或卡纸；首饰、工艺品可以选择棉、麻、丝、缎；大件物品可选择白色墙或布。

（5）布光方式：

- 正面两侧布光：最常用的布光方式，商品表现全面均匀，没有暗角，如图 1-4-15 所示。
- 顶部布光：商品顶部受光，正面没有完全受光。适合于平面的小商品拍摄，如饰品等，但不适合立体感较强且有一定高度的商品，否则会形成顶面光亮，正面灰暗的效果。顶部布光如图 1-4-16 所示。

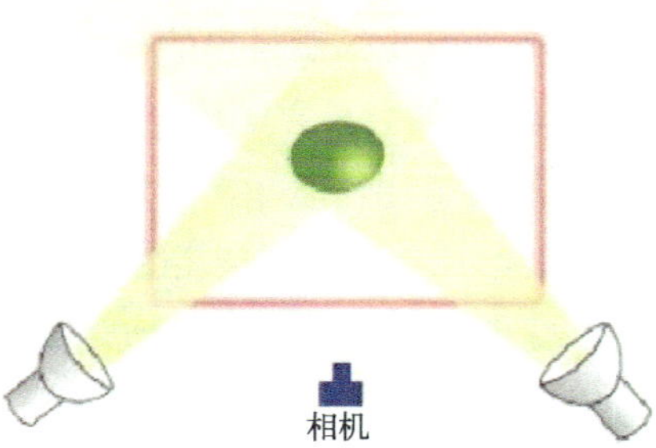

图1-4-15　正面两侧布光

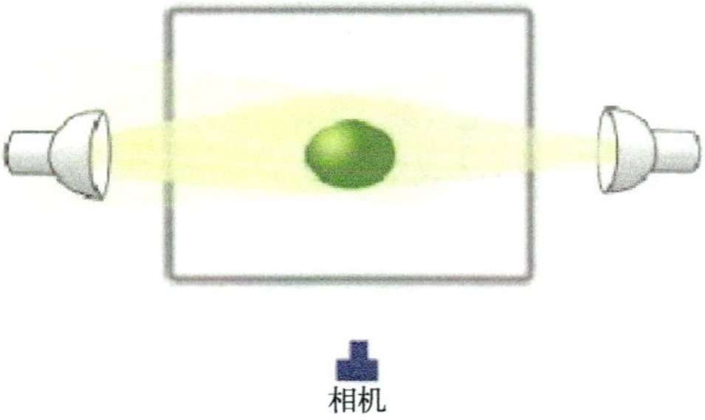

图1-4-16　顶部布光

- 底部布光：表现商品通透性，减少阴影，可以在通透的底板底部加一个光源，如图 1-4-17 所示。

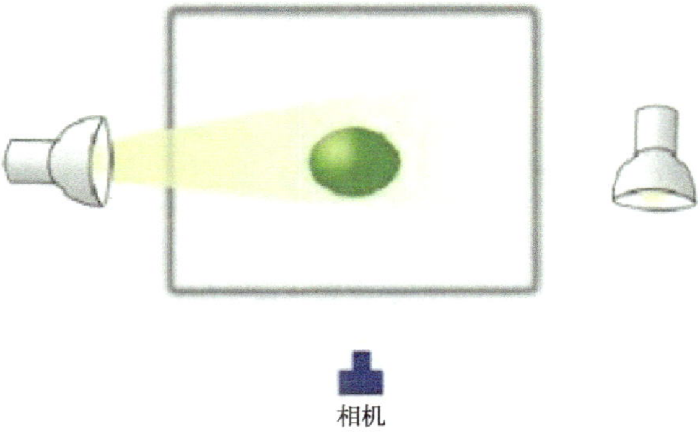

图1-4-17　底部布光

视频
室内拍摄

视频
室外拍摄

4. 不同物品不同拍摄方法

（1）拍摄水晶等透明物品。这类物品本身最大的特点就是透明，因此在拍摄过程中要力求体现它透明的物品特质。背景要干净，否则会反射在物品上。建议大家在拍摄过程中最好戴上白色的手套，以免拍出来的物品上留有指纹。透明物品表面就很光亮，容易造成反光，所以光线不要直接照射物品。在肉眼看起来明显比较暗的部位打上反光板或者旁边用白纸映衬下，使画面的光达到均匀的效果，增加透明物品的立体感觉。

(2) 拍摄首饰等反射物品。这类物品具有发射的特点，非常容易反映出四周的情形，尤其是在四周颜色与其本身颜色截然相反的环境下，更加容易造成这种情形的出现。在拍摄过程中，最好把物品放置到四周颜色都比较单调又与其本身颜色较近的环境里。另外一种解决的方法是事先找地方固定好相机的位置，利用相机自拍功能，避免自己的衣服颜色反射到物品上。

(3) 拍摄食品。通常用“色、香、味”俱全来形容食品的好与坏，“色、香、味”是食品的特点，那么如何用图片来表现食品这个特点呢？熟透了的食品往往是偏向于黑色，颜色太深导致图片缺乏美感，调动不了买家的食欲。拍摄食品最好的时机是在半熟的时候，颜色偏向于黄色，让人一看就有吃的冲动。因此，拍摄熟的食品一般是在一做完就立马拍摄，保证食品最佳的状态，体现食品“色、香、味”。建议在食品表面涂上一层油，“色”会更加好看。

(4) 拍摄衣服。这是所有物品中最容易拍摄的一类物品，也是最容易表现特点的物品。在拍摄过程中，手绝对不能颤抖，否则会抹杀了服装质感的表现。在用光方面，细腻质料的服装比较适合用柔和点的光；粗糙质料的服装比较适合直接打光，以挽回质料差的缺陷。刚进货的衣服由于折叠会比较皱，可以先用熨斗把它烫平整再拍摄，图片的效果会更好。

(5) 拍摄化妆品。化妆品消费人群多是女性，对产品的质感和功能非常看重，拍摄化妆品对光线、细节、颜色的要求很高。消费者对化妆品安全性很关注，所以化妆品产品图片需要多角度、多细节去拍摄，内容物的拍摄不可少，水剂、膏状不一，颜色各异，所以内容物拍摄难度也高，可借助真人演示的办法来展现。

5. 常见的图片处理软件

(1) Photoshop：是一款集图像扫描、编辑修改、图像制作、广告创意、图像输入与输出于一体的图形图像处理软件。

(2) 光影魔术手：是一个对数码照片画质进行改善及效果处理的软件，简单易操作，不需专业的图像技术。

以上 2 款软件均可对图片进行裁剪、缩放、色彩调整，还可制作图片边框、背景、水印等。

实操教练二 拍摄商品短视频

1. 前期策划

以桃子为例，根据卖点展示需要，确定拍摄需求、拍摄内容及拍摄创意等，策划短视频拍摄方案，如表 1-4-2。

表1-4-2　拍摄短视频策划表

基本思路：根据前期分析的目标人群特点和需求构思视频的拍摄要点，突出拍摄主题的品质。	
主题	“加州红”桃
适用人群及需求	喜欢网购水果的人群；女性居多；注重水果品质。

续表

视频类型	商品展示型
主要内容	展示桃子的卖点和需求
拍摄时长	30秒以内
创意点	突出色、香、味、形
设备和道具准备	相机、三脚架、灯光、静物台（转台）、纯色背景（浅色系）、桃子、装饰物品（餐盘、桃叶、小花朵、水果刀等）。

2. 撰写剧本

拍摄方案确定后，就要开始构思脚本，把想要呈现的画面都提前写好，制作成一个脚本。如表 1-4-3。

表1-4-3　拍摄分镜头脚本

	画面	机位	镜头	时长
镜头一	采摘桃子	移动	远——近	5秒
镜头二	清洗桃子	移动	由上至下	3秒
镜头三	桃子放置静物台（转台）上	固定或滑动	远——近	8秒
镜头四	切开桃子（特写）	固定	近	5秒
镜头五	放盘子里摆盘（装饰桃叶、小花朵）	移动	近、上	8秒

3. 拍摄视频

根据以上脚本分 5 个镜头去拍摄桃子的不同画面视频，室外采用自然光，室内选用 2-3 盏可调节的灯，拍摄背景可用纯色简洁的布进行装饰下效果更好，桃子的细节部分主要采用近焦距去拍摄，要拍出桃子的质感和艺术感。

另外拍摄的时候要防止出现画面抖动，可借助防抖器材，例如三脚架、独脚架、防抖稳定器等进行固定。

小贴士：快速搭建视频拍摄台

第一步：准备一个合适大小的桌面台。

第二步：和商品色彩相搭的背景布或背景纸。

第三步：搭建灯光。初学者可选用台灯，也可以购买专业的补光灯。

第四步：相机支架、滑轨、静物转台等辅助工具。

4. 后期制作

剪辑拍摄完后，接下来就是把拍摄的所有镜头素材充分的利用起来，用视频剪辑工具进行再加工处理。剪辑时要注意按之前的创作主题、思路和脚本进行制作，编辑过程中可加入转场特技、多画面、画中画效果和画面调色等，但需注意特效不要过度，合理的特效是炫酷，但过多会给人眼花缭乱的感觉。另外要注意的是，剪辑的时候最好把原声去掉，适当进行配音配乐，给视频添加一个合适的封面。

知识储备

1. 视频和短视频

视频（Video）泛指将一系列静态影像以电信号的方式加以捕捉、记录、处理、储存、传送与重现的各种技术。连续的图像变化每秒超过 24 帧（frame）画面以上时，根据视觉暂留原理，人眼无法辨别单幅的静态画面；看上去是平滑连续的视觉效果，这样连续的画面叫做视频。视频技术最早是为了电视系统而发展，但现在已经发展为各种不同的格式以利消费者将视频记录下来。

短视频是指在各种新媒体平台上播放的、适合在移动状态和短时休闲状态下观看的、高频推送的视频内容，几秒到几分钟不等，最长不超过 20 分钟。内容涵盖面广，生产流程简单、制作门槛低、参与性强等特点，且比直播更具有传播价值，短视频的出现丰富了新媒体原生广告的形式。

2. 淘宝短视频内容的要求

封面标题不能夸大其词，严禁标题党，要符合广告法的要求。

画面 720P 高清及以上，主体居中保持美观，不能出现纯色图、白底商品图、商品平衡图、商品广告图和过度 PS 图。

视频解说要口语化，有真实感，拒绝播音腔。

视频内容不拖沓，节奏明快，提炼内容看点。

视频内无任何水印、二维码、无商家 Logo，无片头片尾以及视频剪辑工具等。

3. 常见的图片处理软件和视频编辑软件

（1）快剪辑。“快剪辑”是 360 公司 2017 年推出的一款免费在线视频剪辑软件。功能齐全、操作简捷、可以在线边看边剪辑，适合零基础的人群使用。

（2）会声会影。“会声会影”是加拿大 Corel 公司制作的一款功能强大的视频编辑软件，具有图像抓取和编修功能，可以抓取，转换 MV、DV、V8、TV 和实时记录抓取画面文件，并提供有超过 100 多种的编制功能与效果，可导出多种常见的视频格式，甚至可以直接制作成 DVD 和 VCD 光盘。操作简单，适合家庭日常使用。

课堂实训

在前面的任务中，电子商务专业的学生已经完成了品牌营销策略任务，接下来需要准备“孔明锁”产品图片资料和其他相关素材，以便为日后在各种营销渠道宣传以及开设网店做准备。

作为电子商务的学生，首先要准备一份拍摄计划，并依照计划内容和要求进行商品图片拍摄及简单处理。

实训要求

4 ~ 5 名同学组成一个团队，进行产品图片拍摄及简单处理的操作，并按要求填写表 1-4-4 及表 1-4-5。

表1-4-4　拍摄商品图片的任务清单

团队成员及分工	组长：	分工：
	成员：	分工：
要拍摄的产品品类		
照片的用途		
要拍摄的图片数量及说明		
拍摄场地及布置情况		
拍摄风格		
拍摄器材、道具等		
拍摄的照片分享（挑选3组最好的）		
拍摄心得		

表1-4-5　课堂训练任务评价表

任务名称	任务职责	参与成员	自评分	互评分

课后实训

在前期任务中，我们为形象设计专业在校内提供的产品和服务打造了品牌营销策略，接下来为了日后进行网络营销宣传和开设网店做准备，需要拍摄他们提供的产品和服务图片，并制作成图文资料。作为电子商务专业学生，请你提出自己的看法。

实训要求

以 4 ～ 5 人为一个团队，根据上文提供的要求，从以下几个问题入手开始做准备：

问题一：如何对他们提供的产品和服务进行分类？

问题二：要拍摄多少张照片？每张照片的用途分别是什么？

问题三：要拍摄哪几个场景的照片？分别从哪些角度进行拍摄？

问题四：要准备什么类型的相机？又需要哪些道具作烘托？

问题五：如何拍出好看又实用的照片？

任务五 阶段性总结——制订网络营销策划书

任务背景

随着电子商务和网络的普及，我国农业产业链已逐渐向产品零售业态发展，而消费者收入水平、消费方式和个性需求方式的变化，还有物流技术的发展，使得传统的市场都转战网络市场。

考虑到小吴家的桃子目前无固定的销售渠道，网络零售方式成了她的首选。怎样在网络市场中脱颖而出，赚取她人生的第一桶金？如何制订合适的网络营销计划？选择怎样的网络营销策略？这些都成了目前急需解决的问题。

任务目标

- 规划网络营销思路。
- 制定网络营销策略。

实操教练 撰写网络营销计划书

网络营销战略计划是企业以市场需求为导向，对企业网络营销任务、目标及实现目标的方案、措施作出总体的、长远的谋划，并付诸实施与控制的过程。撰写网络营销计划书的大致步骤包括：

1. 搜集企业的基本情况资料

企业的基本情况资料如表 1-5-1 所示。

表1-5-1　企业的基本情况资料

基本内容	举例（以小吴家的桃子为例）
企业名称	湖北省荆州市世外桃桃园有限责任公司
企业宗旨	健康、放心、服务、便利
企业愿景	坚持提供绿色健康的食品，成为健康有责的社会分子
企业标识	
主要产品	“加州红”桃子：经济型包装、礼品型包装
市场定位	健康美味的鲜桃产品，可自用可送礼
目标人群	收入水平在中上，以女性为主的中高端网络消费人群。在这类消费者心中树立“桃桃妹”品牌的地位

2. 通过前期行业、市场分析，确定网络营销目标

(1) 所属行业的市场背景：

例文：

桃子属水果行业，该行业目前没有大的销售巨头，市场空间非常大，是较多的投资者首选的创业方式，而网络市场前景更广阔。

(2) 竞争对手分析：

① 农贸市场：

价格便宜；可以亲手挑选；可看、可闻；无需等待；离住宅区通常较近。

② 超市：

价格高于农贸市场；可以亲手挑选，可看、可闻、可试吃；品质普遍好于农贸市场产品；无需等待；一般在生活圈内。

③ 网上市场同属产品：

水蜜桃和蟠桃等著名品种产地“成名已久”，广为人知，市场知名度比较高；口味得到大众认可已久，品种形象深入人心；价格优势明显。

(3) 自身的优势：

例文：

- 品质优势：产品的优势＋“桃桃妹”品牌。
- 便利优势：送货上门。
- 其他特色服务：利用图文、视频等方式普及水果营养价值和如何挑选等知识，并提供礼品的包装等服务。

(4) 确定网络营销目标：

树立健康美味、高品质有保障、亲切友好的品牌形象；让荆州产“加州红”桃的美味和高

品质定位获得客户认可；让消费者养成购买桃子都到本店来查询选购方法和使用指南的习惯，进而养成购买习惯。

3. 制定网络营销策略

网络营销策略如表 1-5-2 所示。

表1-5-2　网络营销策略

网络营销策略	具体内容
网络品牌策略	• 设计品牌标识： • 通过网络推广，提高“桃桃妹”的品牌知名度
网页策略	• 抢占优良的网址并加强网址宣传，网址名称可用品牌名称 • 网站结构设计简单、方便访问，内容涵盖面全
产品策略	根据不同的目标群体的需求，有针对性地进行宣传并分类买卖
	• 经济型：产品个头偏小，包装简易，适合自己吃
	• 常规型：附有一些特色服务，如水果营养健康和如何挑选等知识
	• 升级型：产品个头偏大，包装豪华、适合送礼
价格策略	在考虑产品的质量和成本的前提下，根据不同场景和时节适用不同的定价策略，以品牌定价策略为核心。 • 经济型：和市场同类产品一致 • 常规型：比市场同类产品高 10% • 升级型：比市场同类产品高 20%
渠道策略	选择网络直销模式进行营销推广和买卖
促销策略	充分利用网络的特征实现与消费者的紧密沟通。如：每个产品包装上印上店铺二维码，可通过扫描二维码，关注店铺动态，获取每天优惠特价消息

4. 选择合适的推广渠道

通过前期产品定位、市场分析，考虑选择以下几种网络营销方式来推广“桃桃妹”桃产品。

（1）搜索引擎营销。通过专业网站，如慧聪网、中国供应商、阿波罗等，登录公司信息和网站地址信息，形成企业黄页，同时发布产品信息，再利用搜索引擎推广企业黄页和产品信息，通过搜索引擎优化提升公司、网店和产品的知名度。

（2）E-mail 营销。随着电子邮件成为人们青睐的交流方式，利用电子邮件营销也成为商家进行营销的最佳手段之一。因此，可以通过网上发布信息登录网站，向大量网民发送邮件，以此宣传营销信息。

（3）微博营销。微博可以作为辅助推广工具，通过定期维护微博账户，发布图文信息，维系客户关系，吸引客户。同时为提升搜索引擎排名权重提供贡献。

（4）网络广告。通过网络广告投放平台来发布营销广告。

（5）网店营销。利用第三方电子商务平台，如在淘宝开设网店，利用平台促销渠道和店铺优化，直接将桃子销售给消费者。对于小吴果园的实际情况来说，这种方式是最合适的，目前作为主要方式。

（6）微信营销。通过微信开设微店作为网点辅助，同时充分利用微信公众号平台及朋友圈，宣传推广网店和微店，并定期发布信息，维系客户关系，吸引客户。

知识储备

网络营销策划书是为了达成特定的网络营销目标而进行的策略思考和方案规划的过程。企业在确定采取网络营销战略后，都要进行战略的规划与执行。在撰写网络营销计划时，首先要根据前期的市场调研结果（产品特性、行业竞争状况、企业自身情况等）来进行分析，接下来再确定企业的网络营销任务和营销目标，最后选择合适的营销策略实施营销推广活动。

1. 网络营销思路

视频

目标市场定位

（1）准确、客观地进行网络营销市场定位。在进行定位时要考虑几个问题：

问题一：你的产品或服务是否适合在网上进行营销？

一般说来，标准化、数字化、品质容易识别的产品或服务适合在网上进行营销。

所谓标准化的商品或服务，是指它们很少发生变化，消费者很容易识别其性能，例如图书这样的商品就适合网上营销。

所谓品质容易识别，是指你的产品或服务有不同于其他同类产品或服务的地方，消费者很容易识别其品质。例如：京东商城——在它的站点上，消费者自然很容易信赖其提供的商品和服务。

问题二：你的目标客户是谁？他们上网的频率是怎样的？

营销借助的是市场，面向的是客户，企业从事网络营销渠道最重要的盈利基础是客户，网络营销相对传统电话营销模式，在目标性上稍微弱一些，但是不管是网络营销还是从事电话营销，对于目标客户的定位是必不可少的。

另外，目标市场客户上网的频率也是一个非常重要的参数，假若目标市场的客户基本不使用互联网，那在互联网上营销显然是不值得的，如果要面对这样的情形，则可以通过 Internet 完成原传统营销方式的一部分功能，如广告宣传等。

问题三：你的目标市场在哪里？

一个企业在确立网络营销方向时，首先就要弄清自己的市场定位，是大区域性还是地方性？如果没有预先对行业和市场做一个清楚的分析和预估，那么后期的网络营销将是非常被动的。

问题四：你的竞争对手是谁？

网上的竞争对手往往与现实中的竞争对手一致，网络只是市场营销的一个新战场。竞争对手的分析不可拘泥于网上，必须确定其在各个领域的营销策略、手法等。 要经常访问竞争对手的网页，对手的最新动作，包括市场活动会及时反映在其网页上。要注意本企业站点的建设，以吸引更多的消费者光顾，更多的竞争对手分析也可以在网下市场中进行。

（2）确定具体的营销目标。与传统营销一样，网上营销也应有相应的营销目标，须避免盲目。有了目标，还需进行相应的控制。网上营销的目标总体上应与现实中的营销目标一致，但由于网络面对的市场客户有其独到之处，且网络的应用不同于一般营销所采用的手段与媒体，因此具体的网上市场目标确定应稍有不同。在当前，网上营销刚刚起步发展之时，目标就不应定得过高，重点应在于如何使客户接受这种新颖的营销手段。

网络营销目标的制定可从以下几方面入手：

① 销售型：是为拓展企业的销售渠道，增加客户线上的直接交互性。

② 服务型：是为顾客提供及时的客户咨询服务，通过互联网直接完成咨询交易和售后服务及问题处理，这一点多数企业是存在的。

③ 品牌型：主要为品牌推广，即单一地达到品牌宣传的目的。

④ 革新型：主要是为代替传统营销手段和模式，及利用电商手段代替传统线下的市场业务。

⑤ 多重型：很多企业是这种情况，以推广为基础支撑，以品牌效应和销售为主要标准，以客户咨询和售后服务为辅助，是代替传统营销的综合体。

（3）营销渠道的搜集和策划。

① 竞争对手业务渠道。作为营销人员必须时刻察觉和掌握同行企业的营销手段和渠道，以学习和掌握为前提，在掌握的基础上进行自我开发，既模仿和超越，这种思路可以很轻松地获取一些极为有利快速的营销渠道。

② 行业推广平台搜集。如：腾讯的产品，QQ 群、QQ 空间、QQ 邮件、微信等；社区论坛，地方性的热门论坛；微博；淘宝店铺等。

③ 多渠道整合推广策划。企业在确定了营销推广平台的基础之上需要对整个网络营销团队进行明确的工作细分，针对每个人负责的不同面有针对性地制定工作内容，但有一个最重要的宗旨和要求，就是多渠道不同人员的推广工作必须可以完整地拼接到一个宣传面或是一个点上面，做到全网覆盖整合推广。

2. 常见的网络营销主题活动

（1）社群营销：网络社群营销，是基于圈子、人脉、六度空间概念而产生的营销模式。通过将有共同兴趣爱好的人聚集在一起，将一个兴趣圈打造成为消费家园。全球互联网已经形成一个巨大的网上社群，足不出户，打开互联网，就可以直面这个全球最大网上社群。

（2）病毒式营销：病毒式营销（viral marketing）是一种常用的网络营销方法，常用于进行网站推广、品牌推广等，病毒式营销利用的是用户口碑传播的原理，在互联网上，这种“口碑传播”更为方便，可以像病毒一样迅速蔓延，因此，病毒式营销成为一种高效的信息传播方式，而且，这种传播是用户之间自发进行的，几乎是不需要费用的网络营销手段。

（3）视频营销：视频营销指的是企业将各种视频短片以各种形式放到互联网上，达到一定宣传目的的营销手段。网络视频广告的形式类似于电视视频短片，平台却在互联网上。“视频”与“互联网”的结合，让这种创新营销形式具备了两者的优点。

（4）新闻营销：新闻营销指企业在真实、不损害公众利益的前提下，利用具有新闻价值的事件，或者有计划地策划、组织各种形式的活动，借此制造“新闻热点”来吸引媒体和社会公众的注意与兴趣，以达到提高社会知名度、塑造企业良好形象并最终促进产品或服务销售的目的。

（5）电子书营销：电子书营销就是某一主体（个人或企业）以电子信息技术为基础，借助电子书这种媒介和手段进行营销活动的一种网络营销形式。 企业或者站长、网店主可以制作实用电子书并嵌入广告内容，然后以免费下载的方式来传递产品或者网站信息。

（6）博客营销：就是利用博客这种网络应用形式开展网络营销。要说明什么是博客营销，首先要从什么是博客说起。现在关于博客概念的介绍已经非常多了，对博客概念的描述大同小异，简单来说，博客就是网络日志（网络日记），英文单词为 BLOG。

（7）网络活动营销：所谓的活动营销是指企业通过介入重大的社会活动或整合有效的资源

策划大型活动而迅速提高企业及其品牌知名度、美誉度和影响力，促进产品销售的一种营销方式。

简单地说，活动营销是围绕活动而展开的营销，以活动为载体，使企业获得品牌的提升或是销量的增长。

（8）炒作营销：炒作营销是一种能够吸引公众聚焦，最终把公众注意力转化为销售额、提升品牌资产的营销方式。一般是对某些有卖点的人物或事件进行精心的策划包装，并结合网络进行病毒性传播推广，以达到营销的目的。

（9）情感营销：情感营销就是把消费者个人情感差异和需求作为企业品牌营销战略的情感营销核心，通过借助情感包装、情感促销、情感广告、情感口碑、情感设计等策略来实现企业的经营目标。

（10）微博营销：微博营销以微博作为营销平台，每一个听众（粉丝）都是潜在营销对象，每个企业通过更新自己的微博向网友传播企业、产品的信息，树立良好的企业形象和产品形象。可以跟大家交流每天的更新内容，或者发布大家所感兴趣的话题，这样就可以达到营销的目的，这样的方式就是微博营销。

3. 网络营销的基本策略

1）网络品牌策略

网络品牌策略的任务就是在互联网上建立并推广企业的品牌，知名企业的网下品牌可以在网上延伸，一般企业则可以通过互联网快速树立品牌形象，并提升企业整体形象。网络品牌建设是以企业网站建设为基础，通过一系列的推广措施，使顾客和公众认可企业。在一定程度上，网络品牌的价值甚至高于通过网络获得的直接收益。

2）网页策略

网页策略就是在互联网上设立网站，它是网络营销的基础。中小企业可以选择比较有优势的地址建立自己的网站，精心策划网站结构，后期派专人进行维护，并注意宣传。自己设立网站，对比原来传统市场营销，不仅可以节省广告费用，而且搜索引擎的大量使用会增强搜索率，一定程度上可能比传统广告效果更好。

3）产品策略

产品策略，即指企业制定经营战略时，首先要明确企业能提供什么样的产品和服务去满足消费者的要求，以满足消费者的需要及欲望为中心。它是市场营销 4P 组合的核心，是价格策略、分销策略和促销策略的基础。

企业在制定网络产品策略时，应从网络营销环境出发，首先分析网上消费者需求和网络市场，从而确定自己的产品或者服务项目。一般情况下，产品网络销售的费用远低于其他销售渠道的销售费用，因此，中小企业如果产品选择得当，可以通过网络营销获得更大的利润。最适合进行网络营销的产品有：数字化特征产品、标准化特征产品、隐私化特征产品、低价格特性产品。

4）价格策略

价格策略，即以消费者能接受的较低成本定价。

（1）低价格策略。低价格策略的核心是薄利多销和抢占市场。薄利多销的前提是产品的需求量大，生产的效率高，如日常的生活用品——纸巾、洗发水等。而抢占市场适用于一个新产品的发布，为了提高市场的知名度，为了树立消费者的认知，新产品的低价定价策略是一个不错的选择。低价格策略可以采用直接定价、折扣定价、促销定价等方式来实施。

（2）制定生产定价策略。制定生产定价策略的核心是价格会变动，根据消费者的需求进行针对性的定价。要实行定制生产定价策略，需要进行资料的搜集，建立数据库，将每一个客户都当成是一个独立的个体。制定生产定价策略常适用于服务类，如品牌传播服务、网站优化推广、网站关键字推广等，需要根据客户的需求进行详细的分析，确定其难度，从而制定出一个合理的价格。

（3）拍卖定价策略。拍卖定价策略是一种较为新颖的定价策略，物品起始的价格非常低，甚至为零，但是经过一番消费者的争夺后，其价格便会无限制地上涨。甚至其竞拍的价格会高于货品一般的价格。如一些数量稀少难以确定价格的货品都可设置拍卖定价策略。拍卖定价策略的前提是稀少、市场需求大。

（4）捆绑价格策略。捆绑定价策略是现代最为普遍的一种定价策略。捆绑定价策略多运用于配套的产品或服务，也可运用于类似的产品销售。但是捆绑定价策略不可使消费者产生负面的印象，需要使消费者满意。

（5）品牌定价策略。在现代的产品销售中，定价除了考虑产品的成本和质量外，还需要考虑产品的品牌性，因为消费者在进行消费时会有品牌针对性，当消费者认准了一个品牌后，未来的消费都会倾向于该品牌。品牌的知名度是建立在不断地推广维护基础上的。

5）促销策略

网络促销是利用互联网来进行的促销活动，也就是利用现代化的网络技术向虚拟市场传递有关的服务信息，以引发需求，引起消费者购买欲望和购买行为的各种活动。促销策略重视与顾客的沟通和联系。网络促销形式有四种，分别是网络广告、站点推广、销售促进和关系营销。

6）渠道策略

网络营销的渠道应该是本着让消费者方便的原则设置。为了在网络中吸引消费者关注本公司的产品，可以联合其他中小企业的相关产品作为自己企业的产品外延，相关产品的同时出现会更加吸引消费者的关注。为了促进消费者购买，应该及时在网站发布促销信息、新产品信息、公司动态，为了方便购买还要提供多种支付模式，让消费者有更多的选择，在公司网站建设时应该设立网络店铺，加大销售的可能。

网络营销渠道有三种类型：直接营销渠道、间接营销渠道和双渠道。

课堂实训

在前面的实训任务中，同学们已经对孔明锁做了产品分析、市场分析、品牌定位，以及产品图片资料的搜集，为后期网络营销活动做足了充分的准备，接下来需要将前期成果进行汇总分析，制定合适的网络营销策略，撰写网络营销计划，以便后期按照营销计划去进行策划活动。

实训要求

4 ~ 5 名同学组成一个团队，进行网络营销策划书的制作，并按要求填写表 1-5-3 及表 1-5-4。

表1-5-3　撰写网络营销策划书的任务清单

团队成员及分工	组长：	分工：
	成员：	分工：
网络营销策划书标题		
简述产品（孔明锁）的基本情况		
市场同类产品分析		
市场定位		
网络营销阶段性目标		
选择合适的网络营销策略		
小结（针对推广渠道做简要叙述）		

表1-5-4 课堂训练任务评价表

任务名称	任务职责	参与成员	自评分	互评分

课后实训

在前期的任务中，电子商务专业的学生已经对形象设计专业在校内提供的服务和产品进行了分析，并在校内做了调研，锁定了目标人群，创立了自己的品牌，整理收集了大量图文资料，为后期进行网络营销活动做好了铺垫。

为了后期网络营销活动有序地开展，需要将前期成果进行汇总分析，整理出一套规范的网络营销策划书，供营销人员来实施执行。作为电子商务专业学生，该如何帮助他们理清网络营销思路，制订一份优质的网络营销策划书？

实训要求

以 4 ~ 5 人为一个团队，根据上文中的提示，结合自己所学的知识，从以下几个问题入手去拟定一份网络营销策划书。

问题一：适合进行网络营销的产品大多是流通性高的产品，你觉得形象设计专业的产品和服务适合进行网络营销吗？

问题二：学校附近有无同行竞争情况？他们的产品和服务与我们的市场定位有相似之处吗？

问题三：1 个月、半年、1 年的网络营销目标或收益是怎样规划的？有没有长远的打算？

问题四：他们提供的产品和服务可以选择哪些网络营销策略模式？

问题五：他们后期在实施网络营销活动时，侧重点是什么？

如果你的学校里也有特色专业，能够提供一些特色产品给你，请因地制宜拟定一份网络营销策划书。

策划篇

思政目标

● 认识到营销工具是把双刃剑，树立诚信宣传的意识，并具有分析营销信息，辨别真伪的能力。

● 从网络营销方式重心的变化，体验互联网时代知识更新的速度，建立终身学习的理念。

● 通过结合当地产业政策编写营销文案，体验到营销也是一种价值传播，建立起传递社会主义核心价值观意识。

任务一 选择网络推广渠道

任务背景

在前面的任务中，小吴已经设计了产品形象、拍摄了果园和桃子的图片、确定了销售价格、准备好了桃子的宣传资料包；她如何让业内人士和关注桃子的人可以在网上查找到她的果园和桃子呢，并且主动与她联系，达成交易？

为了解决这个问题，小吴在镇扶贫组的帮助下，在线咨询了一些成功的电子商务人士，并查找了相关的资料，得出结论：要想让大家了解她的产品，首先要选择合适的网络推广渠道。

任务目标

- 了解网络推广的优势。
- 掌握网推广渠道。
- 会选择网络推广渠道。

实操教练 选择推广渠道

如何选择网络推广渠道？选择怎样的推广渠道？我们要结合产品的特点以及渠道的特点进行分析，下面我们以“桃子”为例，一起来完成产品推广渠道的选择。

1. 产品分析

在前一章节中我们已经对产品进行了分析，针对渠道的选择原则，我们一起来进行归纳总结：

(1) 产品定位：健康美味的鲜桃产品，产品分为经济型、常规型和升级型，针对收入水平在中上水平，以女性为主的中高端网络消费人群。

(2) 价格定位：根据不同级别对产品进行定价。

(3) 渠道定位：选择网络直销模式进行营销推广和买卖。

(4) 促销定位：网络推广，每个产品包装上印上店铺二维码，可通过扫描二维码，关注店铺动态，获取每天优惠特价消息。

2. 网络推广渠道分析

渠道分析如表 2-1-1 所示。

表2-1-1　网络推广渠道分析

网络推广渠道	内容	渠道的特点	渠道的原则
搜索引擎营销	选取关键字投放，利用付费推广提升果园和产品的搜索曝光率	①使用广泛；②用户主动查询；③获取新客户；④竞争性强；⑤动态更新；⑥必须有企业网络营销信息作基础；⑦用户主导，仅发挥导向作用	标题和内容高度匹配；内容有价值；内容原创度高；根据关键词，通过适当的创意和描述提供相关介绍
APP营销	开发APP，在APP游戏中植入产品广告或开设店铺	①成本较低；②可被客户持久性应用；③精准营销；④信息展示全面；⑤促进销售	开发单位可提供持续稳定的客户服务或产品；实用性强；核心功能；产品设计人性化，提现关怀和趣味
电子邮件营销	利用信息发布平台或工具对潜在客户发送促销信息	①覆盖范围广；②操作简单，发送效率高；③成本低廉；④适用性强；⑤精准度高	认真对待每份地址；得到用户许可；邮件内容能提供有效信息；邮件内容来源稳定；邮件设计对用户友好
病毒性营销	针对桃子发掘设计有分享价值、娱乐性强的新闻，通过访问者分享在网络上传播	①采用有吸引力的话题；②传播速度呈几何倍数增长；③接收用户心态更积极，接收效率高	利用潜在客户可能具有的共同动机和行为；赠送产品或服务；简化传播信息，让它易于传播；利用现有社交工具
网店营销	在淘宝、京东或慧聪网等电商平台网站上开设网店或开设产品主页，进行直接销售	①以网络为载体，店铺跨时间和空间开放；②个性化；③直接营销，缩短了分销环节，提升了销售效率；④信息传递对称	保持店内产品的多样性；选一款做主推，关联主推和其他产品；做好客户服务；供应链稳定高效
网络广告营销	制作图文广告或者短视频，在用户集中的平台上选取合适的广告位，进行广告展示	①传播范围广；②具有互动性；③表现形式丰富；④信息量大；⑤传播过程多对多；⑥广告效果可统计；⑦费用比传统广告低；⑧针对性强；⑨转化率相对较高	广告受众与广告投放平台受众保持一致；事先制定网络广告预算并进行控制；主题鲜明，推送手段恰当；实时监测效果

续表

网络推广渠道	内容	渠道的特点	渠道的原则
微博营销	选择新浪微博；关注健康或减肥大V并互动；发布和“桃子”相关软文；运用热点话题营销等	①操作简单，信息发布便捷；②企业形象拟人化，互动性强；③低成本；④针对性强；⑤信息量大；⑥覆盖面广	选择精英人群聚集的平台；遵守平台信息发布原则；与粉丝互动及时友好；尊重每一位用户；信息透明、真实；确保信息有分享价值、娱乐性
微信营销	建立微信公众平台，定期推送果园新闻、产品促销，或与产品有关的其他信息	①点对点精准营销；②形式灵活多样；③与消费者形成强关系，产生更大价值	未经腾讯允许不可使用插件、外挂、服务接入和相关系统；禁止刷粉；不可以进行诱导分享；不可有目的性地对公众平台的功能或文字进行篡改

3. 网络推广优势与产品特性分析

集合果园实际情况和“桃桃妹”桃产品的特点，完成网络推广渠道和产品特性的匹配，如表 2-1-2 所示。

表2-1-2　网络推广渠道优势与产品特性匹配表

项目	内容	网络推广渠道对应的优势
产品自身的特点	每年固定时间上市，销售时间一季；产量稳定但不大；生鲜食品，保存时间短，必须在短时间内售出；产品品质在市场同类产品中属优质，但了解的人不多；品牌形象突出；目标客户明确	成本低廉； 网络社区或平台大多数访问者具有相同特质； 传播范围广； 信息传播双向对称； 信息传播速度快； 客户主动接收，转化率高
包装要求	防撞防挤压；带透气孔；高档个性化手提袋外包装	
存储要求	常温 / 低温保鲜	
运输要求	速度快，平稳	
客户群体	收入中等水平以上，女性，具有网购习惯，注重健康	

4. 网络营销推广具备条件分析

针对前期准备工作，根据实际情况，完成网络推广渠道准备情况分析，如表 2-1-3 所示。

表2-1-3　网络推广准备条件分析表

项目	准备工作的完成情况
选择的主要推广渠道	搜索引擎营销、电子邮件营销、微博营销、网店营销和微信营销
样品的陈列	生鲜产品不耐储存，已拍摄了本品牌桃子的宣传视频
桃园、桃子图片的拍摄	已完成
图片的处理与编辑	已完成
产品的文案编辑	已提炼出卖点
产品的价格列表	待定

知识储备

1. 网络推广优势

网络推广现已成为企业营销的一个重要组成部分，与传统推广方式相比，主要有以下优点：

（1）传播范围广：网上推广的传播范围极其广泛，不受时间和空间的限制，可以通过国际互联网把广告信息24小时不间断地传播到世界各地。作为网上推广的受众，只要具备上网条件，任何人在任何地点都可以随时随意浏览广告信息。

（2）交互性强：在网络上，受众是广告的主人，在当其对某一产品发生兴趣时，可以通过点击进入该产品的主页，详细了解产品的信息。而厂商也可以随时得到宝贵的用户反馈信息。

（3）针对性明确：网上推广目标群确定，由于点阅讯息者即为有兴趣者，所以可以直接命中有可能用户，并可以为不同的受众推出不同的广告内容。尤其是对工商经济站点，浏览用户大都是企业界人士，网上广告就更具针对性了。

（4）受众数量可准确统计：利用传统媒体做广告，很难准确地知道有多少人接收到广告信息，而在Internet上可通过权威公正的访客流量统计系统精确统计出每个客户的广告被多少个用户看过，以及这些用户查阅的时间分布和地域分布。这样，借助分析工具，成效易体现，客户群体清晰易辨，广告行为收益也能准确计量，有助于客商正确评估广告效果，制定广告投放策略，对广告目标更有把握。

（5）灵活、成本低：在传统媒体上做广告，发布后很难更改，即使可改动往往也须付出很大的经济代价。而在Internet上做广告，能按照需要及时变更广告内容，当然包括改正错误。这就使经营决策的变化可以及时地实施和推广。作为新兴的媒体，网络媒体的收费也远低于传统媒体，若能直接利用网上推广进行产品销售，则可节省更多销售成本。

（6）感官性强：网上推广的载体基本上是多媒体、超文本格式文件，可以使消费者能亲身体验产品、服务与品牌。这种以图、文、声、像的形式，传送多感官的信息，让顾客如身临其境般感受商品或服务。

总之，网络推广就像一间24小时营业的商店，让全世界的客户在需要时能优先随时联系到店家！

2. 网络推广渠道

1）搜索引擎营销

“得网络者得天下”所引申的下一句应该是“得搜索引擎者得天下”，企业网络推广营销过程中，90%以上的客户均来自搜索引擎。搜索引擎给网络推广提供了很大便利，企业可以根据用户使用搜索引擎的方式，利用用户检索信息的机会，尽可能将营销信息传递给目标客户，以实现产品推广的目的。

从数据分析上来看，至少有10%～30%的流量是通过搜索引擎达到的，从搜索引擎流量的转化率来看，由于定向精准，转化率也相对较高。搜索引擎营销有两种：一种是SEM（一般指搜索引擎付费推广），另一种是SEO（搜索引擎优化）。对于建站初期的企业，没有关键词排名的情况下，SEM可以解决这个问题，但见效快的同时成本也较高。SEO来见效慢，周期长，但是花费少，见效持久。

2）邮件营销（E-mail 营销）

邮件营销是在用户事先许可的前提下，通过电子邮件的方式向目标用户传递有价值信息的一种网络营销手段。是利用电子邮件与受众客户进行商业交流的一种直销方式，同时也广泛地应用于网络营销领域。其有用户许可、电子邮件传递信息、信息对用户的价值三个基本因素，三个基本因素缺一不可。邮件营销是网络营销手法中最古老的一种，具有成本低、快速、精准的特点。

3）事件营销

事件营销师是通过策划、组织和利用具有新闻价值、社会影响以及名人效应的人物或事件，吸引媒体、社会团体和消费者的兴趣与关注度，以求提高企业或产品的知名度、美誉度、树立良好品牌形象，并最终促成产品或服务销售的手段和方式。

事件营销是近年来国内外十分流行的一种公关传播与市场推广手段，集新闻效应、广告效应、公共关系、形象传播、客户关系于一体，并为新产品推介、品牌展示创造机会，建立品牌识别和品牌定位，形成一种快速提升品牌知名度与美誉度的营销推广手段。

4）网络广告营销

网络广告是利用计算机连接而形成的信息通信网络作为广告媒体，采用相关的电子多媒体技术设计制作，并通过计算机网络传播的广告形式。简单地说，网络网广告就是在网络平台上投放的广告。网络广告的本质是向互联网用户传递营销信息的一种手段，是对用户注意力资源的合理利用

5）社会化媒体营销

互联网发展至今，已经越来越发展成为人与人的关系，因此做好社会化营销，通过用户传递价值已成为电子商务网站传播的重要渠道。另外，从数据分析上也可以观察到这点。很大一部分的流量来源于直接输入，这部分流量通常都来自于这样的口口相传、即时通信传播、轻博客、收藏夹等。

社会化媒体营销包括的范围较广，博客、论坛、SNS、微博、轻博客、RSS 分享都属于此范畴，微博和轻博客可以说是新媒体营销，这样的媒体包含众多类型人群，例如新浪微博的目标人群主要是 20 ~ 40 岁的精英人群，这部分人群同样也是网购的目标人群，另外，微博上还会有微群等以同样目标聚集在一起的用户。通过促销、活动带动特定人群，制造裂变式营销，口口相传，只要有耐心，用发展的眼光看待新媒体营销，必将牢牢抓住用户。社会化媒体营销的例子还有像豆瓣一样的文青聚集地，针对小清新服装品牌初刻等电商网站，都可以定位合适的目标人群。

3. 网络营销渠道的选择

好的推广渠道对于企业做好网络营销推广是非常重要的，一个好的推广渠道应该具备的条件是：

视频

营销渠道

- 一定要有好的客服服务。
- 一定是非常知名的网络平台，这样可以保证浏览量。
- 一定是人气非常旺的平台，这样可以有效保证点击量。
- 一定是拥有先进的推广技术的平台，这样可以保证受众的访问习惯。

- 一定是推广平台的用户群具有一定的文化层次，这样可以保证被受众用户的接受度。
- 一定是能够覆盖最多的推广平台，这样可以保证推广的覆盖面，有效保证效果。

课堂实训

湖北省武汉市仪表电子学校数控技术专业是湖北省重点专业，该专业开设的实操课程，如普通车削加工，数控车削加工，数控铣削加工，数控线切割加工等，同学们在实训时会制作出一些金属切割制品。

在上周的实训课上，制作了一批规格大小不同的金属孔明锁，非常精致有创意，其工艺水平可与市场同类产品媲美，从商业角度考虑可以尝试借助网络来进行推广销售。电子商务专业的学生接到这个任务后，向数控专业的同学搜集了孔明锁的相关资料：

孔明锁：全金属，不锈钢材质；重量 500 g 以内；直径 20 cm；数量 40 个；成本价格为 8 元。

实训要求

4 ~ 5 名同学组成一个团队，利用上文中提供的信息，通过不同渠道去了解、搜集孔明锁的属性资料，完成下列任务并填写产品分析及表 2-1-4 ~表 2-1-6。

1. 产品分析

(1) 产品定位：______________________________。

(2) 价格定位：______________________________。

(3) 渠道定位：______________________________。

(4) 促销定位：______________________________。

2. 渠道与产品特点分析

表2-1-4　渠道与产品特点分析

项目	内容	网络推广渠道对应的优势
产品自身的特点		
包装要求		
存储要求		
运输要求		
客户群体		

3. 网络营销推广渠道具备条件分析

表2-1-5　网络营销推广渠道具备条件分析

项目	准备工作的完成情况	
选择的主要推广渠道		
样品的陈列		
产品及相关图片的拍摄		
图片的处理与编辑		
产品的文案编辑		
产品的价格列表		

表2-1-6　课堂学习任务评价表

项目	具体内容介绍	完成情况	自评分	互评分
知识点掌握情况				
知识获取途径				

课后实训

湖北省武汉市仪表电子学校形象设计专业学生制作了一批美甲甲片成品，请电子商务专业同学帮忙在网上卖掉，回收资金再购买一些指甲油等课题练习消耗品。

每周五下午是形象设计专业的开放日，在这一个下午，形象设计专业实训室是对外开放的，需要美甲、化妆、盘发造型的师生可以以较低的价钱请形象设计同学提供相应服务。收费标准：美甲 20 元 / 次，造型 15 元 / 次，纹眉、眼线、唇线大约 800 元 / 次。作为电子商务专业学生，请你为他们设计网络推广渠道。

实训要求

以 4 ～ 5 人为一个团队，分析产品的特点，为该产品选择合适的网络营销推广渠道，并根据前面几个任务的学习，列出本小组已经为网络营销推广渠道的实施做了哪些准备。

任务二 搜索引擎营销

任务背景

小吴在前期中，经过对各类推广渠道的学习与研究，决定自己亲手到网上体验一把，并对各类推广渠道进行效果评价，选择适合自己产品的推广渠道，并加大果园与产品的宣传与推广。

请同学们和小吴一起，体验一下百度搜索引擎营销，并给她提出合理的意见。

任务目标

- 能用搜索引擎搜集信息。
- 会利用搜索引擎关键词进行快速查询。
- 掌握搜索引擎营销的操作步骤。
- 能利用搜索引擎工具对产品进行营销推广。

实操教练一 搜索信息

1. 进入百度首页

打开浏览器，在地址栏输入网址 https://www.baidu.com/，按回车键，进入百度首页，如图 2-2-1 所示。

图2-2-1 进入百度首页

2. 利用关键字进行搜索

（1）在百度首页搜索栏中输入关键词“桃子”，如图 2-2-2 所示。

图2-2-2 输入关键词“桃子”

（2）选择“网页”（首页会默认为“网页”），单击“百度一下”按钮，如图 2-2-3 所示。

图2-2-3　选择“网页”

（3）选择“图片”，单击“百度一下”按钮，如图 2-2-4 所示。

图2-2-4　选择“图片”

小试牛刀：

大家尝试选择“新闻”“贴吧”“知道”“音乐”等，浏览一下，看看会出现什么样的搜索结果。

3. 浏览信息

通过“网页”搜索，选择一条感兴趣的信息，如“桃子的功效与作用”，单击标题，浏览所检索的信息，如图 2-2-5 所示。

图2-2-5　显示搜索页面

4. 对搜索的信息进行分析

利用百度搜索引擎收集的有关“桃子”的信息，发现百度找收到约 100 000 000 条相关信息。请对搜索到的信息进行浏览并分析信息情况，填写到表 2-2-1 中。

表2-2-1　搜索结果分析表

搜索排名	标题名称	网址	排名靠前的原因
1	桃子（水果）_百度百科	http://re.jd.com/	百度自有功能模块
2	桃子_百度图片	http://image.baidu.com	百度自有功能模块
3	桃子-商品批发价格-百度爱采购	https://b2b.baidu.com/ss?q	带“广告”标记（即付费推广内容）
4	【桃子】桃子的功效与作用-桃子是热性还是凉性	https://www.mama.cn/z/35277/	关键字匹配度高；内容与关键字匹配度高；搜索设置关键词与搜索关键词匹配度高；网站权重。

知识储备一

在网络营销推广中，搜索引擎一直是重要的营销方法之一，也是很多企业采用的重要营销推广工具。对于用户来说，搜索引擎可以让他们快速准确地找到需要的信息；对于企业而言，为用户提供准确的检索信息，能有效地促进产品或服务的推广。

视 频

搜索引擎营销

1. 搜索引擎的组成

搜索引擎一般由搜索器、索引器、检索器和用户接口四个部分组成。

（1）搜索器：搜索器的功能是在互联网中漫游，发现和搜集信息。

（2）索引器：索引器的功能是理解搜索器所搜索到的信息，从中抽取索引项，用于表示文档以及生成文档库的索引表。

（3）检索器：检索器的功能是根据用户的查询在索引中快速检索文档，进行相关度评价，对将要输出的结果进行排序，并能按用户的查询需求合理反馈信息。

（4）用户接口：用户接口的作用是接纳用户查询，显示查询结果，提供个性化查询项。

2. 搜索引擎的工作原理

搜索引擎的工作原理包括如下三个过程：首先在互联中发现、搜集网页信息；同时对信息进行提取，组织建立索引库；再由检索器根据用户输入的查询关键字，在索引库中快速检索出文档，进行文档与查询的相关度评价，对将要输出的结果进行排序，并将查询结果返回给用户。

（1）抓取网页：每个独立的搜索引擎都有自己的网页抓取程序，这个网页抓取程序叫作“网络蜘蛛”（spider）网页抓取程序。“网络蜘蛛”顺着网页中的超链接，从这个网站爬到另一个网站，通过超链接分析，连续访问抓取更多网页。被抓取的网页被称之为网页快照。由于互联网中超链接的应用很普遍，理论上，从一定范围的网页出发，就能搜集到绝大多数的网页。

（2）处理网页：搜索引擎抓到网页后，还要做大量的预处理工作，才能提供检索服务。其中，最重要的就是提取关键词，建立索引库和索引。其他还包括去除重复网页、分词（中文）、判断网页类型、分析超链接、计算网页的重要度/丰富度等。

（3）提供检索服务：用户输入关键词进行检索，搜索引擎从索引数据库中找到匹配该关键词的网页；为了用户便于判断，除了网页标题和URL外，还会提供一段来自网页的摘要以及其他信息。

3. 搜索引擎的查询方法

（1）基本网页信息的查询。用户只需要在搜索框中输入要查找的字词，然后单击“搜索”按钮或按回车键，搜索引擎就会反馈想要查询的信息结果。

（2）特定搜索结果的查询。如果用户想要搜索特定的信息结果，比如“新闻”“知识”“音乐”“图片”等，可输入查询词后，单击搜索框上面相应的标签，搜索引擎就会反馈相应类别的搜索结果。

4. 搜索引擎查询词的选择

掌握查询词选择技巧，可以快速准确找到想要的信息，搜索引擎查询词选择的一般技巧如下：

（1）使用空格：搜索同时满足多个查询条件的信息。与只用单个词进行搜索相比，使用多个词搜索，不同词语之间用一个空格隔开，可以找到更精确的结果。

（2）使用双引号：搜索精确的、不做拆字处理的搜索信息。当输入较长的查询词时，搜索引擎会依据查询字符拆字处理。若需要得到精确、不拆字的搜索结果，可在查询词前加上双引号（中、英文双引号都可以）。

（3）使用减号：搜索去除不希望看到的某些特定的词的网页信息。如果发现搜索结果中，有很多网页包含不希望看到的某些特定的词，可以使用减号去除这些网页。注意减号前面必须加空格。

（4）不区分大小写：搜索引擎不区分字母的大小写。搜索引擎会将所有的字母当作小写处理。

实操教练二 体验搜索引擎营销

1. 登陆免费搜索引擎

1）进入百度网站登陆页面

利用搜索引擎搜索“百度搜索资源平台”等关键词，进入相关搜索页面，单击搜索结果中的“百度搜索资源平台”，进入链接页面，如图 2-2-6 所示。

图2-2-6 链接提交页面

2）注册百度账号

(1) 在“百度搜索资源平台”首页上，单击“登录”按钮右下方的“立即注册”按钮，进入“注册”账户页面，如图 2-2-7 所示。

图2-2-7 注册账号页面

(2) 填写注册信息，单击“注册”按钮，进入“搜索资源平台”页面。

小贴士：

注册时，输入手机号码，平台会发送一个验证码信息到手机，将手机上的验证码输入注册页面中的验证码栏。单击“注册”按钮后，等待页面自动跳转。账号与密码输入格式参照注册信息右边的提示。记住账号和密码，下次登录使用该账号与密码。

3) 登录搜索资源平台

单击“用户中心”，进入“管理员设置”，单击“添加网站”，完善账户信息如图 2-2-8 所示。

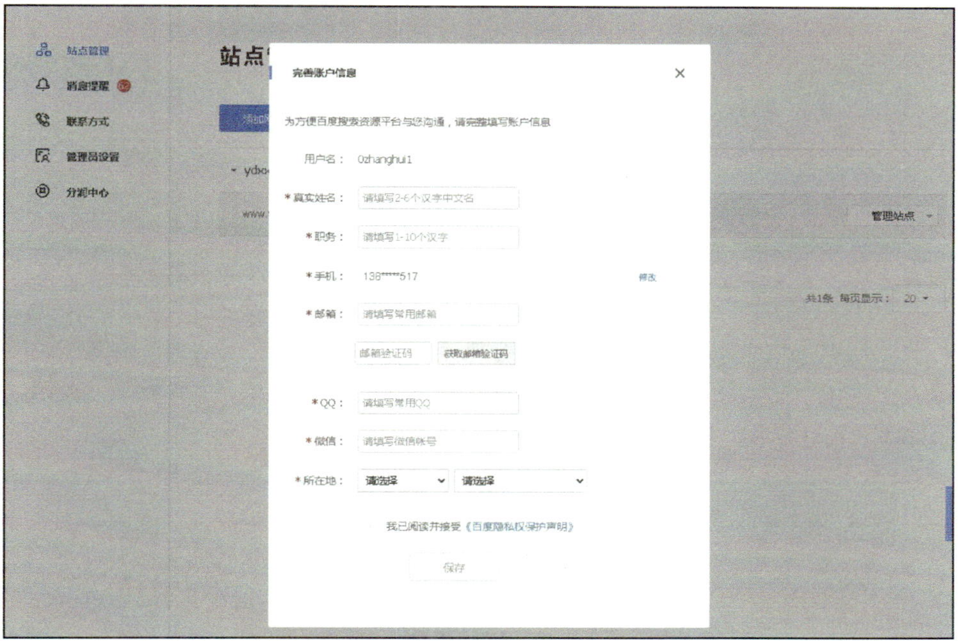

图2-2-8　完善账户信息

4) 提交网站网址

(1) 输入网址：出现如图 2-2-9 所示页面，输入事前准备好的网址（可选择自己发布的百度知道、头条新闻、微博软文的网址），单击“下一步”按钮。

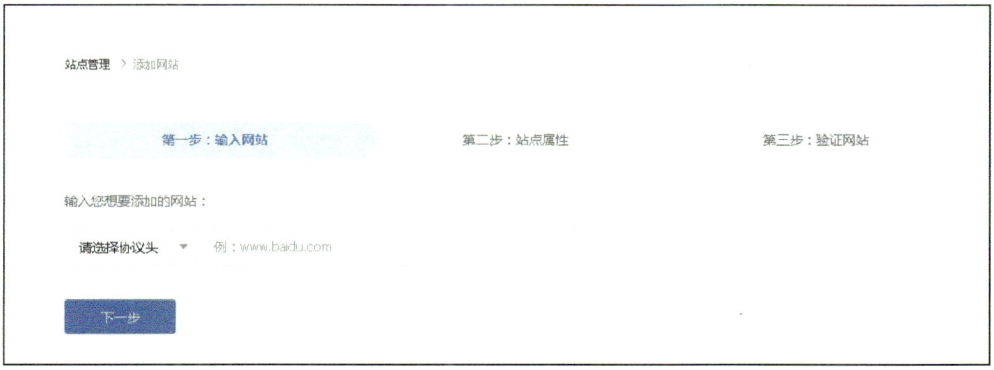

图2-2-9　输入网址

（2）站点领域设置：选择站点领域，单击“下一步”链接，如图 2-2-10 所示。

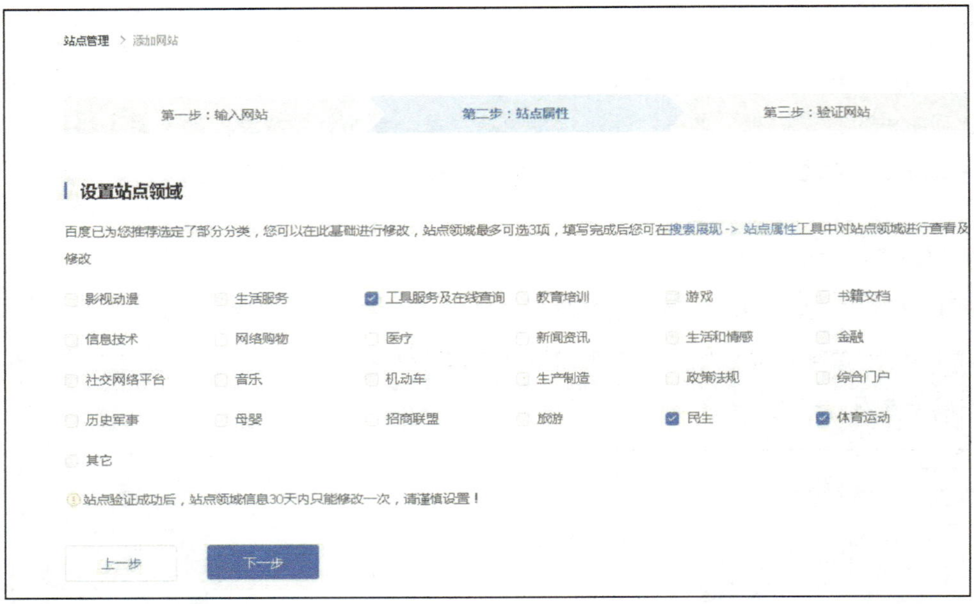

图2-2-10　选择站点领域

（3）文件验证：将下载的验证文件保存到制定的文件夹中，将验证文件放置于您配置域名的根目录下；单击“点击这里”确认验证文件可以正常访问；单击“完成验证”按钮，完成文件验证。如图 2-2-11 所示。

图2-2-11　文件验证

2. 体验百度推广

（1）进入百度营销网站，利用搜索引擎搜素“百度营销”，进入“百度营销 - 登录”界面，如图 2-2-12 所示。

图2-2-12　百度营销首页

（2）注册百度商业账号。

单击页面的“注册”，填写“注册百度商业产品用户”信息，如图 2-2-13 所示。

图2-2-13　注册百度商品用户

（3）完成注册。

完成注册信息的填写，单击立即提交，提示注册成功，如图 2-2-14 所示。

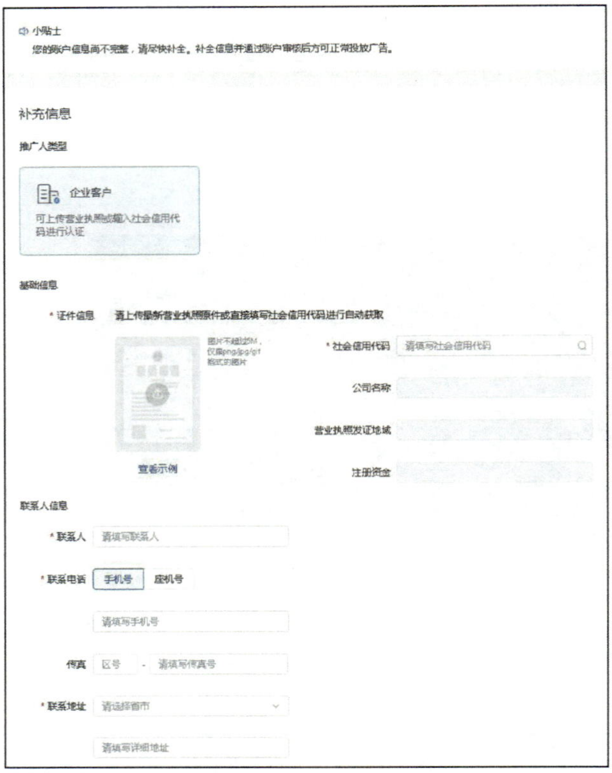

图2-2-14　完善注册信息

小贴士：

注册成功后，您会接收到百度推广的信息确认电话，如果没有其他要求，可以忽略。

① 单击“营销产品”按钮，了解百度营销各种产品，如图 2-2-15 所示。

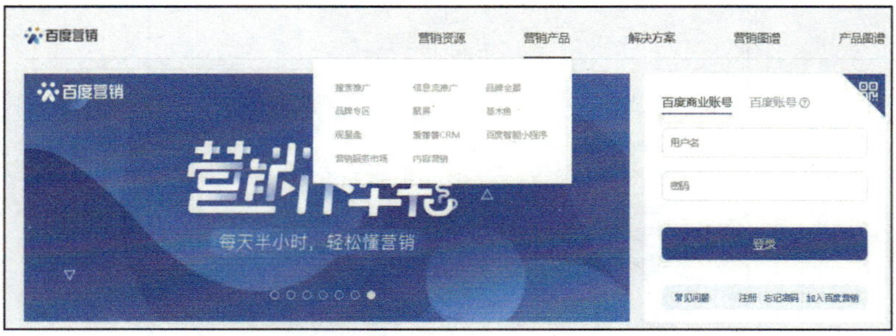

图2-2-15　百度营销产品

② 了解百度营销产品，记录产品信息，如表 2-2-2 所示。

表2-2-2 百度营销产品

产品类型	产品特点
搜索推广	运用百度独有的搜索大数据积淀与AI能力，理解用户外貌，更理解用户大脑。从经营流量到经营用户，让企业与用户的连接无处不在。

续表

产品类型	产品特点
内容营销	内容营销是一款更好地将客户商业推广效果与用户浏览体验相结合的全新商业产品。客户通过业务系统筛选出与自身业务高度相关的行业/品牌问题，在业务系统中回答问题，生成客户专属的问题页面。
品牌专区	百度品牌专区，位于百度搜索结果首位，以超大黄金首屏展示位置，以文字、图片、视频等多种广告形式全方位推广展示企业品牌信息，将最为精华和直接的品牌信息展现在网民面前，众多网民也得以更便捷的了解品牌官网信息，更方便的获取所需企业资讯，是提升企业品牌推广效能的创新品牌推广模式。
信息流广告	是在百度APP、百度贴吧、好看视频等资讯流中穿插展现的广告；拥有海量优质内容和媒体资源，网罗全网用户；承载内外部亿级流量，信息流产品能力持续优化，全面提升广告主的推广效果！
百度智能小程序	智能连接人与信息、人与服务、人与万物的开放生态，依托以百度App为代表的全域流量，通过百度AI开放式赋能，精准连接用户，无需下载安装便可享受智慧超前的使用体验。

3. 选择关键词并利用关键词分析工具

1）了解关键词的相关术语

利用百度搜索引擎收集关键词术语的信息，完成表 2-2-3。

表2-2-3　收集关键词术语的信息

序　号	关键词术语	解　释
1	核心关键词	网站主题，1 ～ 3 个，重点优化
2	拓展关键词	核心关键词以外的关键词，通过核心关键词而拓展出来的相关关键词，通常不放在首页
3	目标关键词	目标关键词是相对页面而言的，希望用哪个关键词定位这个页面，那么这个关键词就是这个页面的目标关键词
4	长尾关键词	比较长的关键词，可以是复合词、短语甚至一句话

2）为商家选择关键词

根据小吴果园的情况，为她的果园和产品选择适合推广的关键词。请将想到的关键词尽可能多地写在下列横线上。

桃子、油桃、蟠桃、孕妇水果、桃子的功效与作用、桃皮可以吃吗、桃子价格、2017 新桃、水蜜桃、毛桃、甜、脆桃、硬质桃、一斤、真正的甜桃等。

3）关键词分析

（1）使用百度指数。

打开百度搜索引擎，输入“百度指数”关键词，单击“百度一下”按钮，在显示的结果中，单击“百度指数官网”链接，进入“百度指数”页面，如图 2-2-16 所示。

图2-2-16　百度指数页面

小贴士：

关键词分析工具其实有很多，有免费的，有付费的。我们在选择关键词的时候要充分利用好这些工具。例如百度的百度指数，还有谷歌的 Google Suggest（这个工具可以告诉你一系列相关词语以及各自的网页多少）和 Google Sandbox（这是在谷歌竞价广告里面供广告客户使用的），Yahoo 也有免费的关键词挑选工具供竞价广告客户使用，其他的还有很多这里就不一一列举了，利用好这些关键词分析工具，我们就可以很好地选择自己网站所需的关键词。下面以百度指数为例，学会使用关键词分析工具。

（2）查看关键词分析情况。

在百度指数页面搜索区，输入想查询的关键词，如“桃子”，单击 🔍 按钮，显示结果如图 2-2-17 所示。

图2-2-17　百度指数结果显示

（3）数据分析。

对前面所列举关键词进行查询，查看结果，并进行比较分析，填写表 2-2-4。

表2-2-4　关键词分析

关键词	时间段	整体趋势	PC趋势	移动趋势	对比分析结果
桃子	2017.4.12-5-2017.5.18	逐步上升	稳定呈波浪形	快速上升	随桃子上市时间的临近，对于桃子及相关关键词搜索量逐步上升，移动端搜索量占总搜索量的2/3以上
油桃	2017.4.12-5-2017.5.18	同上	同上	同上	
水蜜桃	2017.4.12-5-2017.5.18	逐步上升，高于“桃子”	稳定呈波浪形	快速上升	

4. 查询百度 SEO 价格

1）进入“百度 SEO 价格查询系统”

在百度搜索引擎中输入“百度 SEO 价格查询”，在查询的结果中选择“百度 SEO 价格查询系统”，进入“百度 SEO 价格查询系统”页面，如图 2-2-18 所示。

图2-2-18　百度SEO价格查询系统

2）记录查询信息

在“百度 SEO 价格查询系统”中，输入上述列举的关键词，将查询结果记录在表 2-2-5 中。

表2-2-5　价格查询结果

关键词	价格	百度指数	30天搜索量	竞争对手	需要时间
桃子	17280元/年	0	约334次	约5 625 000个	约2～4个月
桃子的功效与作用	8400元/年	0	约312次	约210 600个	约2～4个月
孕妇水果	11760元/年	0	约303次	约1 323 000个	约2～4个月
桃子价格	11760元/年	0	约345次	约495 000个	约2～4个月
2017新桃	8400元/年	0	约321次	约193 500个	约2～4个月
水蜜桃	13440元/年	0	约309次	约2 160 000个	约2～4个月
油桃	15120元/年	0	约335次	约710 100个	约2～4个月

3）选择推广词

对比以上分析结果，从上列查询结果中选择适合小吴桃园的推广词：

桃子、孕妇水果、2017 新桃、桃子的功效与作用等。

知识储备二

1. 索引擎营销基本原理

从前面的知识中，我们可以知道，一个典型的用户搜索流程是：选择搜索引擎；设定关键词或者关键词组合进行检索；对搜索的结果进行筛选并单击符合期望的信息；进入信息源网站获得详细的信息。如果用户获得满意的结果，本次搜索就结束；否则就更换关键词重新搜索，直到搜到自己想要的结果。用户在完成搜索、筛选、单击等基本信息获取行为之后，对于本次获取信息行为是否获得期望的结果得出自己的判断。商家利用被用户通过搜索引擎检索的机会实现信息的传递，这就是我们所说的利用搜索引擎进行营销。

1）搜索引擎营销的基本过程

（1）企业将信息发布在网站上成为以网页或文档形式存在的信息源。

（2）搜索引擎将网页或文档信息收录到索引数据库。

（3）利用关键字进行检索。

（4）检索结果中罗列相关的网页索引信息及其链接 URL。

（5）用户根据对检索结果的判断选择有兴趣的信息并单击 URL 进入信息源所在的网页。

这样便完成了企业发布信息到用户获取信息的整个过程，这个过程也说明了搜索引擎营销的基本原理。

2）搜索引擎营销的基本内容

在搜索引擎营销基本过程中，包含五个基本要素：信息源（网页或文档）、搜索引擎索引数据库、用户的检索行为和检索结果、用户对结果的分析判断、对选中检索结果的点击。这些因素以及搜索引擎营销信息传递过程的研究和有效实现就构成了搜索引擎营销的基本内容。

（1）构造适合于搜索引擎检索的信息源。

网页信息源被搜索引擎收录是搜索引擎营销的基础，这也是网站建设之所以称为网络营销基础的原因，企业网站中的网页内容信息（包括文档、图片、音乐、视频、地图等）是搜索引擎检索的基础。因此，采用搜索引擎营销时，要让用户能检索到商家的信息，就应该对网站进行优化，网站优化包括用户优化、搜索引擎优化和网站管理维护优化三个方面。

（2）创造网站 / 网页被搜索引擎收录的机会。

网站建设完成并发布到互联网上，并不意味着自然可以达到搜索引擎营销的目的，无论网站设计多么精美，如果不能被搜索引擎收录，用户便无法通过搜索引擎发现这些网站中的信息，当然就不能实现网络营销信息传递的目的。因此，让尽可能多的网页被搜索引擎收录是网络营销的基本任务之一，也是搜索引擎营销的基本步骤。

（3）让网站信息出现在搜索结果靠前的位置。

网站 / 网页仅仅被收录还不够，还需要让企业信息出现在搜索结果中靠前的位置，这就是搜索引擎优化所期望的结果，因此搜索引擎收录的信息通常都很多，用户输入某个关键字进行检索时，会反馈大量的结果，如果商家信息出现的位置靠后，被用户发现的机会就大为降低，搜索引擎营销的效果就无法保证。

（4）以搜索结果中有限的信息获得用户关注。

搜索引擎营销是“信息引导模式”的代表，搜索结果的摘要信息获得用户关注是信息引导得以实现的基础。一般来说，由于搜索结果信息量很大，用户通常不可能点击浏览结构中的所有信息，而是首先对搜索结果进行判断，从中筛选一些相关性最强的信息进行点击，进入相应网页之后获得更为完整的信息。这就需要在内容设计时适应搜索引擎收集信息的方式，并在有限的展示空间中提供用户感兴趣的信息。相关元素主要包括：网页标题、关键词、网页摘要信息、网页 URL 等。

（5）为用户获取信息提供方便。

用户通过点击搜索结果进入网站 / 网页，是搜索引擎营销产生效果的基本表现形式，用户的进一步行为决定了搜索引擎营销是否可以最终为商家带来收益。用户来到网站，可能为了了解某个产品的详细介绍，或者成为注册用户，但是否转化为购买行为还取决于多种因素，如产品自身的质量、款式、价格等是否具有竞争力。在此阶段，搜索引擎营销将与网站信息发布、顾客服务、网站流量统计分析、在线销售等其他网络营销工作密切相关，在为用户获取信息提供方便的同时，与用户建立密切的关系，称其为潜在顾客，或者直接购买者。

2. 搜索引擎营销的特点

与其他网络营销推广渠道相比，搜索引擎营销有自身的一些特点，具体体现如下：

1）搜索引擎营销的基础是企业网络营销信息源

网络营销信息源包括内部信息源和外部信息源，两者都可利用搜索引擎实现信息传递，当然其前提条件是信息源发布的网站平台具有良好的网站优化基础。所以，无论是通过企业官网、关联网站还是第三方平台发布信息，都要求信息发布平台具有搜索引擎优化基础，因为这是企业信息发布获得搜索引擎推广效果的结果。

2）搜索引擎传递的信息只发挥向导作用

搜索引擎检索出来的是网页信息的索引，一般只是某个网页的简要介绍，或者搜索引擎自动抓取的部分内容，而不是网页的全部内容，因此这些搜索结果只能发挥一个“引子”的作用。如何尽可能好地将有吸引力的索引内容展现给用户，是否能吸引用户根据这些简单的信息进入相应的网页继续获取信息，以及该网页 / 网站是否可以给用户提供他所期望的信息，这些就是搜索引擎营销需要研究的内容。

3）搜索引擎营销是用户主导的网络营销方式

没有哪个企业或网站可以强迫或者诱导用户的信息检索行为，使用什么搜索引擎、通过搜索引擎检索什么信息完全是由用户自己决定的，在搜索结果中点击哪些网页也取决于用户的判断，因此搜索引擎营销是由用户所主导的，最大限度地减少了营销活动对用户地滋扰，最符合网络营销的基本思想。

4）搜索引擎营销可以实现较高程度的定位

网络营销的主要特点之一就是可以对用户行为进行准确分析并实现高程度定位，搜索引擎营销在用户定位方面具有更好的功能，尤其是在搜索结果页面的关键词广告，完全可以实现与用户检索所使用的关键词高度相关，从而提高营销信息被关注的程度，最终达到增强网络营销效果的目的。

5）搜索引擎营销的效果表现为网站访问量的增加而不是直接销售

搜索引擎营销就是为了增加网站的访问量，并不一定直接体现在销售量的增加，这一特点意味着，搜索引擎营销的目标是获得潜在用户的访问，至于访问量是否可以最终变成转化率，不是搜索引擎营销所决定的，还要看内容价值、产品竞争力等多方面的因素。这也说明，提高网站的访问量是网络营销的主要内容，而不是全部内容。

6）搜索引擎营销需要适应网络服务环境的发展变化

搜索引擎营销是搜索引擎服务在网络营销中的具体应用，因此在应用方式上依赖于搜索引擎的工作原理、提供的服务模式等因素，当搜索引擎检索方式和服务模式发生变化时，搜索引擎营销方法也应随之变化。因此，搜索引擎营销方法具有一定的阶段性，与网络营销服务环境的协调是搜索引擎营销的基本要求。

3. 搜索引擎营销主要模式

到目前为止，搜索引擎营销常见的方式可归纳为以下几种：

1）免费登录分类目录

这是最传统的网站推广手段，随着基于超链接的技术性搜索引擎重要性的提高，现在传统分类目录网站的影响力已经越来越小，搜索引擎的发展趋势表明，免费搜索引擎登录的方式已经逐步退出网络营销舞台。

2）付费登录分类目录

类似于原有的免费登录，仅仅是当网站缴纳费用之后才可以获得被收录的资格。与分类目录网站的总体趋势一样，曾经有一定影响力的付费登录分类目录也已经越来越少，因而也只是作为一种参考。

3）搜索引擎优化

即通过对网站栏目结构和网站内容等基本要素的优化设计，提高网站对搜索引擎的友好性，使得网站中尽可能多的网页被搜索引擎收录，并且在搜索引擎自然检索结果中获得好的排名效果，从而通过搜索引擎的自然检索获得尽可能多的潜在用户。

4）搜索引擎关键词广告

即通过搜索引擎服务商付费的方式，当用户用某个关键词检索时，在搜索结果页面专门设计的广告链接区域显示企业的广告信息。由于关键词广告信息出现在搜索结果页面的显著位置，且与用户搜索的内容有一定的相关性，因而比较容易引起用户的关注和点击，是快速扩大搜索引擎可见度的有效方式，也是目前搜索引擎营销市场成熟的推广模式。

关键词广告是目前应用最为广泛的付费搜索引擎推广模式，这与关键词广告自身的特点密不可分。主要特点如下：

（1）关键词广告是“立竿见影”的网络推广模式。

搜索引擎是目前用户获取信息的主要渠道之一，只要投放了关键词广告，当用户搜索时，企业的推广信息会立刻出现在搜索结果页面，广告显效快，远比搜索引擎优化效果更为直接。而且由于广告展示在自然搜索结果前列，用户关注程度更高，对于竞争性激烈的行业，关键词广告的优势更为显著。

（2）搜索引擎关键词广告的灵活自主性。

由于关键词广告管理系统的功能越来越强大，广告用户可以实现灵活自主地广告投放，包括广告投放的区域、时段、每天每月最多消费金额等。

（3）按有效点击次数付费，推广费用相对较低。

按点击付费是搜索引擎关键词广告模式最大的特点之一，对于用户浏览而没有点击的信息，将不必为此支付费用，相对于传统展示类网页网络广告按照千人印象数收费的模式来说，更加符合广告用户的利益，使得网络推广费用相对较低，而且完全可以自行控制。因此，搜索引擎广告成为各种规模的企业都可以利用的网络推广手段。

（4）关键词广告的用户定位程度较高。

由于关键词广告信息出现在用户检索结果页面，与用户获取信息的相关性较强，因而搜索引擎广告的定位程度高于其他形式的网络广告。而且由于用户是主动检索并获取相应的信息，具有更强的主动性，符合网络营销用户决定营销规则的思想，属于绿色健康的网络营销模式。

（5）关键词广告形式简单，降低广告制作成本。

关键词竞价的形式比较简单，通常是文字内容，包括标题、摘要信息和网址等要素，关键词不需要复杂的广告设计，因此降低了广告设计制作成本，使得小企业、小网站，甚至个人网站、网上店铺等都可以方便地利用关键词竞价方式进行推广。

（6）关键词广告投放及管理效率较高。

关键词广告推广信息不仅形式简单，而且整个投放过程也非常快捷，大大提高了投放广告的效率，与其他广告模式相比，关键词广告管理更为高效。

（7）关键词广告引导用户到达页面的针对性更强。

关键词广告所链接的页面，通常被称为着陆页，即广告用户到达的第一个页面。关键词广告所链接的 URL 由广告主自行设定，可以引导用户来到任何一个期望的网页，当然更加理想的方式是广告设置一个专门的着陆页。在自然检索结果中，搜索引擎收录的网页信息是网站运营人员无法自行确定的，出现哪个网页无法自行选择，因而这也是关键词广告针对性更强的一个原因所在。

（8）关键词广告效果一目了然。

当购买了关键词广告服务之后，服务商会为广告用户提供一个管理入口，可以实时在线查看推广信息的展示、点击情况以及广告费用消息信息，经常对广告效果统计报告进行记录和分析，对于积累搜索引擎广告推广的经验、进一步提高推广效果具有积极意义。

（9）关键词广告是搜索引擎优化的补充。

搜索引擎优化是网站基本要素优化的反映，通常无法保证很多关键词都能在搜索引擎检索结果中获得好的排名优势，尤其是当一个企业拥有很多产品线时，搜索引擎优化难以做到覆盖面很广，这时采用关键词广告推广是对搜索引擎自然检索推广的有效补充，综合利用关键词广告与搜索引擎优化更有利于提升搜索引擎营销的效果。

（10）关键词广告可增加网络营销竞争壁垒。

搜索引擎营销的竞争是对搜索引擎可见度资源的竞争。利用关键词广告及搜索引擎优化的搜索引擎营销组合策略占据有限的搜索结果推广空间，也是一种合理的网络竞争方式，有助于增加网络营销的竞争壁垒。因此，策略性关键词广告投放也是企业竞争的需要。

4. 搜索引擎优化（SEO）

1）搜索引擎优化的概念

搜索引擎优化（Search Engine Optimization，SEO）是一种利用搜索引擎的搜索规则来提高目前网站在有关搜索引擎内的自然排名的方式，是为了从搜索引擎中获得更多的免费流量，从网站结构、内容建设方案、用户互动传播、页面等角度进行合理规划，使网站更适合搜索引擎的索引原则的行为。SEO 的目的是：为网站提供生态式的自我营销解决方案，让网站在行业内占据领先地位，从而获得品牌收益。SEO 包含站外 SEO 和站内 SEO 两方面。

做好搜索引擎优化要做到如下几点：

（1）内容要原创。哪个搜索引擎都喜欢原创内容，这是人所共知的。不过很多人写不出来，最终还是会去复制别人的文章。

（2）高质量外链。①网站优化，外链起着至关重要的作用。外链是 SEO 中不可缺少的一个因数。相关性的高质量外链不仅可以提升你的网站权重，还能给你带来 IP 并且提升网站关键词排名。②对于搜索引擎来说，外链等于别的网站给你网站的投票，只要人家的网站和你的网站相关性大，权重高，对你网站的作用是相当大的。高质量的外链有新浪博客、天涯博客、企业博客和一些大型论坛、B2B 平台等。

（3）用户体验。以前，搜索引擎可能对用户体验度不是很重视，但现在却被提到很高的高度，大家可以从百度一次又一次的更新强调中看出来。所以说网站页面的整洁性、打开速度、文章是否图文结合、文章的长短等，都对排名起着重要的作用。前期选择空间一定要好，文章质量也很重要，切勿做和网站不相关的内容。

(4) 文章标题与内容结合。一篇吸引人的文章，标题一定是第一眼被看到的，所以一定要吸引人，取个好标题是写文章的第一步。内容和标题要结合，取好标题之后，一定要围绕标题来写内容，这样才能让读者感兴趣，才会读完内容。如果标题取得好，内容写得不好或者不相关，那只能是让读者光顾一次，没有再来的可能。写文章要点：不要堆积、标题突出、与众不同、最新最全、简洁明了。

(5) 坚持。SEO 优化其实不难，只要按照以上的方法去操作，坚持下去就可以了。

2) SEO 的基本内容与方法

一个对搜索引擎友好性不够的网站，通过对网站的一些要素的合理设计，改善其在搜索引擎检索结果中的表现，获得用户的关注和点击，并为用户提供有价值的信息，这就是搜索引擎优化工作。网站对搜索引擎优化的内容可以归纳为以下几个方面：

(1) 网站栏目结构和网站导航系统优化。网站栏目结构与导航奠定了网站的基本框架，决定了用户是否可以通过网站方便地获取信息，也决定了搜索引擎是否可以顺利地为网站的每一个网页建立索引，因此网站栏目结构被认为是网站优化的基础要素之一。网站栏目结构对网站推广运营发挥着至关重要的作用，不合理的网站结构和导航系统会造成严重的后果，不仅影响搜索引擎收录网页，而且即使用户登录网站，也难以方便地获得有效信息，即对用户易用性和搜索引擎友好性都是不利的。

合理的网站栏目结构主要表现在以下几个方面：

- 通过主页可以到达任何一个一级栏目首页、二级栏目首页以及最终内容页面。
- 通过任何一个网页可以返回上一级栏目页面并逐级返回主页。
- 主栏目清晰并且全站统一。
- 每个页面都有一个辅助导航。
- 通过任何一个网页可以进入任何一个一级栏目首页。
- 如果产品类别 / 信息类别较多，设计一个专门的分类目录是必要的。
- 设计一个表明站内各个栏目和页面链接关系的网站地图。
- 通过网站首页一次点击可以直接到达某些最重要的内容网页。
- 通过任何一个网页经过最多 3 次点击可以进入任何一个内容页面。

(2) 网站内容优化。网站内容优化主要包括网页标题设计、网页 META 设计、网站内容关键词的合理设计、重要关键词的合理链接等方面，主要的指标包括：

- 每个网页都应该有独立的、概要描述网页主题内容的网页标题。
- 每个网页都应该有独立的反映网页内容的 META 标签（关键词和网页描述）。
- 每个网页标题都应该含有有效关键词。
- 每个网页主体内容应该含有适量的有效的关键词文本信息。
- 对某些重要的关键词应保持其在网页中相对稳定。

(3) 网页标题设计优化。网页标题设计应遵循以下一般原则：

① 网页标题不易过短或者过长。

一般来说，2 ~ 20 个汉字比较理想，最好不要超过 30 个汉字。网页标题字数过少可能包含不了有效关键词，字数过多不仅搜索引擎无法正确识别标题中的核心关键词，而且也让用户难以对网页标题形成印象，也不便于其他网站链接。

② 网页标题应概括网页的核心内容。

用户通过搜索引擎检索时，在检索结果页面中的内容一般是网页标题和网页摘要信息。要引起用户的关注，网页标题发挥了很大的作用，如果网页标题和网页摘要信息有较大的相关性，摘要信息对网页标题将发挥进一步的补充作用，从而引起用户对该网页信息点击行为的发生。另外，当网页标题被其他网站或者本网站其他栏目 / 网页链接时，一个概括了网页核心内容的标题有助于用户判断是否点击该网页标题链接。

③ 网站标题中应含有丰富的关键词。

搜索引擎对网页标题中所包含的关键词赋予较高的权重，尽量让网页标题中含有用户检索所使用的关键词。

(4) 网页布局优化。网页布局，也就是为一个网页分配各项内容的展示位置和方式，让用户方便地找到自己所需的信息。网页布局的搜索引擎优化在网页设计中很容易被忽略。

网页布局的改进需要从用户和搜索引擎两个角度来考虑。网页结构布局对于用户获取信息以及搜索引擎索引信息都有较大影响，因此也被认为是网站结构方面优化的基本要素之一。网页结构布局与网站内容是密切相关的，合理的网页布局是为了更好地展示网页内容。

网页结构布局优化需要注意以下几个问题：

- 最重要的信息出现在最显著的位置。
- 希望搜索引擎抓取的网页摘要信息出现在最高位置。
- 网页最高位置的重要信息保持相对稳定，以便搜索引擎抓取信息。
- 首页滚动更新的信息应该有一定的稳定性，过快滚动的信息容易被搜索引擎蜘蛛错过，这就要求给予滚动信息有足够的空间。

此外，网页布局设计还有必要根据消费者的浏览习惯进行一些调研，在此基础上考虑一些信息的位置安排和表现形式。

除了优化以上内容，还有网页格局的搜索引擎优化、网页 URL 层的搜索引擎优化、网站链接搜索引擎优化等内容。

课堂实训

大家以湖北省武汉市仪表电子学校机械制专业学生车工、数控机床实训的成果——孔明锁为主题，进行搜索引擎营销内容操作。

实训要求

4 ~ 5 名同学组成一个团队，完成搜索引擎营销操作内容，完成下列任务。

1. 为产品选择关键词

根据孔明锁的情况，选择适合推广的关键词。请将想到的关键词尽可能多地写在下面横线上。

2. 关键词数据分析

对关键字进行查询，查看结果，并进行比较分析，填写表 2-2-6。

表2-2-6 关键字分析

关键词	时间段	整体趋势	PC趋势	移动趋势	对比分析结果

3. 关键词价格查询

在“百度 SEO 价格查询系统”中，输入上述列举的关键词，将查询结果记录在表 2-2-7 中。

表2-2-7 关键词价格查询结果

关键词	价格	百度指数	搜索量	竞争对手	需要时间

4. 为产品选择合适的关键词

对比分析结果，从上列查询结果中选择适合孔明锁产品推广的关键词，填写在下面横线上。

____

填写表 2-2-8“搜索引擎营销”评价表。

表2-2-8 “搜索引擎营销”训练评价表

任务名称	任 务 职 责	参与成员	自评分	互评分

课后实训

湖北省武汉市仪表电子学校形象设计专业学生制作了一批美甲甲片成品，请电子商务专业同学帮忙在网上卖掉，回收资金再购买一些指甲油等课题练习消耗品。

每周五下午是形象设计专业的开放日，在这一个下午里，形象设计专业实训室是对外开放的，需要美甲、化妆、盘发造型的师生可以以较低的价钱请形象设计同学提供相应服务。收费标准：美甲 20 元 / 次，造型 15 元 / 次，纹眉、眼线、唇线大约 800 元 / 次。作为电子商务专业学生，请你为他们设计搜索引擎推广方案。

实训要求

以 4 ~ 5 人为一个团队，为产品选择合适的搜索引擎营销工具，并根据搜索引擎工具分析，为产品量身定制一组营销推广关键词。比一比，看哪个团队选得有多友好，并理由充分。

任务三 电子邮件营销

任务背景

小吴对搜索引擎营销进行了体验，知道了要想让客户更快地知道自己的产品，首先网站中所设置的关键词是用户习惯搜索并愿意搜索的；其次网页中的内容能够足够地吸引客户，让客户有了解下去的欲望。所以小吴认为，要提高产品的知名度，让客户选择你，就要做好网站中网页的优化以及网页中关键词的优化，这样你的关键词才会被搜索引擎抓取，被顾客搜索到。从而提高顾客点击率。了解了搜索引擎营销知识后，小吴还想了解邮件营销的功能。

请同学们和小吴一起，体验一下邮件营销，并给她提出合理的意见。

任务目标

- 知道邮件营销的基本原理。
- 会利用邮箱给通讯录中的收件人发送各类信息。
- 会利用邮件列表给客户发送信息。
- 掌握邮件列表的策略。
- 了解邮件营销评价指标。

实操教练一 体验许可E-mail营销

1. 注册免费邮箱

（1）打开浏览器，输入网址 www.163.com, 进入网易主页，如图 2-3-1 所示。

图2-3-1 网易首页

(2) 单击图 2-3-1 网页右上方“注册免费邮箱”链接，进入免费邮箱注册窗口，如图 2-3-2 所示。

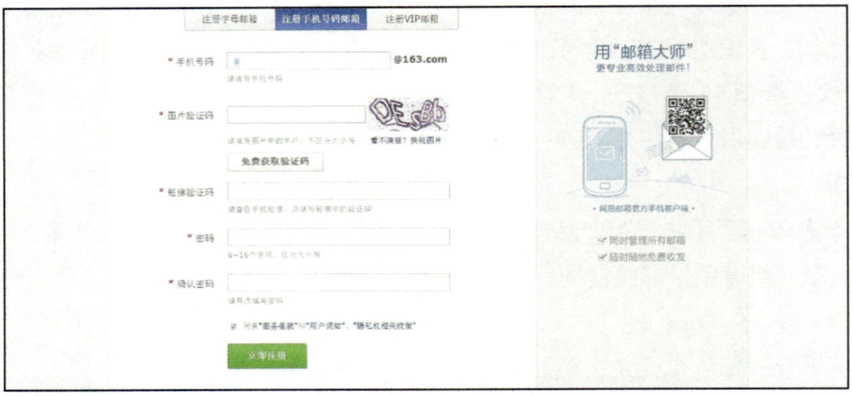

图2-3-2　注册免费邮箱窗口

(3) 选择“注册手机号码邮箱”填写注册信息（带“*”为必填项），填完后，单击“立即注册”按钮，跳转到图 2-3-3 所示页面。

图2-3-3　注册成功页面

2. 收集 E-mail 地址

(1) 向同学或者老师收集邮箱地址（50 个）。

(2) 登录注册好的邮箱，单击“通讯录”，如图 2-3-4 所示。

图2-3-4　进入通讯录

（3）单击“通讯录”下方的“新建联系人”，按提示输入相关信息，并选择分组，填写完成后，单击“确定”按钮，如图 2-3-5 所示。

图2-3-5　新建联系人

小贴士：

分组时，可以先将组别分好，也可以在分组选择中进行组别选择，如果没有需要的组别，可以重新添加组。系统提供了“最近联系人”“亲人”“朋友”“同事”和“网友”选项。默认为“最近联系人”。

（4）“通讯录”列表中会出现刚添加的联系人信息，按照这种操作步骤，将其他的邮箱地址也录入到“通讯录”中。

3. 设计 E-mail 营销内容

以“桃子果园”为主题，设计一封 E-mail 营销邮件，包含文字、图片等信息。可以利用 Word、PPT、Photoshop 等软件设计，如图 2-3-6 所示。

标题：测一测你适合吃桃子吗？

什么人适合吃桃子呢？

夏天又来了，美味多汁的桃子是大家经常食用的一种水果，桃子的营养价值也是很高的。那么，你知道桃子吃多了好吗?桃子的营养价值有哪些呢?吃桃子的适宜人群有哪些呢?

桃子吃多了会怎么样

虽然桃子的味道很好，营养价值也是很高，但是千万不能吃的太多，吃的太多的话容易会上火的！

脾胃虚弱（尤其是拉肚子）的人，千万不要多吃，一天 1 个就好了。

有胆囊炎、慢性胃病的人，不要多吃，否则病情会加重！

吃桃子要把表皮的毛洗干净，不然很容易会造成过敏症状！

图2-3-6　“探路”邮件设计

糖尿病患者也不要多吃，会让血糖和尿糖迅速上升，加重病情。

小孩子和怀孕的人，最好不要吃！因为孩子的肠胃消化能力差，容易过敏。怀孕的则容易引起急性流产或者出血等危险症状！

还有一部分人，一吃多了就会闹肚子，还是少吃为妙！

还有就是吃的很多的话，牙齿容易酸掉，等晚上刷牙的时候，就会很不舒服！

桃子的营养价值

桃子素有“寿桃”和“仙桃”的美称，因其肉质鲜美，又被称为“天下第一果”。桃肉含蛋白质、脂肪、碳水化合物、粗纤维、钙、磷、铁、胡萝卜素、维生素B1、以及有机酸(主要是苹果酸和柠檬酸)、糖分(主要是葡萄糖、果糖、蔗糖、木糖)和挥发油。每100克鲜桃中所含水分占比88%，蛋白质约有0.7克，碳水化合物11克，热量只有180.0千焦。桃子适宜低血钾和缺铁性贫血患者食用。

适宜人群

宜食

桃子适宜低血糖者以及口干饥渴之时食用;适宜低血钾和缺铁性贫血者食用;适宜肺病、肝病、水肿患者食用;适宜胃纳欠香、消化力弱者食用。

忌食

桃子性热，有内热生疮、毛囊炎、痈疖和面部痤疮者忌食;糖尿病患者忌食;桃子忌与甲鱼同食;烂桃切不可食，否则有损健康。

我们将继续为您发送健康饮食的信息，请持续关注，退订请回复“TD”。

图2-3-6 “探路”邮件设计（续）

4. 邮件发送

将通讯录中所有的地址添加到收件人，单击“写信”，填写好“主题”，将上述设计好的“营销邮件”以附件的形式添加。单击“发送”按钮，完成发送，如图2-3-7和图2-3-8所示。

图2-3-7 添加收件人和附件

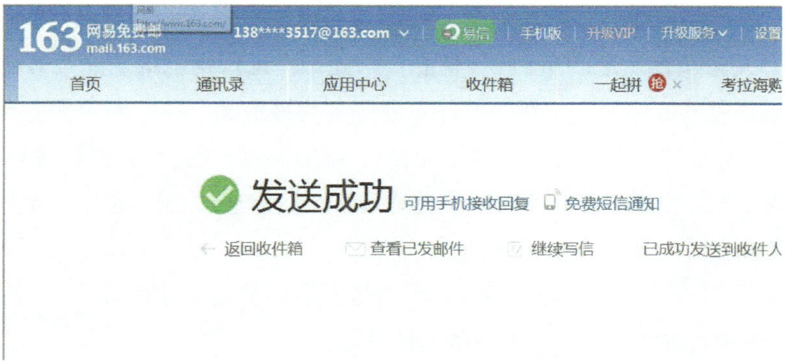

图2-3-8　信息发送成功

知识储备一

1. 许可邮件营销的基本原理与意义

电子邮件营销是最早的网络营销方式之一，虽然电子邮件营销受到了其他社交网络服务的影响，但作用仍然不可忽视，是其他网络营销方式无法完全替代的。

“E-mail 营销”，不仅是将邮件内容发送给一批接收者，还要了解 E-mail 营销的一般规律和方法，研究营销活动中遇到的各种问题，遵循行业规范，讲究基本的网络营销道德。但是，目前的网络空间中却充斥着大量垃圾商业邮件，而最早的 E-mail 营销也来源于垃圾邮件（尽管当时没有“垃圾邮件”这个概念）。

E-mail 从普通的通信发展到营销工具需要具备一定的环境条件，如：① 一定数量的 E-mail 用户；② 有专业的 E-mail 营销服务商，或者企业内部拥有开展 E-mail 营销的能力；③ 用户对于接收到的信息有一定的兴趣和反应（如产生购买、浏览网站、咨询等行为，或者增加企业的品牌知名度）。当这些环境逐渐成熟之后，E-mail 营销才成为可能。

现在，仍然有很多公司或者个人以发送垃圾邮件或者出售非法收集电子邮件地址牟利，其实只能蒙骗一些对 E-mail 营销缺乏了解的企业。实际上，无论这些邮件是否起到了营销的效果，这种做法都不能称之为真正的 E-mail 营销。

那么，什么才是真正的 E-mail 营销呢?

如果发信人随意发送大量的商业邮件，即使可以达到自己的目的，但却让他人或者社会的利益受到损失，那这种行为就不可能得到社会的认可。于是，关于 E-mail 营销就存在是否首先经过收件人许可的问题。获得收件人的许可而发送的邮件，不仅不会受到指责，而且对邮件内容关注的程度也较高。

目前，正规的 E-mail 营销必须事先经过用户许可已经形成了基本的行业规范，是否事先获得用户许可是 E-mail 营销与垃圾邮件的本质区别。

“许可营销”理论由营销专家 Seth Godin 在《许可营销》(*Permission Marketing: Turning Strangers Into Friends, and Friends into Customers.* Simon & Schuster，1999）一书中最早进行系统的研究，这一概念一经提出就受到网络营销人员的普遍关注并得到广泛应用。许可 E-mail 营销的有效性已经被许多企业的实践所证实。按照 Seth Godin 的观点，许可营销的原理其实很简单，就是企业在推广其产品或服务的时候，事先征得潜在顾客的“许可”。得到潜在顾客许可之后，通过 E-mail 的方式向顾客发送产品 / 服务信息，因此，许可营销也就是许可 E-mail 营销。许可营销的主要方法是通过邮件列表、新闻邮件、电子刊物等形式，在向用户提供有价值信息的同时附带一定数量的商业广告。例如，一些公司在要求用户注册为会员或者申请某项网络服务时，会询问用户“是否希望收到本公司不定期发送的最新产品信息”，或者给出一个列表让用户选择自己希望收到的信息。

许可 E-mail 营销是这样定义的：E-mail 营销是在用户事先许可的前提下，通过电子邮件的方式向目标用户传递有价值信息的一种网络营销手段。

这里关于许可 E-mail 营销的定义中强调了三个基本因素：基于用户许可、通过电子邮件传递信息、信息对用户是有价值的。

2. 许可 E-mail 营销的分类

1）按照 E-mail 地址资源的所有权分类

潜在用户的 E-mail 地址是企业重要的营销资源，根据对用户 E-mail 地址资源的所有形式，可将 E-mail 营销分为内部 E-mail 营销和外部 E-mail 营销，或者简称为内部列表和外部列表 。

- 内部列表是一个企业、网站利用一定方式获得用户自愿注册的资料来开展的 E-mail 营销。
- 外部列表也被称为 E-mail 广告，是指利用专业服务商或具有与专业服务商相同，可以提供专业服务的机构提供的 E-mail 营销服务，自己并不拥有用户的 E-mail 地址资料，也无须管理维护这些用户资料。

2）按照营销计划分类

根据企业的营销计划，可分为临时性的 E-mail 营销和长期的 E-mail 营销 。

- 临时性的 E-mail 营销如不定期的产品促销、市场调研、节假日问候、新产品通知等。
- 长期的 E-mail 营销通常以企业内部注册会员资料为基础，主要表现为新闻邮件、电子杂志、顾客服务等各种形式的邮件列表。

3）按照 E-mail 营销的功能分类

根据 E-mail 营销的功能，可分为顾客关系 E-mail 营销、顾客服务 E-mail 营销、在线调查 E-mail 营销、产品促销 E-mail 营销等 。

4）按照 E-mail 营销的应用方式分类

按照是否将 E-mail 营销资源用于为其他企业提供服务，E-mail 营销分为经营性和非经营性两类 。

3. 邮件营销的基本步骤

要实现许可 E-mail 营销，就是要吸引顾客的注意，从陌生人到朋友，再到终身用户，主要五个基本步骤：

(1) 要让潜在客户有兴趣并感觉到可以获得某些价值或服务，从而加深印象和注意力，使得按照营销人员的期望，自愿加入到许可的行列中去。

(2) 当潜在客户投入注意力后，应该利用潜在客户的注意，比如可以为潜在客户提供一套演示资料或者教程，让潜在客户充分了解公司的产品或服务。

(3) 继续提供激励措施，以保证潜在顾客维持在许可名单中。

（4）为潜在客户提供更多的激励从而获得更大范围的许可，例如给予更多的优惠，或者邀请会员参与调查，提供更加个性化的服务。

（5）经过一段时间之后，营销人员可以利用获得的许可改变潜在客户的行为，也就是让潜在客户说："好的，我愿意购买你们的产品"，只有这样，才可以将许可转化为利润。

当然，从顾客身上赚到第一笔钱之后，并不意味着许可营销的结束，相反，仅仅是将潜在顾客变成真正顾客的开始，如何将顾客变成忠诚的顾客甚至产品的忠诚粉丝，仍然是营销人员工作的重要内容，许可营销将继续发挥其独到的作用。

4. 邮件营销的基本条件和过程

1）邮件营销的基本条件

开展 E-mail 营销需要解决三个基本问题：向哪些用户发送邮件，发送什么内容的邮件，以及如何发送这些邮件，要解决这三个基本问题，必须满足三个基本条件。

（1）邮件列表的技术基础。从技术上保证用户加入、退出邮件列表，并实现对用户资料的管理，以及邮件发送和效果跟踪等功能。

（2）用户 E-mail 地址资源的获取。在用户自愿加入邮件列表的前提下，获得足够多的 E-mail 地址资源，是 E-mail 营销发挥作用的必要条件。

（3）邮件营销的内容。营销信息是通过邮件向客户提供的，邮件的内容对用户有价值才能引起用户关注，有效的内容设计是 E-mail 营销发挥作用的基本前提。

2）邮件营销的过程

E-mail 营销的过程，也就是将有关营销信息通过电子邮件的方式传递给用户的过程，主要过程如下：

（1）制订 E-mail 营销计划，分析目前所拥有的邮件营销资源，如果本公司本身拥有用户的 E-mail 地址资源，首先应利用内部资源。

（2）决定是否利用外部列表投放 E-mail 广告，并且要选择合适的外部列表服务商。

（3）针对内部和外部邮件列表分别设计邮件内容。

（4）根据计划向潜在客户发送电子邮件信息。

（5）对 E-mail 营销活动的效果进行分析总结。

这是进行邮件营销一般要经历的过程，但并非每次活动都要经过这些步骤。不同的企业，不同阶段 E-mail 营销的内容和方法也有区别。

实操教练二 认识邮件列表营销

1. 选择邮件列表服务商

我们以网易的邮件列表功能为例进行介绍。

小贴士：

随着邮件营销的发展，越来越多的第三方邮件列表服务提供商开始向企业提供专业的邮件列表营销方案和服务，一些邮箱服务提供商也开始向用户提供免费的邮件列表创建服务，如：网易、QQ 等，具体选择哪家网站进行注册，可根据自己的了解和兴趣选择。

2. 登录网易邮箱

打开网页，输入网址 www.163.com，进入网易首页，登录网易邮箱，如图 2-3-9 所示。

图2-3-9　登录网易邮箱

3. 创建邮件列表

(1) 打开“通讯录”，找到网易邮箱提供的“邮件列表”的位置，如图 2-3-10 所示。

图2-3-10　找到“邮件列表”

(2) 单击“邮件列表”链接，页面跳转到图 2-3-11 所示界面。

(3) 单击“创建邮件列表”，按要求输入图 2-3-12 所示信息。

(4) 信息输入完成后，单击“创建邮件列表”，页面跳转到图 2-3-13 所示界面。

4. 邮件列表管理

(1) 邮件列表创建成功后，单击“返回”，对邮件列表进行管理，可以对其查看、设置、邀请，如图 2-3-14 所示。

(2) 单击“查看”，可看到已经加入到邮件列表中的用户资料，可以对用户进行管理，包括创建邮件列表、加为联系人、踢出等，如图 2-3-15 所示。

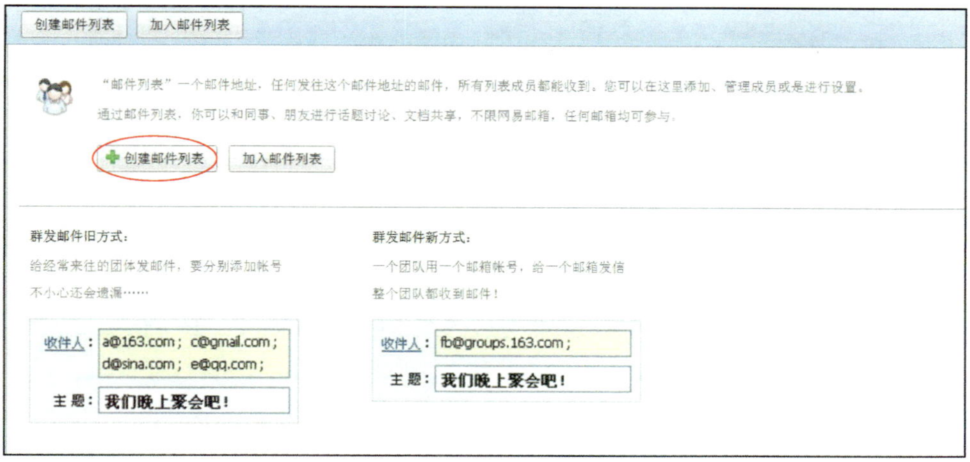

图2-3-11　邮件列表页面

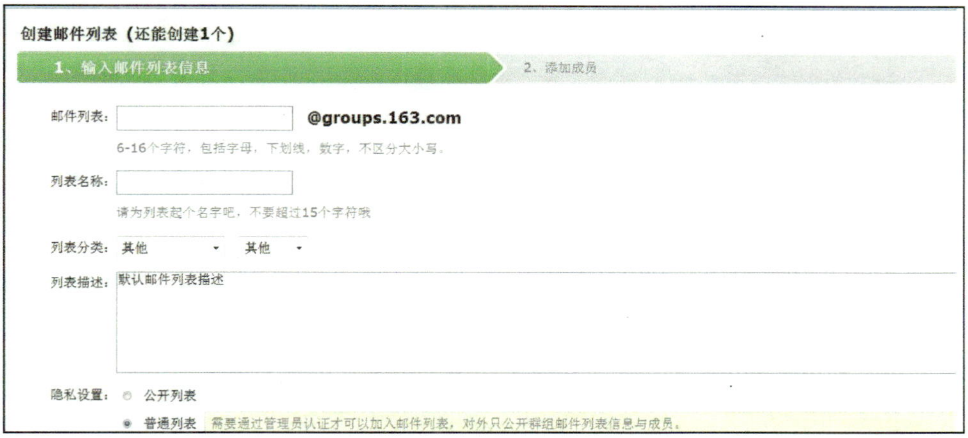

图2-3-12　邮件列表信息

图2-3-13　成功创建邮件列表

图2-3-14　邮件列表管理

图2-3-15　查看邮件列表信息

（3）单击“设置”，可以管理和修改邮件列表的基本信息，如图 2-3-16 所示。

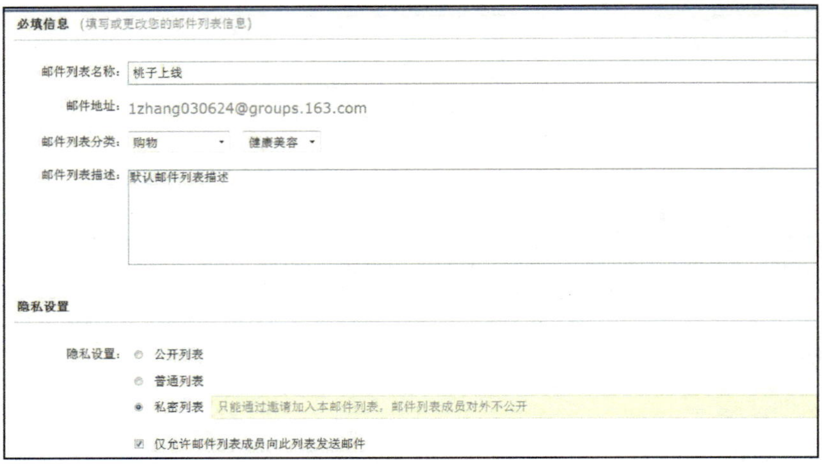

图2-3-16　修改邮件列表基本信息

（4）单击“邀请”，可以通过邀请链接和邀请邮件（仅支持向网易邮箱发送邀请）两种方式向好友发起邀请，使他们成为邮件列表的用户，如图 2-3-17 所示。

图2-3-17　邀请好友

5. 设计以“桃子桃园”为主题的邮件列表营销方案

设计以“桃子桃园”为主题的邮件列表营销方案，包括文字、图片等信息。

6. 在线发送邮件

将设计好的营销方案通过邮件列表发送给邮件列表中的用户，如图 2-3-18 所示，并进行跟踪，了解用户的反馈情况。

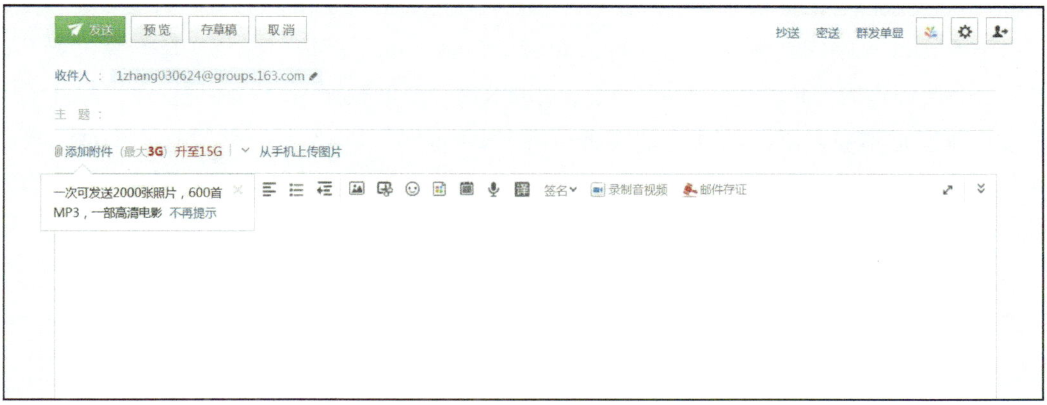

图2-3-18 发送邮件

知识储备二

1. 邮件列表营销的概念

邮件列表就是在一组人之间对某一话题通过电子邮件共享信息，是由管理者发送信息，一般用户只能接收信息。

邮件列表营销是许可 E-mail 营销的一种具体表现形式，在向用户提供有价值信息的同时附带一定的产品 / 服务推广信息。

2. 邮件列表内容策略

邮件内容与 E-mail 营销最终效果的关系更为直接，影响也更明显，相对于用户 E-mail 资源的获取，E-mail 内容设计制作的任务显得压力更大，因为没有合适的内容，即使再好的邮件列表技术平台、邮件列表中有再多的用户，仍然无法向用户传递有效的信息。

所以要做好邮件营销，首先从内容入手。

1）邮件列表内容的一般要素

设计完善的邮件内容一般应具有下列基本要素：

① 邮件主题：本期邮件最重要内容的主题，或者是通用的邮件列表名称加上发行的期号。

② 邮件列表名称：一个网站可能有若干个邮件列表，一个用户也可能订阅多个邮件列表，仅从邮件主题中不一定能完全反映出所有信息，需要在邮件内容中表现出列表的名称。

③ 目录或内容提要：如果邮件信息较多，给出当期目录或者内容提要是很有必要的。

④ 邮件内容 WEB 阅读方式说明（URL）：如果提供网站阅读方式，应在邮件内容中给予说明。

⑤ 邮件正文：本期邮件的核心内容，一般安排在邮件的中心位置。

⑥ 退出列表方法：这是正规邮件列表内容中必不可少的内容，退出列表的方式应该出现在每一封邮件内容中。纯文本个人的邮件通常用文字说明退订方式，HTML 格式的邮件除了说明

之外，还可以直接设计退订框，用户直接输入邮件地址进行退订。

⑦ 其他信息和声明：如果有必要对邮件列表做进一步的说明，可将有关信息安排在邮件结尾处，如版权声明和页脚广告等。

2）邮件列表内容的基本原则

由于 E-mail 营销的具体形式有多种，如电子刊物 E-mail 营销、会员通信、第三方 E-mail 广告等，即使同样的 E-mail 营销形式，在不同的阶段，或者根据不同的环境变化，邮件的内容模式也并非固定不变，所以很难简单地概括所有 E-mail 营销内容的一般规律，不过，我们仍然可以从复杂的现象中发现一些具有一般意义的问题，并将其归纳为邮件列表内容策略的基本原则。

（1）邮件列表营销目标一致性。

邮件列表内容的目标一致性是指邮件列表的目标应与企业总体营销战略相一致，营销目的和营销目标是邮件列表邮件内容的第一决定因素。因此，以用户服务为主的会员通信邮件列表内容中插入大量的广告内容会偏离预定的顾客服务目标，同时也会降低用户的信任。

（2）邮件列表营销内容系统性。

如果对我们订阅的电子刊物和会员通信内容进行仔细分析，不难发现，有些邮件广告内容过多，有些邮件内容匮乏，有些则过于随意，没有一个特定的主题，或者方向性很不明确，让读者感觉和自己的期望有很大差距，如果将一段时期的邮件放在一起，则很难看出这些邮件之间有什么系统性，这样，用户对邮件列表很难产生整体印象，这样的邮件列表内容策略将很难培养用户的忠诚性，因而会削弱 E-mail 营销对于品牌形象提升的功能，并且影响 E-mail 营销的整体效果。

（3）邮件列表营销内容来源稳定性。

我们可能会遇到订阅了邮件列表却很久收不到邮件的情形，有时候却在读者早已忘记时，忽然接收到一封，如果不是用户邮箱被屏蔽而无法接收邮件，则很可能是因为邮件列表内容不稳定造成这样的情况。在邮件列表经营过程中，由于内容来源不稳定使得邮件发行时断时续，有时中断几个星期到几个月，甚至因此半途而废的情况并不少见，不少知名企业也会出现这种状况。内部列表营销是一项长期任务，必须有稳定的内容来源，才能确保按照一定的周期发送邮件，邮件内容可以是自行撰写、编辑、转载，无论哪种来源，都需要保持相对稳定性。不过应注意的是，邮件列表是一个营销工具，并不仅仅是一些文章 / 新闻的简单汇集，应将营销信息合理地安排在邮件内容中。

（4）邮件列表营销内容精简性。

尽管增加邮件内容不需要增加信息传输的直接成本，但应从用户的角度考虑，邮件列表的内容不应过分庞大，过大的邮件不会受到欢迎：首先，由于用户邮箱空间有限，字节数太大的邮件会成为用户删除的首选对象；其次，由于网络速度的原因，接收 / 打开较大的邮件耗费时间也较多；第三，太多的信息量让读者很难一下子接受，反而降低了 E-mail 营销的有效性。因此，应该注意控制邮件内容数量，不要过多的栏目和话题，如果确实有大量的信息，可充分利用链接的功能，在内容摘要后面给出一个 URL，如果用户有兴趣，可以通过点击链接到网页浏览。

（5）邮件列表营销内容灵活性

前面已经介绍，建立邮件列表的目的，主要体现在顾客关系和顾客服务、产品促销、市场调研等方面，但具体到某一个企业、某一个网站，可能所希望的侧重点有所不同。在不同的经营阶段，邮件列表的作用也会有差别，邮件列表的内容也会随着时间的推移而发生变化，因此，邮件列表的内容策略也不能是一成不变的，在保证整体系统性的情况下，应根据阶段营销目标而进行相应的调整，这也是邮件列表内容目标一致性的要求。邮件列表的内容毕竟要比印刷杂志灵活得多，栏目结构的调整也比较简单。

（6）邮件列表营销最佳邮件格式

邮件内容需要设计一定的格式来发行，常用的邮件格式包括纯文本格式、HTML 格式和 Rich Media 格式，或者是这些格式的组合，如纯文本 /HTML 混合格式。一般来说，HTML 格式和 Rich Media 格式的电子邮件比纯文本格式具有更好的视觉效果，从广告的角度来看，效果会更好，但同时也存在一定的问题，如文件字节数大，以及用户在客户端无法正常显示邮件内容等。哪种邮件格式更好，目前并没有绝对的结论，与邮件的内容和用户的阅读特点等因素有关，如果可能，最好给用户提供不同内容格式的选择。

3）邮件列表的内容运营及创造经验

尽管邮件列表内容形式不同，内容来源和创作也有一定的差异，但一些选题和创作思路方面仍具有共同点。

（1）资源：电子邮件内容素材库。

无论是原创文章，还是根据网络资源进行编辑的内容，通常都可能会引用或插入一些素材和片段，如热点产品资料、调查数据、专业文档、行业重点网络百科词条、企业相关的网络百科词条、企业热门产品简介及图片等。因此，为内容创作建立一个不断更新的行业信息素材库，不仅有利于邮件内容创作，而且成为所有内容营销方法的重要参考资源。

（2）组织：编辑部及虚拟企业媒体中心。

在社会化网络营销成为主流模式的环境下，邮件列表内容创作也不必局限于少数网络营销专员或内容营销专员，可以依靠更多社会化用户关系资源。以社会化媒体为基础形成的全员网络营销，提供了丰富的内容素材，如企业自媒体，在社会化媒体中具有重要的作用。

（3）目标：吸引力与长效性相结合。

邮件列表内容具有可长期保存并方便查询的优势，因此让邮件内容具有吸引力的同时还具有长期价值，是邮件列表内容创建的基本目标之一。

（4）选题：邮件列表内容选题系列化。

好的选题是成功的开始，选题的工作量在整个内容创作过程中占有相当大的比重，因此，对某个领域做系列的选题要相对轻松一些，一个系列的选题可以为多期邮件列表所用，同时也使邮件内容具有动态感，更容易体现邮件列表内容的专业性。

（5）主题：总结性、归纳性、结论性。

邮件内容不如社交媒体的即时性和活动性，在一定程度上有点古板和沉闷，不过这也正是邮件内容的优势所在。一般来说，邮件内容比社会化媒体显得更正式和规范，因此更适合有一定深度的内容，并且在文章主题方面，归纳总结和结论性的标题甚至参考一些“标题党”的方式更容易引起读者关注、收藏及转发。

(6) 来源：行业资讯、媒体、研究、意见领袖。

与企业网站内容来源一样，邮件列表的内容也可定义有多个来源，包括企业内部资源以及来自网络的内容等。

(7) 不断积累临时性、应急性内容。

对于定期发送的邮件列表，保持稳定的发送周期是有非常必要的，但难免会因为某些客观原因难以创作最新的内容，因而面临内容断炊困境。因此在日常工作中做好应急内容准备是必要的。只要有合理的资源储备，才能解决临时性的应急问题。

3. 提高用户加入邮件列表的成功率

为了提高邮件列表订阅的成功率，为用户提供方便的加入 / 退出方式是非常必要的，在保证邮件列表后台技术的前提下，应该在下列几个方面给予特别注意：

(1) 尽量简化订阅手续，不要收集不必要的用户信息。

(2) 如果采用“双重选择加入”方式，在订阅反馈页面上给出明确的提示，请用户尽快查阅邮箱完成最终确认手续。

(3) 在给用户发送的确认邮件中，不要忘记邮件列表的名称以及简介等信息，因为用户可能同时加入几个列表而混淆，也可能不是立即查阅确认邮件，几天后对于订阅哪些邮件列表也许已经忘记。

(4) 经常测试邮件列表程序的工作状态，遇到无法加入等故障要尽早解决。

(5) 定期分析新用户的增长情况，如果增加缓慢甚至负增长，就需要分析原因所在，保持一定的用户增长率是邮件列表正常发展的标志之一。

4. 邮件营销效果评价指标

1) 获取用户邮箱地址的效果评价指标

(1) 有效用户数量。

(2) 用户增长率。

(3) 用户退出率。

2) 邮件信息传递评价指标

(1) 送达率。

(2) 退信率。

3) 用户对信息接收过程的指标

(1) 开信率。

(2) 阅读率。

(3) 删除率。

4) 用户对邮件的回应评价指标

(1) 直接收益。

(2) 点击率。

(3) 转化率。

(4) 转发率。

课堂实训

请大家根据湖北省武汉市仪表电子学校机械制专业学生车工、数控机床实训的成果——孔明锁为主题，进行电子邮件营销操作。

实训要求

4 ~ 5 名同学组成一个团队，设计电子邮件营销的内容，包括邮件主题、邮件列表名称、邮件内容提要、邮件正文内容，正文内容具有营销效果。并分别通过通讯录和邮件列表发送给对应的用户。完成下表 2-3-1 和表 2-3-2。

表2-3-1　邮件营销任务表

组别		成员名单	
邮件主题			
邮件列表名称			
邮件内容摘要			
邮件正文内容设计			
邮件发送人数			
邮件效果评价			

表2-3-2　“E-mail营销”训练评价表

任务名称	任务职责	参与成员	自评分	互评分

课后实训

湖北省武汉市仪表电子学校形象设计专业学生制作了一批美甲甲片成品，请电子商务专业同学帮忙在网上卖掉，回收资金再购买一些指甲油等课题练习消耗品。

每周五下午是形象设计专业的开放日，在这一个下午里，形象设计专业实训室是对外开放的，需要美甲、化妆、盘发造型的师生可以以较低的价钱请形象设计同学提供相应服务。收费标准：美甲 20 元 / 次，造型 15 元 / 次，纹眉、眼线、唇线大约 800 元 / 次。作为电子商务专业学生，请你为他们设计网络推广渠道。

实训要求

4 ~ 5 名同学组成一个团队，设计电子邮件营销的内容，包括邮件主题、邮件内容，内容具有营销效果。并分别通过通讯录和邮件列表发送给对应的用户。并对营销效果进行跟踪，收集顾客反馈意见。完成表 2-3-3。

表2-3-3 邮件营销任务表

组别		成员名单	
邮件主题			
邮件列表名称			
邮件内容摘要			
邮件正文内容设计			
邮件发送人数			
邮件效果评价			

任务四 微博营销

任务背景

如今很多个人和企业都有了自己的微博，它是一种通过关注机制分享简短实时信息的广播式的社交网络平台，这一平台具有时效性和随意性，同时，由于是通过网友自我转发的方式进行传播的，因此具有客观性，在网络这个大家族里，小吴自然不能漏掉这一平台，那么该如何来做呢？

任务目标

- 能熟练地开通微博。
- 能够通过微博这一平台实现事件营销。
- 学会利用微博挖掘潜在客户。

实操教练 微博营销

1. 注册微博账号

（1）打开浏览器，输入网址 http://weibo.com”，打开新浪微博首页，如图 2-4-1 所示。

图2-4-1　打开新浪微博首页

（2）单击右侧的“立即注册”链接，进入账号注册页面，如图 2-4-2 所示。

（3）输入手机号或者邮箱号，设置密码和激活码，即可完成注册。

图2-4-2　账号注册

2. 通过添加标签来关注好友

（1）登录已注册的账户，在页面上单击“主页”按钮，编辑个人资料，如图 2-4-3 所示。

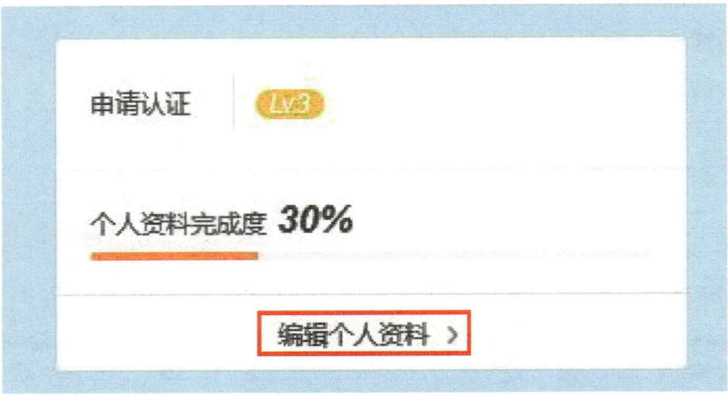

图2-4-3 编辑个人资料

小贴士：

微博还设有手机客户端服务，能实现即拍即发，发布信息更加便捷。

（2）设置头像并填写完整个人信息，如图 2-4-4 和图 2-4-5 所示。

图2-4-4 设置头像

图2-4-5　完善个人信息

（3）在标签信息中添加更多与桃子有关的词汇，能方便后期准确定位粉丝与潜在客户，如图 2-4-6 所示。

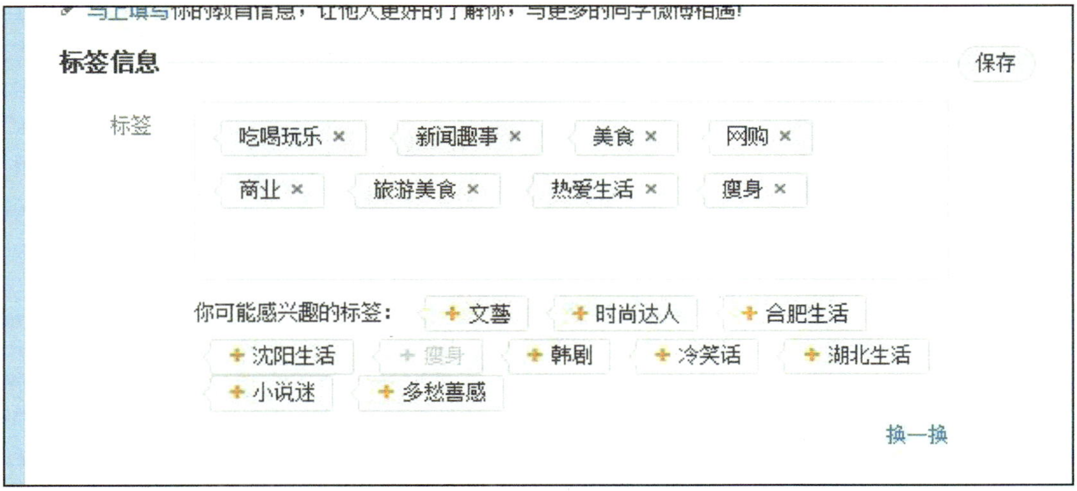

图2-4-6　添加标签

3. 在微博上积攒人气，为推广做铺垫

（1）为了给微博增加人气，可以通过关注别人的方式来加好友，在搜索栏里输入与桃子信息有关的关键词，找到相关的微博账号，然后单击右侧的“关注”，如图 2-4-7 所示。

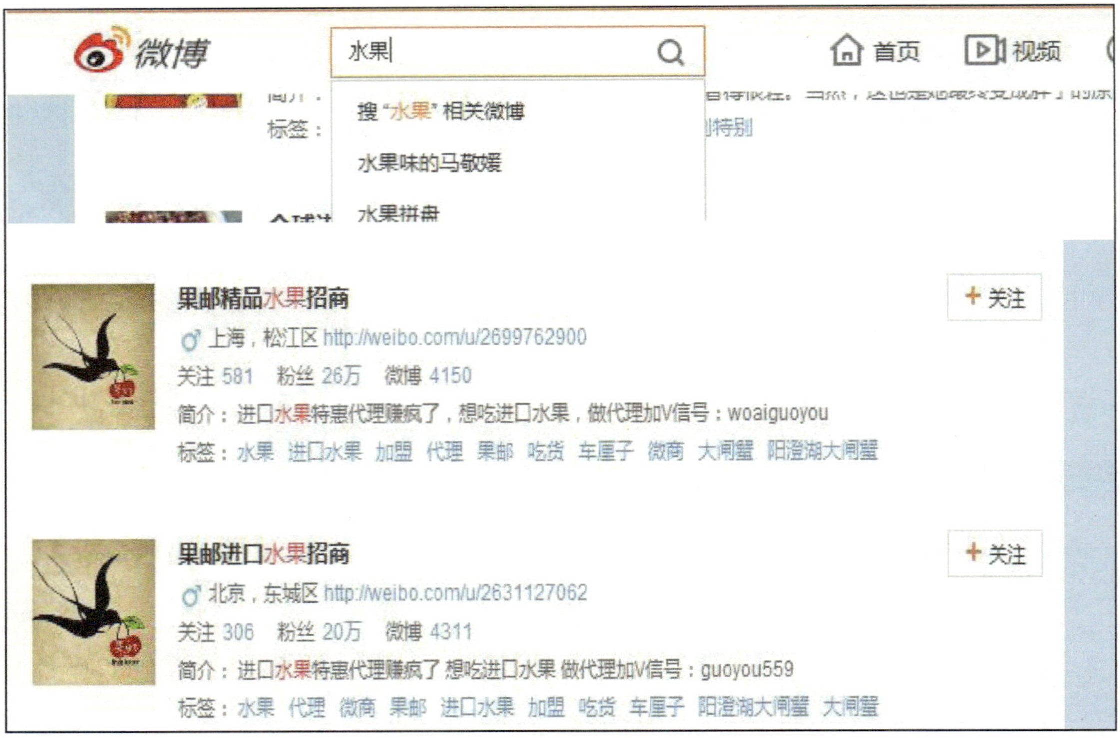

图2-4-7 搜索关键词添加关注

（2）设置被关注后自动发送私信。登录微博后单击“微博头像”，再单击“管理中心”→“粉丝服务”→“自动回复”，开启自动回复设置，并编辑自动回复信息，如图 2-4-8～图 2-4-10 所示。

图2-4-8 进入设置

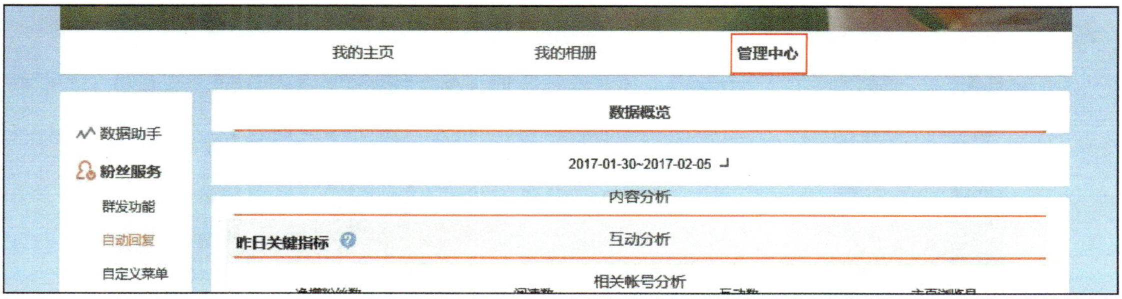

图2-4-9　设置自动回复

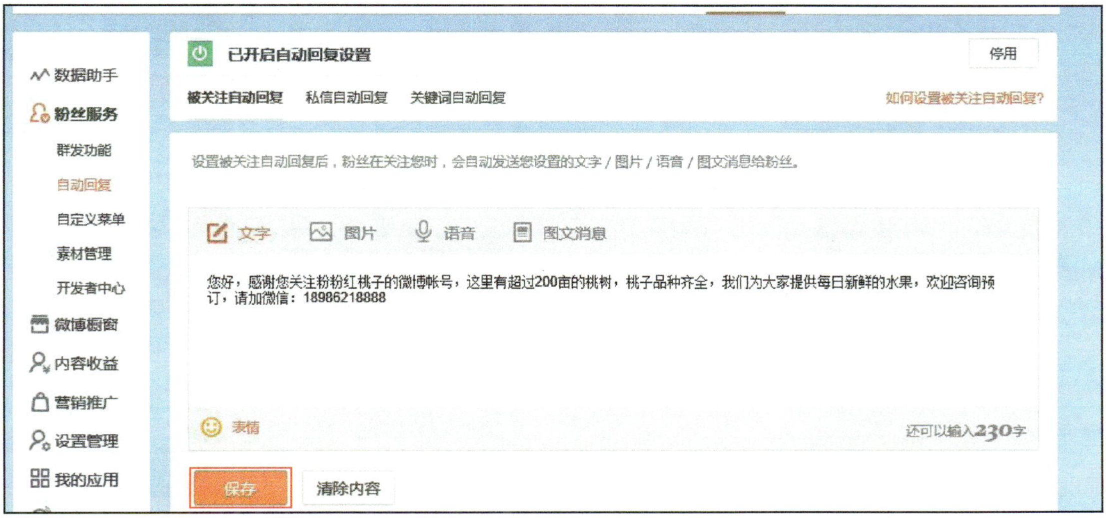

图2-4-10　编辑自动回复信息

（3）在微博首页搜索热门微博，找到与桃子水果有关联的社会热点信息，并将其转发到自己的微博，用此方式来吸引更多的粉丝，并引发话题互动，如图 2-4-11 和图 2-4-12 所示。

图2-4-11　搜索热门信息

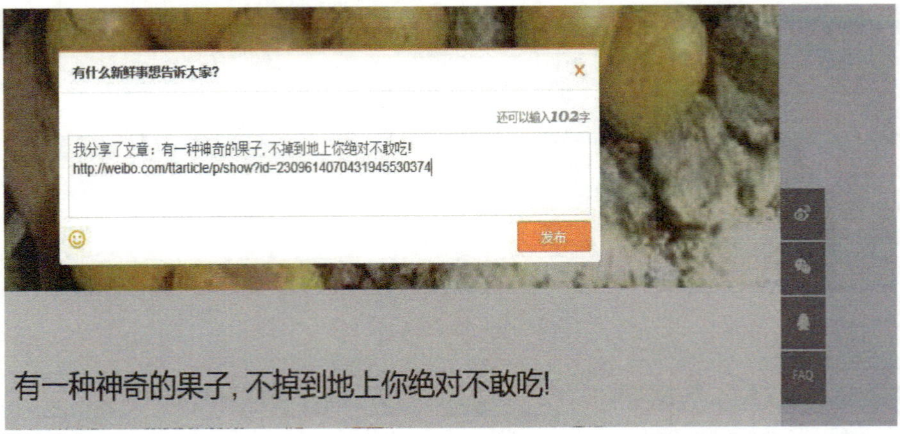

图2-4-12　分享热门信息

4. 在微博上发布商业信息

在登录后的页面上方微博输入框内添加文字，如图 2-4-13 所示。

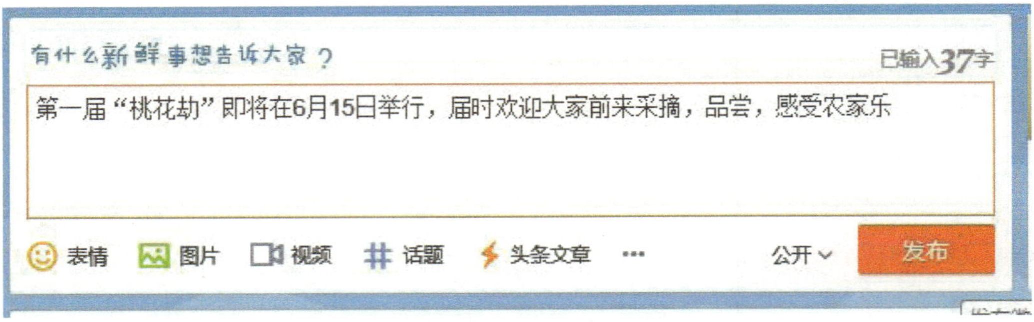

图2-4-13　在微博输入框输入文字

单击下面的“图片”按钮，单击“拼图”为微博添加多张图片，如图 2-4-14 所示。

图2-4-14　为微博信息添加图片

单击“添加图片”按钮，载入素材里的图片，重复操作，可多次添加图片，如图 2-4-15 所示。

图2-4-15　添加多张图片

为图片选择一个自定义的模板，并编辑图片的位置和大小，如图 2-4-16 所示。

图2-4-16　为图片选择模板

单击“发布”按钮，完成信息的发布及推广，如图 2-4-17 所示。

图2-4-17　完成信息的发布

知识储备

1. 微博营销的概念

微博营销是指通过微博平台为商家、个人等创造价值而执行的一种营销方式，也是指商家或个人通过微博平台发现并满足用户的各类需求的商业行为方式。微博营销以微博作为营销平台，每一个听众（粉丝）都是潜在的营销对象，企业通过更新自己的微博向网友传播企业信息、产品信息，树立良好的企业形象和产品形象，同时，通过每天更新内容就可以跟大家交流互动，或者发布大家感兴趣的话题，以此来达到营销的目的。

微博营销涉及的范围包括认证、有效粉丝、朋友、话题、名博、开放平台、整体运营等。自 2012 年 12 月后，新浪微博推出企业服务商平台，为企业在微博上进行营销提供一定帮助。

2. 微博营销的优点

1）发布门槛低，成本远小于广告，效果好

140 个字发布信息，远比博客发布容易，对比同样效果的广告则更加经济。与传统的大众媒体（报纸、流媒体、电视等）相比受众同样广泛，前期一次投入，后期维护成本低廉。

2）传播效果好，速度快，覆盖广

微博信息支持各种平台，包括手机、计算机与其他传统媒体。同时传播的方式有多样性，转发非常方便。利用名人效应能够使事件的传播量呈几何级放大。

3）针对性强，见效快

微博营销是投资少、见效快的一种新型的网络营销模式，其营销方式和模式可以在短期内获得最大的收益。

4）手段使用多样化，人性化

从技术上，微博营销可以方便地利用文字、图片、视频等多种展现形式。从人性化角度上，企业品牌的微博本身就可以将自己拟人化，使自己更具亲和力。

5）开放性

微博几乎是什么话题都可以探讨，而且没有什么拘束，微博就是要最大化地开放给用户。

6）拉近距离

在微博上面，美国总统可以和平民点对点交谈，政府可以和民众一起探讨，明星可以和粉丝互动，微博其实就是在拉近距离。

7）传播速度快

微博最显著特征之一就是其传播迅速。一条微博在触发微博引爆点后短时间内互动性转发就可以抵达微博世界的每一个角落，达到短时间内最多的目击人数。

8）便捷性。

微博营销只需要编写好 140 字以内的文案即可发布，从而节约了大量的时间和成本。

9）高技术性，浏览页面佳

微博营销可以借助许多先进的多媒体技术手段，从多维角度对产品进行描述，从而使潜在消费者更形象直接地接受信息。

10）操作简单

信息发布便捷。一条微博，只需要简单的构思，就可以完成一条信息的发布。这点就要比博客要方便得多。毕竟构思一篇好博文，需要花费很多的时间与精力。

11）互动性强

能与粉丝即时沟通，及时获得用户反馈。

3. 微博营销的缺点

（1）粉丝数有要求，只有有足够的粉丝才能达到传播的效果和目的，一些刚注册用户的粉丝数远远不够，这种情况下除了靠自己优质内容的不断更新吸引粉丝外，有人会采取其他手段，譬如购买粉丝，又或者是骗粉，一些商家企业意识到这一点之后也参与其中，开始养大批僵粉。这样就干扰了微博本身作为一个信息平台的透明化。

（2）由于微博中新内容产生的速度太快，所以如果发布的信息粉丝没有及时关注到，那就很可能被埋没在海量的信息中。

（3）传播力有限。由于一条微博文章只有几十个字，所以其仅限于在信息所在平台传播，很难像博客文章那样，被大量转载。同时，由于微博缺乏足够的趣味性和娱乐性，所以一条信息也很难像开心网中的转贴那样，被大量转贴（除非是极具影响力的名人或机构）。

（4）可靠性受质疑。微博营销作为网络营销的一种，是倍受质疑的，网络媒体在公众心目中的可靠性远远不如传统媒体，诚信在网络营销尤其是微博营销中显得尤为重要。

（5）文笔要求高，如何用简短文字在保证趣味性、可读性、真实性的前提下将所要传达的商业信息淋漓尽致的传达出来，对商业写手来说也是一大挑战。

4. 微博营销的技巧

1）注重价值的传递

企业微博运营者首先要改变观念——企业微博是一个给予平台。微博数量已经以亿计算，只有那些能对浏览者创造价值的微博才有价值，有价值的企业微博才可能达到期望的商业目的。企业只有认清了这个因果关系，才可能从企业微博中受益。

2）注重微博个性化

微博的特点是“关系”“互动”，因此，虽然是企业微博，但也切忌仅是一个官方发布消息的冷冰冰的模式。要给人感觉像一个人，有感情，有思考，有回应，有自己的特点与个性。

一个浏览者如果觉得你的微博和其他微博差不多，或者别的微博可以替代你，那这样的微博就是不成功的。这和品牌与商品的定位一样，必须塑造个性，这样的微博才具有很高的黏性，可以持续积累粉丝与专注，因为此时有了不可替代性与独特的魅力。

3）注重发布的连续性

微博就像一本随时更新的电子杂志，要注重定时、定量、定向发布内容，让大家养成观看习惯。当其登录微博后，能够想着看看你的微博有什么新动态，这无疑是成功的最高境界，虽很难达到，但我们要尽可能出现在他们面前，成为他们的一个习惯。

4）注重加强互动性

微博的魅力在于互动，拥有一群不说话的粉丝是很危险的，因为他们慢慢会变成不看你内容的粉丝，最后更可能是离开。因此，互动性是微博持续发展的关键。第一个应该注意的问题是，企业宣传信息不能超过微博信息的 10%，最佳比例是 3% ~ 5%。更多的信息应该融入粉丝感兴趣的内容之中。

“活动内容 + 奖品 + 关注（转发 / 评论）”的活动形式一直是微博互动的主要方式，但实质上奖品比企业所想宣传的内容更吸引粉丝的眼球，相较赠送奖品，企业的微博能认真回复留言，用心感受粉丝的思想，才能换取情感的认同。如果情感与“利益”（奖品）共存，那就更完美了。

5）注重系统性布局

任何一个营销活动，想要取得持续而巨大的成功，都不能脱离了系统性，单纯当作一个点子来运作，很难持续取得成功。微博营销虽然看起来很简单，对大多企业来说效果也很有限，从而被很多企业当作可有可无的网络营销小玩意儿。其实，微博这种形态的互动形式，它的潜力又有多少人能看清？发挥出的作用小的原因是运营者本身投入的精力与重视程度本就不高。

企业想要微博发挥更大的效果就要将其纳入整体营销规划中来，这样微博才有机会发挥更大作用。

6）注重准确的定位

微博粉丝众多当然是好事，但是，对于企业微博来说，“粉丝”质量更重要。因为企业微博最终的商业价值，或许就需要这些有价值的粉丝来实现。这涉及微博定位的问题，很多企业抱怨：微博人数都过万了，可转载、留言的人很少，宣传效果不明显。这其中一个很重要的原因就是定位不准确。假设自己为玩具行业，那么就围绕一些产品目标顾客关注的相关信息来发布，吸引目标顾客的关注，而非是只考虑吸引眼球，导致吸引来的都不是潜在消费群体。很多企业微博起步阶段就陷入此误区中，完全以吸引大量粉丝为目的，却忽视了粉丝是否是目标消费群体这个重要问题。

7）企业微博专业化

企业微博定位专一很重要，但是专业更重要。同场竞技，只有专业才可能超越对手，持续吸引关注目光，专业是一个企业微博重要的竞争力指标。

微博不是企业的装饰品，如果不能做到专业，只是流于平庸，倒不如不去建设企业微博，因为，作为一个“零距离”接触的交流平台，负面的信息与不良的用户体验很容易迅速传播开，并为企业带来不利的影响。

8）注重控制的有效性

微博不会飞，但是速度却快得惊人，当极高的传播速度结合传递规模，所创造出惊人的力量有可能是正面的，也可能是负面的。因此，必须有效管控企业微博这把双刃剑。

9）注重方法与技巧

很多把微博定位成短信，变成随笔、唠嗑的场所。对个人来说，的确如此，但是对于一个企业微博来说，就不能如此。企业不是大牌明星，也不是普通用户，开设微博不是为了消遣娱乐，创造企业的价值是根本所在。

想把企业微博变得有声有色，持续发展，单纯在内容上传递价值还不够，必须讲求一些技巧与方法。比如，微博话题的设定，表达方法就很重要。如果你的博文是提问性的，或是带有悬念的，引导粉丝思考与参与，那么浏览和回复的人自然就多，也容易给人留下印象。反之，新闻稿一样的博文，会让粉丝想参与都无从下手。

视频

微博营销

课堂实训

根据机械制作专业学生制作出的孔明锁这一产品，利用新浪微博平台进行微博营销，要求如下：

（1）有自己的公司名字，能体现出产品的特点和创意。

（2）微博的个人信息完整详细，与产品息息相关。

（3）关注其他与行业有关的企业或个人微博账号，数量达到 120 个。

（4）能成功地吸引粉丝，取得别人的关注，粉丝数量达到 200 个以上。

（5）能通过微博来转发一些热门话题，并引发评论。

（6）设置自动回复关注者的信息。

（7）在微博上发布一条关于产品活动的信息。

实训要求

4 ~ 5 名同学组成一个团队，结合产品特征，打造自己的企业。按照以上要求完成表 2-4-1 和表 2-4-2。

表2-4-1　微博营销的任务清单

团队成员			
组长及分工			
企业的名称		微博账号	
微博简介			
添加标签内容			
添加关注企业或个人搜索的关键词			

续表

关注数量		粉丝数量	
转发的热点微博标题			
活动发布的文案内容设计			
微博信息发送效果评价			
备　注			

提示：

在准备篇的课堂实训中，已经制作完成的商品图片可以再次修改后使用。

表2-4-2　课堂训练任务评价表

任务名称	任务职责	参与成员	自评分	互评分

课后实训

每周五下午是形象设计专业的开放日，在这一个下午里，形象设计专业实训室是对外开放的，需要美甲、化妆、盘发造型的师生可以以较低的价钱请形象设计同学提供相应服务。收费标准：美甲 20 元 / 次，造型 15 元 / 次，纹眉、眼线、唇线大约 800 元 / 次。作为电子商务专业学生，请你提出自己的看法。

实训要求

问题一：如何在微博平台上通过提供咨询来吸引潜在客户？

问题二：以 4 ～ 5 人为一个小组，来创建微博平台，并在微博平台上吸引粉丝，发布活动信息。

任务五 网络广告

任务背景

网络广告是网络营销中促进销售的主要形式，是吸引用户或消费者目光的利器，能选择合适的网络广告策略，可以使销售活动事半功倍。

为了让桃子有更好的销路，小吴必须要打开市场，利用网络的优势发布广告，为桃子寻找更广的销售渠道。

任务目标

- 了解网络广告的含义和特点。
- 熟悉网络广告的形式。
- 熟悉网络广告设计的原则。
- 能制作出至少一幅网络广告作品。

实操教练 制作网络广告

1. 提出广告创意，写广告文案

（1）结合产品优势和地域优势，提出广告创意如下：

桃子上市时间临近，结合当地农家乐旅游产业，举办采摘节活动。以采摘节为活动主题，以采摘乐趣吸引客户咨询产品。

（2）根据桃子特色，写出广告文案如下：

“蜜桃采摘

——现摘现卖 甜蜜多汁”

在配文中通过对比强调“甜”的元素。

2. 制作一个简单的主题广告图片

1）新建文件，制作底纹

（1）打开 Photoshop，新建一个宽度为 400 像素，高度为 300 像素的文件，命名为“桃子广告”。如图 2-5-1 所示。

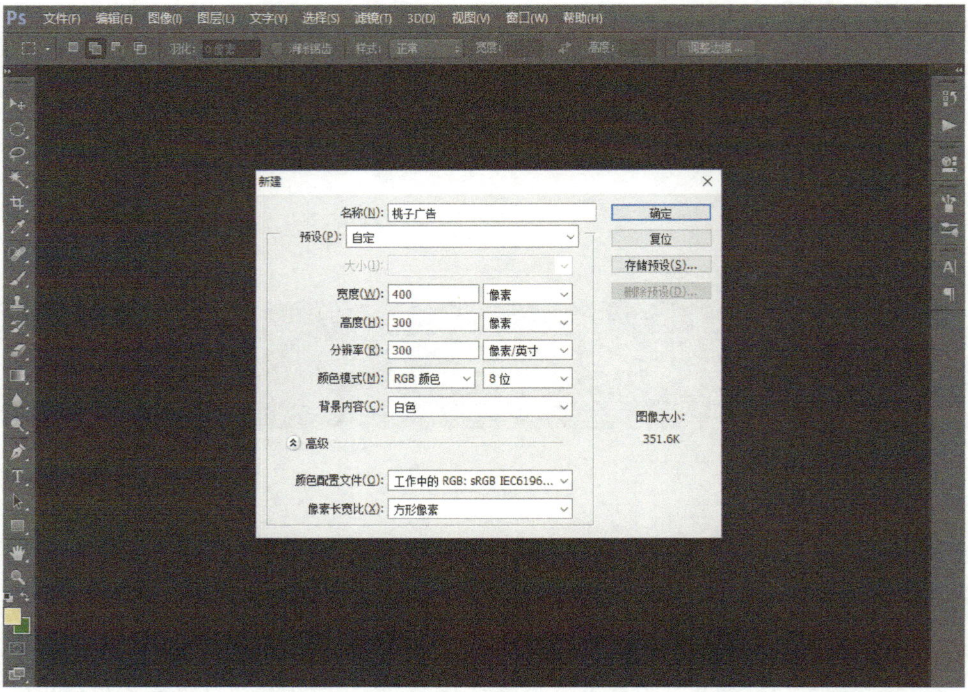

图2-5-1 新建文件

（2）将工具栏中的背景色设置为（R：252，G：226，B：226），前景色设置为（R：220，G：245，B：174）；如图 2-5-2 所示。

（3）选择工具栏中的渐变工具，打开渐变编辑器，选择前景色到背景色渐变，用鼠标在文件上画一条从左下方到右上方的直线，即可出现渐变填充效果，如图 2-5-3 所示。

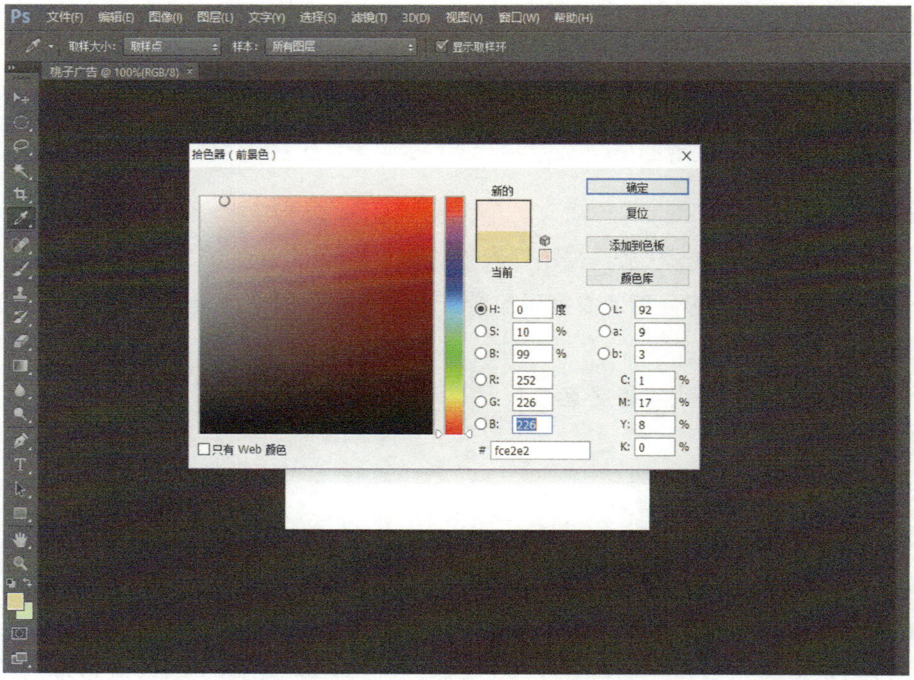

图2-5-2 设置前景色和背景色

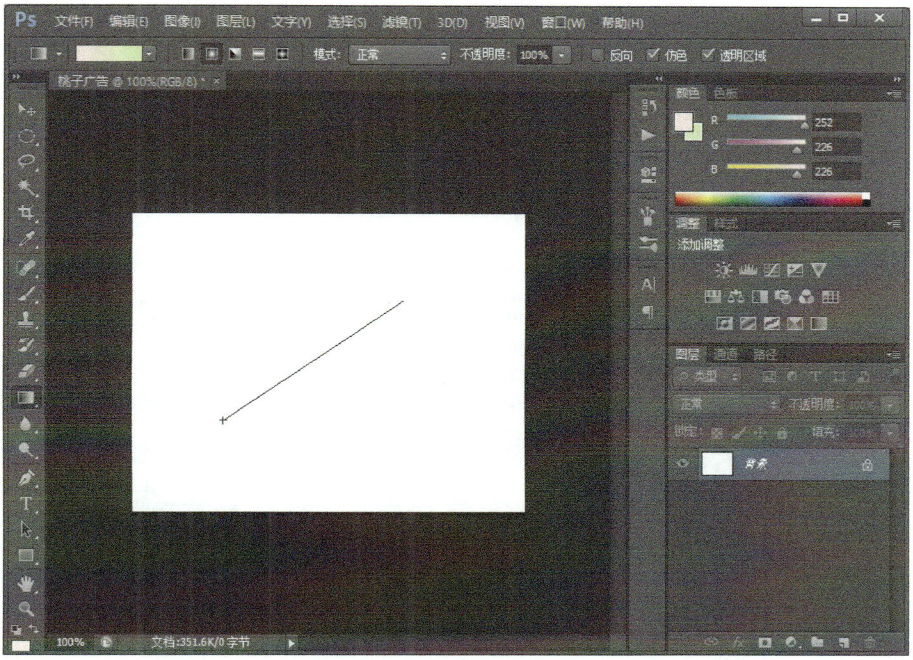

图2-5-3　为背景图片填充渐变色

（4）单击“文件”→“打开”，在弹出的对话框中选择素材“树上桃”，选择魔棒工具，将容差调整为“10”，在图片白色背景区域单击，出现选框，右击，在弹出的对话框中选择“选择反向”命令，再选择“编辑”→“拷贝”命令，如图 2-5-4 所示，最后关闭“树上桃”文件。

图2-5-4　为背景图片选择素材

（5）打开“桃子广告”图片，选择“编辑”→“粘贴”命令，按【Ctrl+T】组合键，按下【Shift】键同时调整选框对角，使图片调整到合适大小并放置在图片的右上角，如图 2-5-5 所示，单击确认。

（6）在图层面板中选择“图层 1”，设置为透明度 20%，如图 2-5-6 所示。

小贴士：

图层就像是一张覆盖在图像上面的透明玻璃纸，具有透明性、可分层管理和很强的可编辑性。在图像制作时将不同的内容放置在不同的图层里，可以很方便地进行单独管理和操作。

图2-5-5　为背景图片添加桃子素材

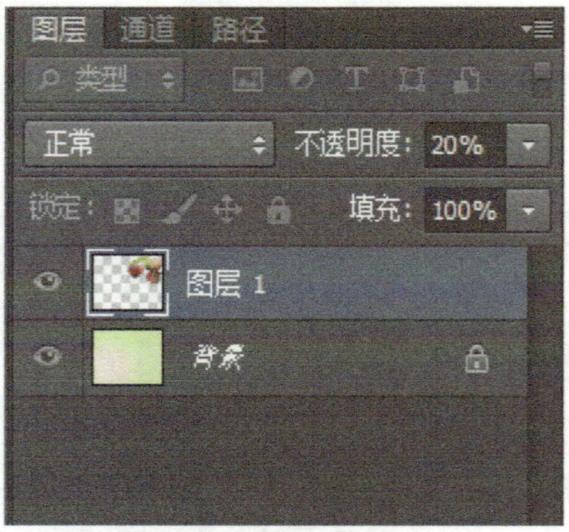

图2-5-6　给图层设置透明度

2）调入素材图片，形成基本图形

（1）选择“文件”→“打开”命令，在弹出的对话框中选择素材“白底桃子图片 2”，选择魔棒工具，将容差调整为“40”，并勾选“连续”复选框，在图片白色背景区域单击，出现选框，右击，在弹出的快捷菜单中选择“选择反向”命令，效果如图 2-5-7 所示，再选择“编辑”→“拷贝”命令，然后关闭“白底桃子图片 2”文件。

图2-5-7　选择桃子图片

（2）打开“桃子广告”图片，选择“编辑”→“粘贴”命令，按【Ctrl+T】组合键，按下【Shift】键同时调整选框对角，使图片调整到合适大小并放置在图片的左下角，如图 2-5-8 所示，单击确认。

图2-5-8　插入桃子图片

3）添加广告语与文字

（1）选择工具栏中的“横排文字工具”,在工具选项栏中选择“华文新魏”“50 点”“犀利”，颜色选择“黑色”，在画布中合适的地方用鼠标从左下到右上拖动出一个文字区域，如图 2-5-9 所示。

图2-5-9　创建横排文字框

（2）在创建的文字框内输入“蜜桃采摘”，在图层面板中，在文字图层内右击，在弹出的快捷菜单中选择“栅格化文字”命令，使文字图层变成图形图层，如图 2-5-10 所示。

图2-5-10　栅格化文字

（3）将前景色设置为“R：41，G：10，B：89”，背景色设置为“R：239，G：116，B：6”。按住【Ctrl】键的同时单击图层面板中“蜜桃采摘”图层中的缩略图，出现字体的缩略图，如图 2-5-11 所示。

图2-5-11　载入文字选区

（4）选择工具栏中的“渐变工具”，选择工具选项栏中从前景色到背景色线性渐变，在所选择的文字选区中从左下到右上拖动出一条直线，即可出现文字渐变效果。按【Ctrl+D】组合键取消选区，如图 2-5-12 所示。

图2-5-12　文字添加渐变效果

（5）将前景色设置为“R：251，G：23，B：82”，背景色设置为“R：250，G：185，B：

196”，选择工具栏中“横排文字工具”，在工具选项栏中选择“华文行楷”“22 点”，用拾色器将文字颜色设置为前景色，如图 2-5-13 所示。

图2-5-13　设置字体颜色

（6）设置完成后在画布中拉出横排对话框，输入文字“现摘现买”，选择“移动工具”，将文字移动到合适的地方，如图 2-5-14 所示。

图2-5-14　输入文字

（7）在“图层面板”中选择“新建”图层，创建并重命名为“副标题”，将新建的图层移动到文字图层的下方，如图 2-5-15 所示。

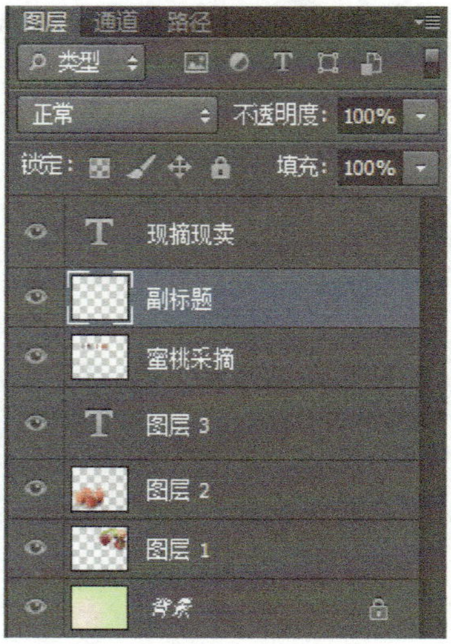

图2-5-15　创建图层

（8）设置“副标题”为当前图层，选择工具栏中的“矩形选框工具”，在画布中利用矩形选框将文字框住，按【Ctrl+Delete】组合键填充背景色，效果如图 2-5-16 所示。

图2-5-16　填充颜色

（9）重复上述（7）（8）操作步骤，将字体颜色和背景颜色互换，制作另一个副标题，如图 2-5-17 所示。

图2-5-17　制作幅标语

（10）在“图层面板”中选择“甜蜜多汁”和“副标语 2”两个图层，右击，弹出快捷菜单如图 2-5-18 所示，选择“合并图层”命令。

（11）按照上述方法合并“现摘现卖”和“副标语”两个图层，并选用“移动工具”将合成后的两个图层对齐，并调整位置，如图 2-5-19 所示。

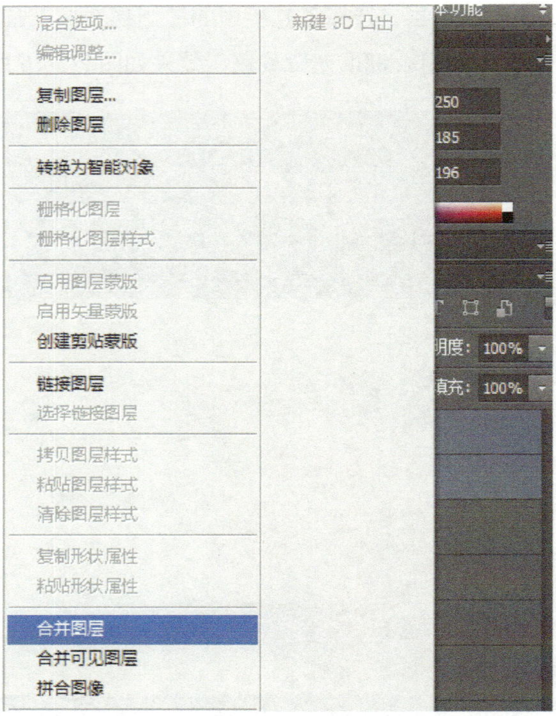

图2-5-18　合并图层

图2-5-19　制作好的副标语

4）添加对话框

（1）选择工具栏中“自定义形状工具”，在工具选项栏中选择“填充像素”，在形状中选择“对话框”，如图 2-5-20 所示。

图2-5-20　设置形状

（2）在“图层面板”中新建一个图层，命名为“对话框”，在画布中桃子的图案上方利用鼠标拖动出一个对话框，如图 2-5-21 所示。

图2-5-21　制作对话框

小贴士：

若使用鼠标拖动出的对话框位置不合适，可以在松开鼠标之前按住键盘的“空格”，然后移动鼠标，直到合适的位置，再松开“空格”键，继续移动鼠标拖动出合适大小对话框，直至松开鼠标左键。

(3) 单击“横排文字工具”，在刚创建的对话框内输入白色的“采桃喽”，效果如图 2-5-22 所示。

图2-5-22　对话框中输入文字

(4) 在工具栏中将前景色和背景色互换，在工具栏中选择“圆角矩形工具”，在工具选项栏中选择填充像素模式，新建一个图层，并命名为“抢鲜热线”，在画布中拖动出一块圆角矩形，效果如图 2-5-23 所示。

图2-5-23　制作圆角矩形

（5）按住【Ctrl】键并单击图层面板中“抢鲜热线”图层的缩略图，创建选区，选择菜单栏栏中的“选择”→“修改”→“收缩”命令，如图 2-5-24 所示。

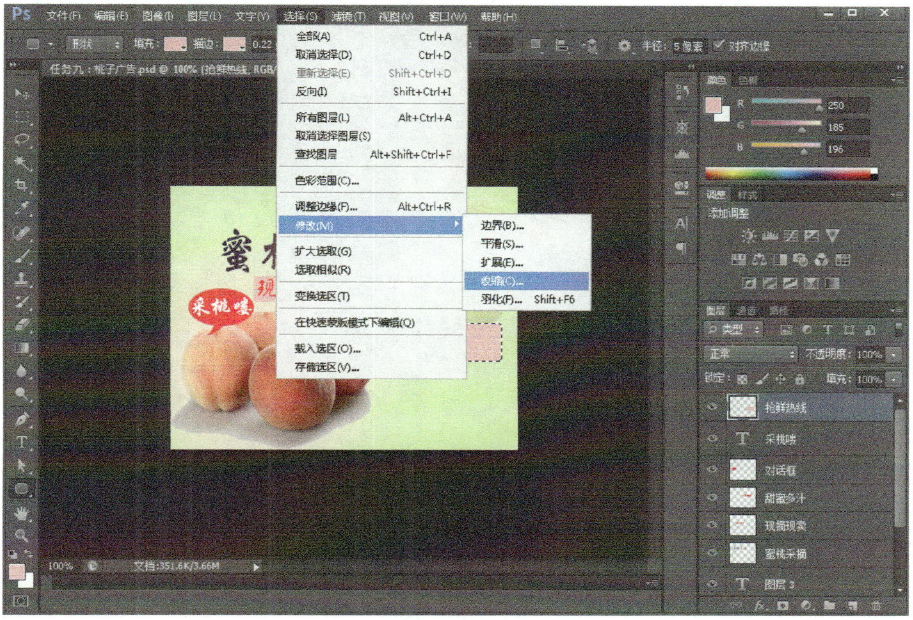

图2-5-24　修改选区

（6）在弹出的对话框中输入收缩量为“2”像素，如图 2-5-25 所示。

图2-5-25　收缩选区

（7）按【Delete】键，出现圆角矩形空心对话框，然后按【Ctrl+D】组合键取消选框，效果如图 2-5-26 所示。

图2-5-26　收缩选区

（8）运用横排文字工具，在矩形对话框内写出文字，最后效果如图 2-5-27 所示。

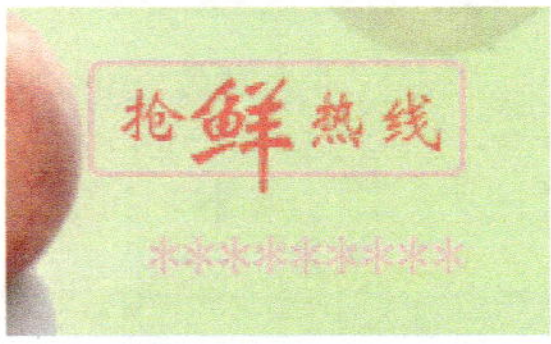

图2-5-27　添加文字

5）图片的保存

（1）选择菜单栏“文件”→“存储为”命令，如图 2-5-28 所示。

图2-5-28　选择“存储为”命令

（2）在弹出的对话框中选择适当的路径，将文件保存为 JPEG 格式，单击“确定”按钮。最终完成图片的保存，如图 2-5-29 所示。

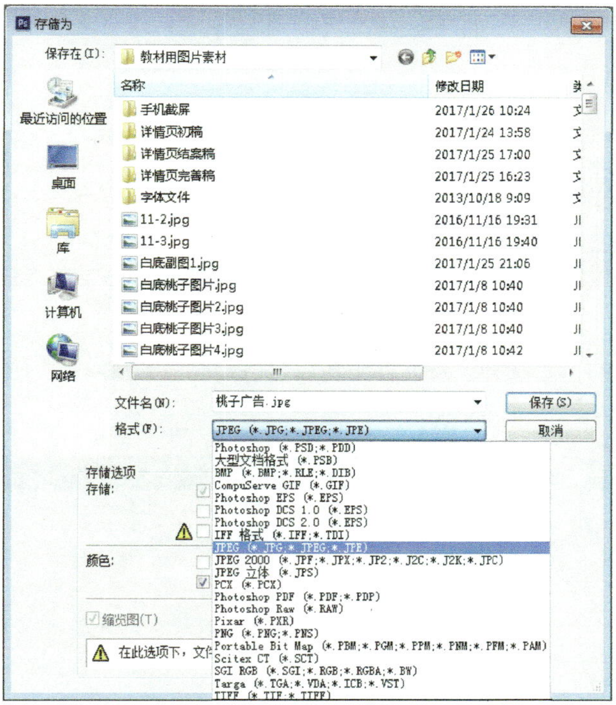

图2-5-29　保存图片

6）将图片上传至网络

（1）在浏览器地址栏中输入 http://16.wal8.com/，登录“外链吧”网站，单击“免费使用”按钮，如图 2-5-30 所示。

图2-5-30　外链吧首页

（2）按提示填写完注册信息，注册成功，如图 2-5-31 所示。

图2-5-31　注册成功

（3）单击“上传图片”，选择“单文件上传”，选择文件后，单击“上传”按钮，如图 2-5-32 所示。

图2-5-32　上传图片

（4）上传成功后，跳转回“图片管理”页面，单击图片下方的“链接”，复制图片链接地址。如图 2-5-33 所示。图片外链地址为：http://cglxr.img48.wal8.com/img48/570483_20170524132526/14956039003.jpg。

图2-5-33　复制图片外链地址

7）寻找免费信息发布平台，发布广告

（1）百度搜索“免费发布广告的网站”，选择搜索结果中可以发布论坛广告的网站“天下论坛”，如图 2-5-34 所示。

图2-5-34　搜索免费发布广告的网站

（2）在论坛分区里头找到适合桃子的“美食厨房”分区，如图 2-5-35 所示。

图2-5-35　“天下论坛”分区

（3）进入“美食厨房”分区，如图 2-5-36 所示，单击“发帖”按钮。

图2-5-36　“美食厨房”分区

（4）弹出提示页面，要求注册账号，单击“注册一个”，如图 2-5-37 所示。

图2-5-37　注册页面

（5）注册成功后，再次进入分区，单击“发帖”，进入帖子编辑页面，如图 2-5-38 所示。

图2-5-38　帖子编辑页面

（6）预览效果，单击蓝色链接字体能看到图片正常显示，则发布完成，如图 2-5-39 所示。

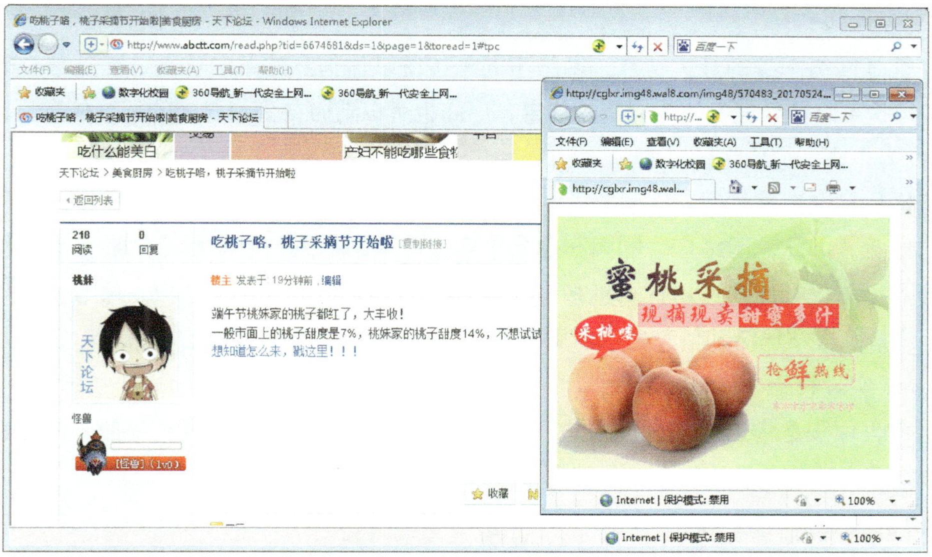

图2-5-39　发布广告贴

小贴士：

通常制作好的广告保存 PSD 和 JPEG 两种格式，PSD 格式完整地保存了每一个图层的细节，在作品完成后可以对作品进行适当的修改，而 JPEG 格式的图片是压缩后的图片，图片所占资源较小，但后期很难修改。

知识储备

视频

网络广告

1. 网络广告的概念

网络广告就是利用网站上的广告横幅、文本链接，多媒体等形式，在互联网上刊登或发布广告，通过网络传递到互联网用户的一种高科技广告运作方式，简单来说就是网络平台上投放的广告。

互联网是一个全新的广告媒体，传播速度快且效果理想，是中小企业扩展壮大的有效途径，对于广泛开展国际业务的公司更是如此。目前，网络广告市场已超越广播、报纸、杂志广告，成为仅次于电视广告的第二大广告市场。因而众多国际级的广告公司都成立了专门的“网络媒体分部”，以开拓网络广告的巨大市场。现在，我们随便打开一个网页，都能看到网络广告。

2. 网络广告的特点

网络广告采用多媒体技术，提供文字、声音、图像等综合性的信息服务，不仅能做到图文并茂，而且可以双向交流，使信息准确、快速、高效地传达给每一位用户。与广播、电视、杂志四大传统广告媒体相比，网络广告的特点主要表现在以下几方面。

1）传播范围广，无时空限制

网络广告的传递不受时空的限制，只要具备浏览互联网的条件，任何人在任何时间、任何地点都可以随时随地阅读网络广告信息。这是传统媒介无法比拟的。

2）交互性强

交互性是网络本身的最大特点，网络不同于传统媒体信息的单向传播，而是信息的双向互动传播。用户可以获取他们认为有用的信息，厂商也可以随时得到消费者的反馈信息。

3）内容丰富、形象生动

网络媒体可以突破时间与空间的限制，拥有极大的灵活性，可以说一条 Banner 广告后面藏着无限的信息。因此，网络广告的内容非常丰富，一个站点的信息承载量一般可大大超出传统印刷宣传品；不仅如此，运用计算机多媒体技术，网络广告以图、文、声、像等多种形式，生动形象地将产品或市场活动信息展示在用户面前。

4）易于实时修改

网络广告由于是借助计算机技术的，因此广告可以随时按照需求进行更改，广告商可以随时更改价格或者调整商品的信息，非常方便。

5）价格低廉

网络广告无须印刷、拍摄或录制，在网上发布广告的总价格较其他形式的广告价格便宜很多，在价格上极具竞争力。

6）传播的定向性强

网络广告不仅可以面对所有互联网用户，而且可以根据受众用户确定广告目标市场。这样就可以通过互联网，把适当的信息发送给适当的人，实现广告的定向。

3. 网络广告的主要形式

1）按照表现形式分类

（1）图片广告。图片广告的规格型号比较多，常用的主要有以下几种：

① 横幅广告：也称网幅广告、Banner 广告，是最常见的网络广告之一，它位于网页页面最上方或中部，因其像一面旗帜，也被称为旗帜广告，其规格一般为 468 × 60 像素。

② 通栏广告：一般位于网页页面中部，是一种贯穿整个页面的广告，其规格为 744 × 120 像素，如图 2-5-40 所示。

图2-5-40　图片广告

③ 按钮广告：也称 Button 广告，一般位于网页页面两侧，按钮上多为文字标识。根据页面

设置有多种不同的规格，其规格一般有 125×125、120×90、120×60、88×31 像素，如图 2-5-30 所示。

④ 标识广告：也称图标广告、LOGO 广告，一般位于网页页面的两侧，广告多为企业品牌或商标的标识，其规格一般为 120×90、120×60 像素等。

⑤ 浮标广告：又称游标广告、悬浮广告，它一般在网页页面上随着页面的滚动而滚动，其规格为 80×80 像素。

⑥ 竖幅广告：一般位于网页页面的两侧，其规格一般为 120×240 像素。

⑦ 擎天柱广告：也称摩天楼广告，一般位于网页页面的两侧，其规格一般为 120×600、160×600 像素，如图 2-5-41 所示。

图2-5-41　擎天柱广告

⑧ 全屏广告：全屏广告是在用户打开浏览页面时，以全屏方式出现 3~5 秒，再逐渐缩成横幅广告尺寸的广告，全屏广告的宽度大于等于 500，高度大于等于 350。

⑨ 背投广告：一般是在用户打开某一网页页面或单击某一链接时自动弹出的广告，广告的页面位于打开网页的后面，其规格一般为 750×450 像素，如图 2-5-42 所示。

图2-5-42　背投广告

（2）视频广告。以数字视频为主要表现形式的新媒体广告业务，就是互联网视频广告，视频广告包括视频分享、宽频影视、P2P流媒体等视频网站发布的广告。它既生动、形象，又能有效地吸引用户的眼球，还具有分众性的传播优势。

（3）文字广告。文字连接广告是以一排文字作为一个广告，单击进入相应的广告页面，主要的投放文件格式为纯文字广告形式。

（4）富媒体广告。富媒体广告指能实现2D、3D动画和Video、Audio等具有丰富视觉效果和交互功能效果的网络广告形式，分为非视频类广告和视频类广告，如图2-5-43所示。

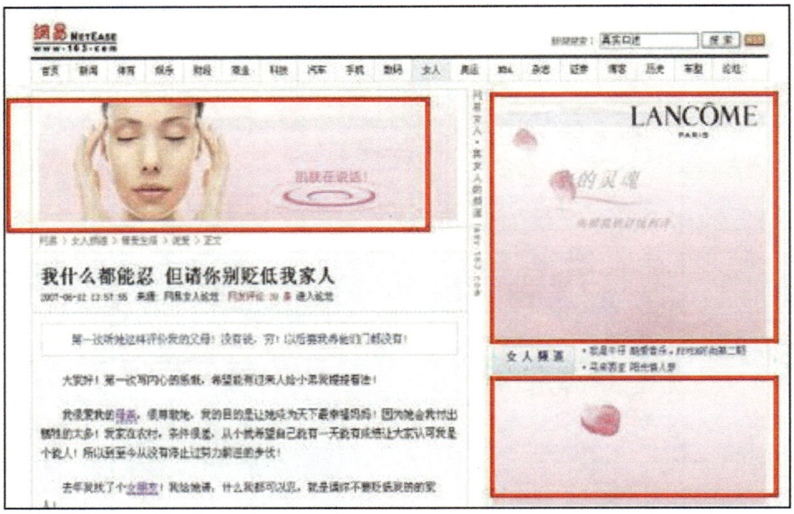

图2-5-43　富媒体广告

（5）植入式广告。植入式广告是指将产品或品牌及其代表性的视觉符号甚至服务内容策略性融入电影、电视剧或电视节目之中，通过场景的再现，让观众不知不觉中留下对产品及品牌的印象，进而达到营销产品的目的，植入式广告还被称为嵌入式广告或软性广告。在网络广告中，通常会通过虚拟游戏场景来进行传播，如图2-5-44所示。

图2-5-44　植入式广告

2）按收费形式不同分类

（1）CPM 广告。CPM（Cost Per Impressions，千人印象成本），是指广告每显示 1000 次（印象）的费用。是网络广告发展的最初阶段最常采用的收费方式，随着网络媒体的日益发展，CPM 的收费方式逐渐被放弃。目前，仅仅用在一些特殊的频道和特殊技术的广告形式上。

（2）CPC 广告。CPC（Cost Per Click，点击成本）根据广告被点击的次数收费，如关键词广告一般采用这种计费方式。此种计费方式也是网络广告最初的计费方式之一，在网络媒体蒸蒸日上的过程中此种方式一度被媒体放弃，随着竞争的日益激烈和广告客户的日益理性，目前此种计费方式又在小范围内逐步开放，仅限部分行业。

（3）CPA 广告。CPA（Cost Per Action，行为成本），即根据每个访问者对网络广告所采取的行动收费的计价方式。对于用户行动有特别的定义，包括形成一次交易、获得一个注册用户，或者对网络广告的一次点击等。CPA 的计价方式对于媒体而言有一定的风险，但若广告投放成功，其收益也比 CPM 的计价方式要大得多，目前媒体与客户的合作方式是部分固定投放、部分 CPA 方式，或者利用剩余资源进行投放，CPA 广告未来有可能成为计费的主要方式，前提是精准技术的发展和完善。

（4）CPS 广告。CPS（Cost Per Sale），是指以实际销售产品数量来换算广告刊登金额。此种方式在网络联盟中运用得比较多。

4. 网络广告设计的原则

网络广告信息的设计，应既能体现出企业文化和产品的特点，又具体生动，具有吸引力。在网络广告信息设计时，应遵循以下原则。

1）合法性原则

网络广告合法性原则，是指网络广告的设计应遵守《中华人民共和国广告法》以及有关法规、规章和规定。网络广告设计合法性的具体要求有：

（1）网络广告信息必须真实。

（2）网络广告信息应有益于身心健康。

（3）网络广告不得贬低其他生产经营者的产品或服务等。

2）新颖性原则

网络广告信息设计最基本的要求是能引起消费者的注意，而决定网络广告能否引起消费者注意的内核就是网络广告信息的新颖性。根据心理学原理，传统的东西已经产生心理疲劳，只有独特、新颖的刺激才容易留下深刻的记忆痕迹，因此，网络广告信息设计应别具一格，具有新颖性品质。

3）系统性原则

网络广告信息设计，应遵循系统性原则。首先，企业采用多种形式宣传同一产品或服务的网络广告在广告目标、广告策略、广告表现等方面必须协调一致；其次，网络广告信息设计时应保持品牌用词的一贯性，这样的系列网络广告才容易使网络广告受众产生沉稳、和谐和信任的感觉。

4）适应性原则

适应性原则一方面要求网络广告信息采用大众化语言，以贴近广告受众的需求，另一方面要求网络广告信息应与广告投放环境相适应，与广告投放栏目相关，这样才能吸引更多人来点击和浏览。

5）简明性原则

网络广告信息不宜过分复杂，简单即是丰富，应留给网络广告受众广阔的想象空间。若需要传递复杂的广告信息，可以通过网络广告的链接来实现。

5. 网络广告效果评估

1）什么是网络广告效果评估

网络广告效果的评估就是利用一定的指标、方法和技术对网络广告效果进行综合衡量和评定的活动，相应地，网络广告效果的评估也应该包括传播效果评估、经济效果评估和社会效果评估。为了控制网络广告开支，优化广告投放，定期进行网络广告效果评估是必要的。

2）网络广告评估的指标

广告曝光次数（Advertising Impression）。广告曝光次数是指网络广告所在的网页被访问的次数，这一数字通常利用计数器进行统计。当广告刊登在网页的固定位置时，如果在刊登期间获得的曝光次数越高，表示该广告被看到的次数越多，获得的注意力也就越多。

点击次数与点击率（Click &Click Through Rate）。网民点击网络广告的次数称为点击次数。点击次数可以客观、准确地反映广告效果。点击次数除以广告曝光次数可得到点击率（CTR），这项指标也可以用来评估网络广告效果，是评价广告吸引力的一个指标。如果刊登某则广告的网页曝光次数是5000，而网页上的广告点击次数为500，那么点击率为10%。

网络阅读次数（Page View）。浏览者点击网络广告之后即进入了介绍产品信息的主页或者广告主的网站，浏览者对该页面的一次浏览阅读称为一次网页阅读。而所有浏览者对这一页面的总得阅读次数就称为网页阅读次数。这个指标也可以用来衡量网络广告效果，它可从侧面反映网络广告的吸引力。

转化次数与转化率（Conversion & Conversion Rate）。“转化”被定义为受网络广告影响而形成的购买、注册或者信息需求。那么，转化次数除以广告曝光次数，即得到转化率。

课堂实训

机械制作专业学生制作出的孔明锁要想打开市场，需要在网络上投入网络广告，请根据所提供的素材及资料，依据教材所教授的方法，自行制作一幅网络广告，要求如下：

（1）广告规格为400×300像素，文件格式为JPG。

（2）广告简洁、美观、大方，能充分展现出孔明锁的卖点。

实训要求

4～5名同学组成一个团队，利用上文中提供的信息及随书附赠的素材，完成表2-5-1和表2-5-2。

表2-5-1　制作网络广告的任务清单

团队成员	
广告卖点	

续表

广告文案	
广告设计图初稿	
备　注	

提示：

在准备篇的课堂实训中，我们已经制作完成的商品图片可以再次修改后使用。

表2-5-2　课堂训练任务评价表

任务名称	任 务 职 责	参与成员	自评分	互评分

课后实训

每周五下午是形象设计专业的开放日，在这一个下午里，形象设计专业实训室是对外开放的，需要美甲、化妆、盘发造型的师生可以以较低的价钱请形象设计同学提供相应服务。收费标准：美甲 20 元 / 次，造型 15 元 / 次，纹眉、眼线、唇线大约 800 元 / 次。作为电子商务专业学生，请你提出自己的看法。

实训要求

问题一：现电子商务专业学生打算把“开放日”这一活动信息发布到网络上，假如我们想服务于周边的高校学生或工厂的员工，应该制作一个怎样的网络广告？

问题二:以 4 ～ 5 人为一个小组，来制作属于自己的网络广告，该广告可以运用于电子邮件、网络内容服务商、微博等平台。

任务六 阶段性成果——整合营销

任务背景

在本篇任务中，小吴已经能熟练运用搜索引擎、邮件、微博等多种平台进行网络广告推广。在这些平台中，小吴已经积攒了许多人气，小吴本人比较满意。但是遗憾的是，虽然询问的人很多，但是多数都是经销商，给出的价格缺少吸引力；同时小吴发现，虽然桃子品质好，但是果园规模相对不大，不太适合 B2B 渠道的推广。

根据实际情况，小吴决定还是重点通过网店直销的方式来销售，之前使用的网络营销推广目标从销售转移到提升知名度。在这个基础上，小吴要利用这些平台来发布一些活动和信息，同时根据推广的成果对推广效果进行检查，分析整理并改进自己的整合营销策略。

任务目标

- 对已实施的各个网络推广平台进行整理和分析。
- 能够撰写简单的营销活动策划方案。
- 会利用相关资源做整合营销。

实操教练 整合营销

1. 整理和维护现有的成果

（1）百度推广管理。进入百度推广后台，查看推广余额，自行设置每天的预算以及推广地区，控制支出，如图 2-6-1 所示。

图2-6-1 百度推广后台

（2）管理邮件列表。保持发送邮件频率，及时处理邮件，如收到客户要求退订的回复，及时从邮件列表中移除；定期维护邮件列表，维系客户管理。

（3）维护微博账号，保持活跃度；及时与粉丝互动；定期发布微博文章。分析每条博文的阅读数量和回复，用以分析粉丝喜好，并“投其所好”优化微博账号风格，持续提升人气，如图 2-6-2 所示。

图2-6-2　利用微博发布营销信息

（4）周期性制作并发布网络广告图片，如图 2-6-3 所示。

图2-6-3　网络广告图片效果

2. 整合网络营销推广渠道，打造事件营销

2016 年 5 月，小吴的桃园有大量桃子即将成熟，届时，小吴将举办一期“桃花劫”活动，该活动将在线上线下同时进行（O2O 活动），线上进行网络销售，线下进行实地采摘品尝体验，小吴希望此次活动能在网络上充分引起大家的关注，为桃园带来更多的客源。小吴打算以邮件和微博平台为主、搜索引擎和网络广告辅助的方式进行推广。为了实施推广，小吴首先从制定方案计划开始。

（1）拟定一个吸引人的标题。

首先，明确活动的卖点，并且站在客户的角度上思考，拟写的标题必须是“利他”的，能让客户看到其中的利益，桃园采摘的优势为：

桃园所在地荆州距离省会武汉较近，高铁直达，交通方便；湖北省“乡村游”发展成熟，桃园周边有成熟的配套旅游设施，还可搭配周边景点，适合游玩 1 ~ 3 天；

桃园桃子个大、皮红、果型好，树高度较低，采摘方便；

果园种植的“加州红”桃子甜度是一般桃子的 2 倍，好吃。

其次，从内容出发，拟写的标题一定要与活动内容息息相关。小吴已经根据不同的优势点，拟定了 4 个标题，如表 2-6-1 所示。

表2-6-1　参考标题

采摘优势	客户的期望	拟定的标题
新鲜	随意挑选	桃红，难逃一“劫”
甜	甜	夏天的甜蜜味道
设施配套好	吃、玩、休闲一体	游荆州，品味楚文化
高铁直达	出行方便	高铁直达，休闲游乐好去处

最后，选择、整理出最优方案，注意标题的长度和表达方式，一般 15 ~ 20 字最佳。确定标题为：“桃花劫”开始啦，桃妹邀你坐高铁、采桃子、品味楚文化。

（2）小吴为主题活动进行策划并撰写内容，如表 2-6-2 所示。

表2-6-2　策划活动内容

活动时间	2017.6.15
活动主题/标题	“桃花劫”，桃妹邀你坐高铁、采桃子、品味楚文化
活动目标	线下采摘，促进销售；线上线下互动，提升品牌知名度
活动地点	湖北荆州，小吴的自有桃园
活动安排	免费品尝当季新桃； 桃子采摘、购买； 介绍荆州人文历史； 品尝当地特色饮食； 推荐荆州其他特色旅游景点

（3）编辑文章，通过微博和邮件发布活动信息。

知识储备

1. 整合营销

整合营销是一种对各种营销工具和手段的系统化结合，根据环境进行即时性的动态修正，以使交换双方在交互中实现价值增值的营销理念与方法。整合营销以消费者为核心重组企业行为和市场行为，综合协调地使用各种形式的传播方式，传递一致的产品信息，实现与消费者的双向沟通，树立产品品牌形象，更有效地达到广告传播的效果。

企业广泛应用的搜索引擎、微博、网络广告等营销渠道，但是所有渠道都精心经营是不可能的，而整合营销正切合当下企业营销需求。整合营销可以让各个营销渠道互相关联促进，相辅相成，达到 1+1 > 2 的效果。

视频

整合营销

整合营销包括营销战略整合、营销工具整合和营销沟通整合。

(1)营销战略整合：整合营销的思想认为，企业所有部门都需要围绕“客户需要”工作，同时兼顾企业利益，而不仅仅是营销部门需要这样。整合营销可以实现二者统一，形成持久的竞争力，整合营销观念把企业的营销由策略提升到战略的层次。

(2) 营销工具整合：营销战略必须通过具体的营销方案来实施，也就是实现营销资源在各种营销工具之间的分配，达到效益最大化。

具体的说，就是要分析各种营销工具包括营销渠道的效果和投入产出比，来制定具体的营销方案，将资源合理分配给营销渠道，有主有次、科学系统地安排营销工具组合，以达到营销效果最大化。

(3) 营销沟通的整合：营销沟通的目的是以最低成本取得一定的沟通效果，以及以一定的成本取得最大的沟通效果。因此，需要实现掌握各种沟通工具的使用方法和效果，通过对各种沟通工具的协调运用，达到预期效果。

2. 撰写策划方案的技巧

1) 前期调查和活动背景说明

任何一场活动的举办都需要事前进行市场分析和调查。经过市场分析和调查才能了解企业面临的境遇和消费者的问题，只有解决双方需要的活动才能举办成功。策划是尚未实施的计划性事件，各种情况都有可能发生，所以事前必须经过市场分析和调查掌握实际情况，因此事前市场调查是十分必要的。

在撰写方案时，开头部分要介绍活动策划的背景，说明基本情况、实施对象、近期情况、组织机构、组织动机和预计社会影响。还应说明环境特征，外部环境和内部环境，优势和风险。

2) 有明确的目标和意义

活动定位准确的前提就是目标明确，确定好面向的对象和需要满足的需求。通过解答“通过活动能让他们得到什么收获？”的问题，保证活动的意义和目的，才有可能激发思维去筹划活动。

3) 注意细节

活动前、活动进行中、活动后的每个阶段的每个环节，都要详细考虑时间、地点、参与人员、经费开支和可能的突发事件等因素。细节管理规范专业也是活动成功实施的保证。

3. 策划方案的构成

(1) 标题。标题可包括主标题和副标题，主标题就是活动的口号或者宣传语，副标题则是主办方或者“** 年 ** 月 ** 日 ** 活动策划书”等。

(2) 活动背景 / 前言。策划方案的前言应就几方面内容进行说明：基本情况介绍、主要执行对象、目前状况、组织部门、为什么要举行、社会营销及目的动机、环境特征等。环境特征包括环境的内外优势、弱点、机会及影响（SWOT 分析）。同时还应提供市场调查和分析等实际支持资料加以补充。

(3) 活动的目标、意义和定位。活动目标要具体化，点明核心构成的意义以及预计产生的社会影响、经济利益或者媒体效应等。活动定位要清晰可行，具有可操作性和实际意义。

(4) 前期准备工作。列出活动所需的人力资源、物力资源以及资源的分配去向，还要交代清楚已有资源和所需资源支持。

(5) 活动组织机构、人员。

(6) 实施计划。说明实时策划方案的具体流程以及流程的可行性；说明所需物流是否可得，什么时间可得；说明活动流程，越详细越好，可按时间线绘制时间表；说明人员配置、活动执行对象、时间地点等情况；说明可能存在的突发情况及应急方案。

(7) 活动备忘。需要说明活动现场服务人员的注意事项；内外环境变化需要的补救措施。

(8) 费用预算。如果有承办方，承办方提供费用预算；如果没有承办方，活动策划人员需详列物流的单价、数量、规格型号等信息。

(9) 活动负责人及主要参与人员。注明组织者、嘉宾、单位，以实际情况为准。

课堂实训

整理一下我们之前的任务中对孔明锁的推广成果，分析一下，哪些推广方式奏效了？现在我们为我们代理的孔明锁策划一次营销活动。

实训要求

4 ~ 5 人为一个团队，组织策划一个线上推广或线下体验的活动，通过营销平台发布，并完成表 2-6-3 和表 2-6-4 所示。

(1) 策划一个网络营销活动。

(2) 为营销活动找出卖点和亮点。

(3) 写出一篇活动推广的文案

表2-6-3　网络推广任务清单

团队成员	
活动主题	
活动时间	
活动主题-文案标题	
活动目标	

续表

活动地点	
活动安排	

表2-6-4　课堂训练任务评价表

任务名称	任务职责	参与成员	自评分	互评分

课后实训

如何为形象设计专业学生提供的服务策划营销活动呢？

问题一：你的邮件联系人列表、微博粉丝通过前期建设能吸引更多潜在客户吗？

问题二：请你帮忙设计一个线上或者线下活动。

问题三：请利用邮件营销的推广方式将活动信息进行发布。

问题四：利用微博来公布你的营销活动，并能跟踪关注你的粉丝。

如果你的学校里也有特色专业，能够提供一些特色产品给你，请你为这些产品策划一次营销活动，并利用前期建立的网络营销平台来发布你策划的活动，为你的产品拓展销路。

实施篇

思政目标 >>>>>>

- 通过对店铺经营目标的规划，认识到做事不能一蹴而就，需要规划更需要有执行力。
- 树立诚信经营的意识。

任务一 开设淘宝店铺

任务背景

在前面的任务中，小吴已经设计了产品形象、拍摄了果园和桃子的图片、确定了销售价格、准备好了桃子的宣传资料包；她还利用基础的网络渠道，将果园和桃子的信息发布到了搜索引擎和当地企业黄页上，以便业内人士和关注桃子的人可以在网上查找到她的果园和水果。

现在，在国家鼓励发展特色农业的前提下，淘宝也主推针对特色农产品的频道“特色中国”，但是因为之前自己并没有满足参与条件的网店，所以暂时还不能加入。不过，小吴决定从零开始，先逐步运营自己的网店，再伺机寻求合适的平台支持。她的计划是：用一个月时间建设完成一家淘宝网店，三个月内进入同类目的搜索前 20 位，半年内实现类目排名前 5 的目标。

任务目标

- 能按照淘宝流程成功开设淘宝店铺。
- 会给商品选择正确的商品类目。
- 能够完成商品上架流程。
- 能正确运用店铺基本设置原则布置店铺。

实操教练　开淘宝店铺

1. 注册手机淘宝账号

(1) 在手机应用市场上下载“淘宝”应用程序，如图 3-1-1 所示。

(2) 手机界面的“手机淘宝”图标如图 3-1-2 所示。

(3) 点击“手机淘宝”图标进入其界面，如图 3-1-3 所示。

(4) 在打开的界面中，填写手机号码后，单击“下一步”，如图 3-1-4 所示。

(5) 在手机验证界面上，单击“立即拨打”，如图 3-1-5 所示。

(6) 填写账户密码和账户名称，单击“确定”，如图 3-1-6 所示。

(7) 注册成功，如图 3-1-7 所示。

图3-1-1　下载手机淘宝

图3-1-2　手机淘宝APP的图标

图3-1-3　手机淘宝页面

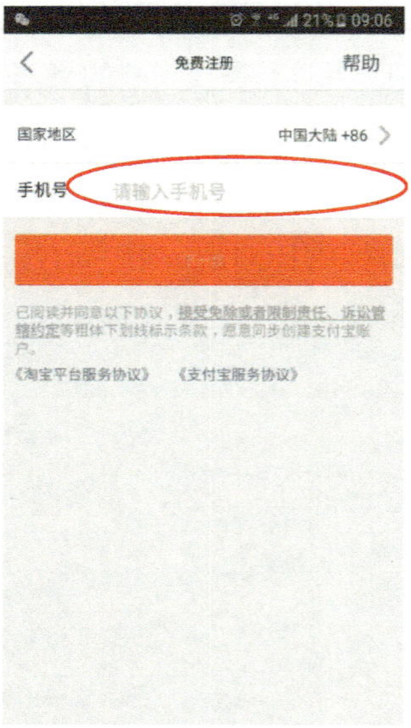

图3-1-4　填写注册用手机号码

图3-1-5　电话验证

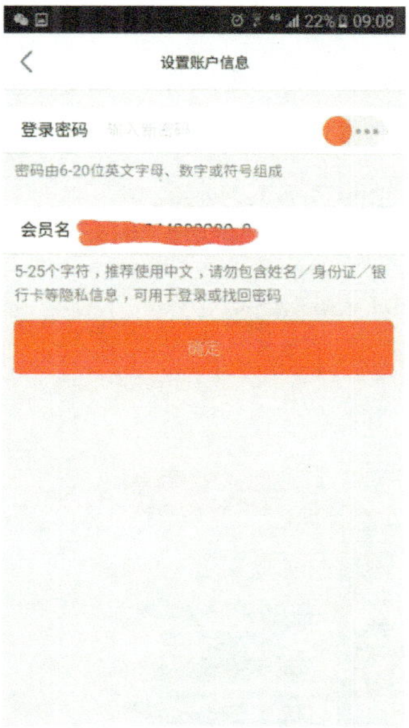

图3-1-6　设置用户信息

图3-1-7　账号注册成功

小贴士：

淘宝账户注册成功后，用户就自动拥有了以手机号为用户名，与淘宝账户密码相同的支付宝账户。在淘宝开店的卖家必须拥有经过实名验证的支付宝账号才能进行交易。

2. 登录支付宝账户

（1）点击手机界面的“支付宝”图标打开支付宝应用，如图 3-1-8 所示。

（2）用已注册的淘宝账户登录支付宝，如图 3-1-9 所示。

（3）进入支付宝界面，如图 3-1-10 所示。

图3-1-8　支付宝图标

图3-1-9　登录支付宝

图3-1-10　支付宝用户界面

3. 实名认证

（1）打开并登录 http://www.taobao.com，单击界面右上角“卖家中心—免费开店”，如图 3-1-11 所示。

（2）在卖家中心首页，单击“创建个人店铺”，如图 3-1-12 所示。

（3）阅读“卖家须知”，并确认，如图 3-1-13 所示。

（4）申请开店认证，点击蓝色“立即认证”，如图 3-1-14 所示。

图3-1-11　淘宝首页—卖家中心

图3-1-12　卖家中心首页

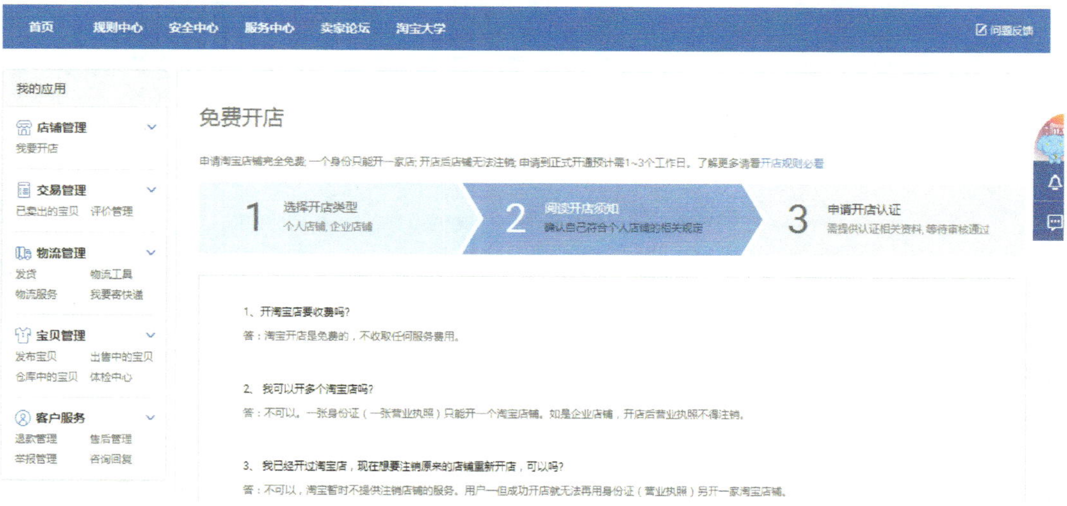

图3-1-13　阅读“卖家须知”

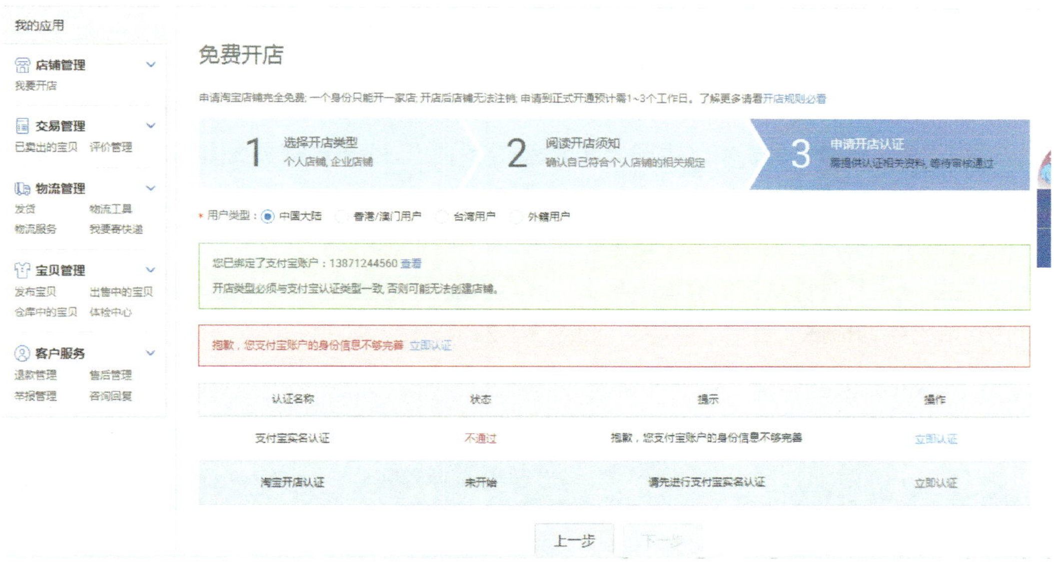

图3-1-14　申请开店认证——支付宝认证入口

小贴士：请按照网页提示，将支付宝注册信息设置完整，支付宝信息完善步骤如下：

支付宝身份校验步骤如下：

（5）在申请开店界面上单击另一个蓝色“立即认证”，如图 3-1-15 所示。

图3-1-15　申请开店认证——淘宝开店认证入口

（6）在弹出的“淘宝身份认证”界面上，单击“立即认证”，如图 3-1-16 所示。

（7）在“淘宝身份认证资料（中国大陆地区）”界面上，手机扫描页面上的二维码，下载安装“钱盾”，如图 3-1-17 所示。

（8）点击手机桌面上的“钱盾”图标，如图 3-1-18 所示。

（9）在提示进行身份认证的界面上单击“开启认证”，如图 3-1-19 ～图 3-1-21 所示。

（10）填写联系地址，单击“提交”，如图 3-1-22 所示。

（11）提交审核，如图 3-1-23 所示。

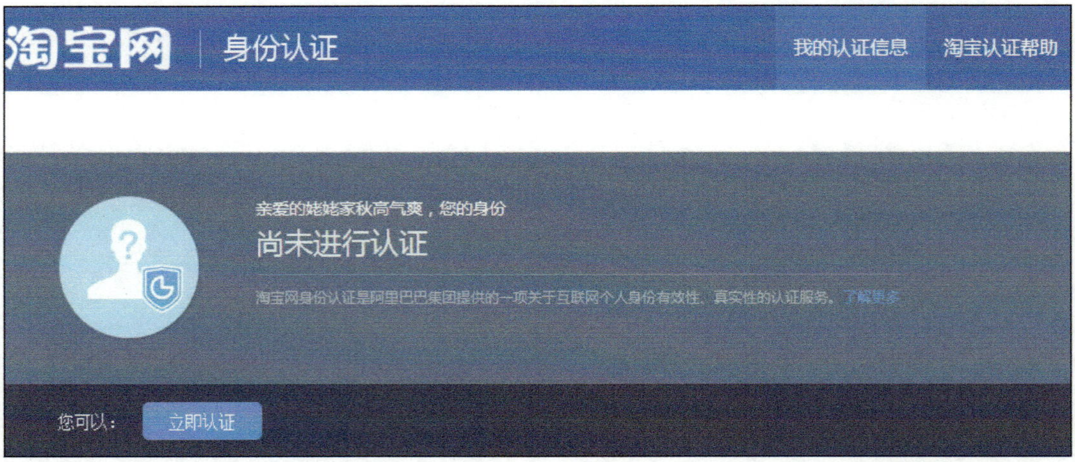

图3-1-16　身份认证入口

图3-1-17　淘宝身份认证资料（中国大陆地区）

小贴士：

“钱盾”是国务院打击治理电信网络新型违法犯罪部际联席会议办公室（以下简称“国务院联席办”）与阿里巴巴集团联合开发的“反诈神器”，是覆盖手机端、PC端、Pad端，专业解决用户资金安全、防信息泄露的技术平台。

图3-1-18　钱盾图标

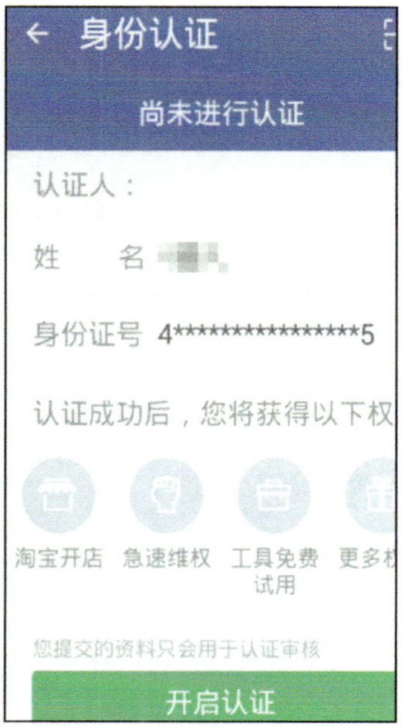

图3-1-19　身份认证

图3-1-20　钱盾人脸识别

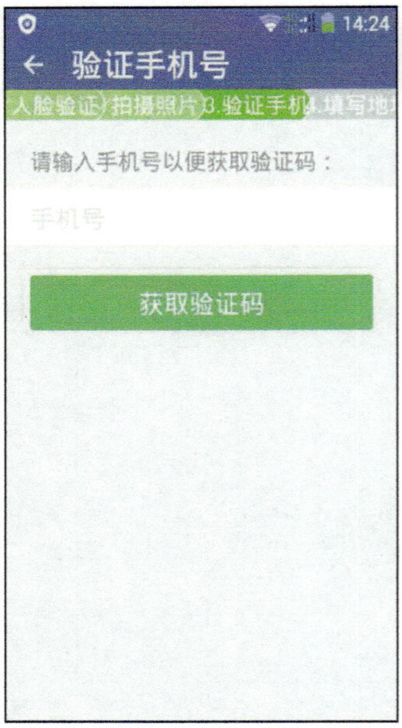

图3-1-21　钱盾手机号码验证

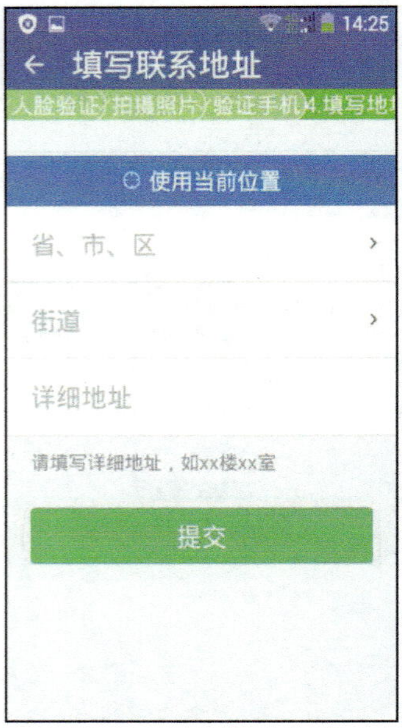

图3-1-22　填写联系方式

图3-1-23　等待审核

小贴士：

审核通过后，淘宝会发送短信通知，获得开店资格。曾经有过开店记录的账户，也可以再次开店，此时仅需要激活店铺即可。

（12）打开淘宝网页上的"卖家中心"，单击"下一步"，如图3-1-24所示。

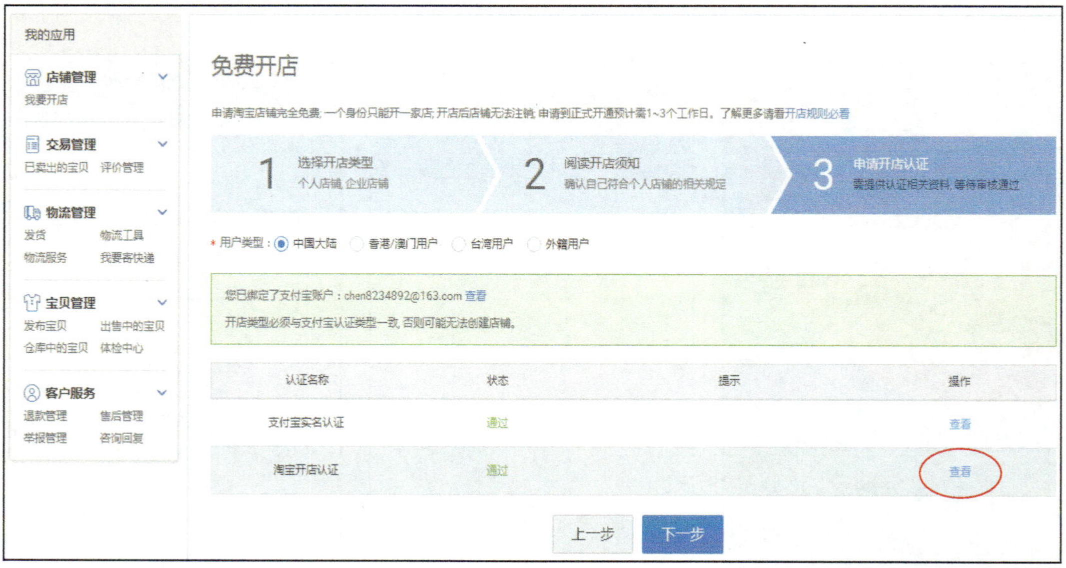

图3-1-24　申请开店认证

（13）在弹出的"阅读开店协议"页面上，单击"同意"，如图3-1-25所示。

图3-1-25　开店协议

（14）店铺创建成功，单击“立即发布宝贝”，如图 3-1-26 所示。

图3-1-26　开店欢迎页面

4. 发布宝贝

（1）在“类目搜索”后输入“桃子”，如图 3-1-27 所示。

（2）完善“宝贝标题”“宝贝属性”等带“*”的项目内容，单击“保存草稿”，如图 3-1-28 所示。

图3-1-27　设置宝贝类目

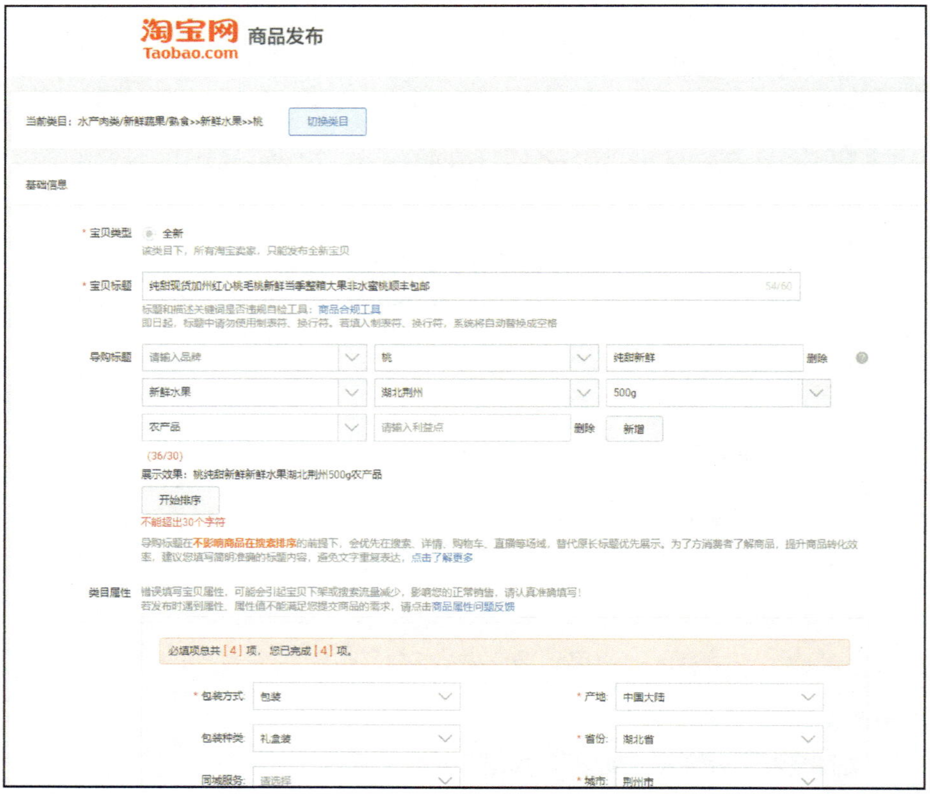

图3-1-28　填写宝贝基本信息（带*项目必填）

5. 设置店铺

（1）打开淘宝首页，单击“千牛卖家中心”，如图 3-1-29 所示。

（2）在“新手工作台”页面，单击“店铺名”右侧的“修改”，如果 3-1-30 所示。

图3-1-29　淘宝首页

图3-1-30　新手工作台

（3）更改店铺基本信息和手机淘宝店铺信息，填写所有带“*”的项目，如图 3-1-31 所示。

图3-1-31　店铺基本信息

知识储备

网店就是开设在网络平台上的虚拟店铺，和实体店铺一样，可以在店铺内上架商品，进行在线的商品销售。与实体店铺相比，网店因为不需要店面等固定经营支出，成本更低。只要有网络，就可以在任何地点任何时间随意访问，不受地域限制，也不受时间限制。根据经济学聚集理论，选择合适的平台开店。

> 小贴示：
>
> 检索词条：集聚效应。
>
> 解释为什么开店要选择流量大的平台？还可以选择那些平台？

开设网店初期，需要进行店铺的基础设置，填写店铺名称、上传店标、填写店铺介绍、设置宝贝类目、发布宝贝等操作。

1. 店铺名称

网上开店，第一步就是给店铺起名。好的店铺名称可以吸引消费者注意，增加店铺流量，而且便于“回头客”检索，形成再次消费。给店铺起名也需要遵循一些原则，以便起到应有的作用。

1）言简意赅，朗朗上口

简短的店铺名称更容易被访问者记住，最好控制在 3 ~ 6 个字。网购的人群来自社会不同群体，简短好记的名字更容易被接纳。店铺名称要响亮、上口、易记，抓住这点不仅需要利用语言的发音和韵味，还要体现出消费者的心理需求，能够和消费者产生共鸣。做到这一点，消费者不仅会更乐意接受，而且乐于传播，特别是幽默有内涵，能引起消费者共鸣的名字。

2）特点鲜明，避免生僻字

店铺名称个性鲜明，可以吸引特定的消费群体。个性张扬的店名往往能够吸引志同道合的消费者。但是店铺名称要避免使用多音字和生僻字，多音字使消费者很难确定店铺名称到底是什么音，影响记忆；而生僻字会使消费者迷惑，对店铺产生负面影响。

3）避免雷同

虽然大部分电商平台，例如淘宝，都有避免重复店名的检验功能和规则，但是在给店铺起名之前还是要进行相应的检索，确认没有雷同的店名。雷同的店名容易让消费者产生混淆，在店铺经营业绩好转之后，拥有雷同店名的店铺的流量可能会被分走。

4）最好含有主营宝贝

店名如果能包含主营宝贝，让访问者一眼就识别出店铺经营范围，可以提升店铺的转化率。店名精准清晰的点出主营宝贝，既节省了访问者的时间成本，同时也达到了通俗易懂的目的，更容易让消费者产生购买欲望。一些有特色，但是含糊不清的店名类似“某某诚信”的名称，虽然点出了店铺的竞争力，但是诚信交易本来就是商业的基本守则，且从店名上看不出店铺到底是卖什么的，丝毫不能引起消费者的兴趣。

5）体现品牌特征和内涵

如果准备把网店发展壮大，在给店铺起名时就要预留发展空间，店铺名称体现了店铺管理者的格局和品牌文化。例如一家茶叶店名叫做“美人香茶记”,店名点出主营宝贝是茶叶,“美人香”让人联想到美好的嗅觉感受,体现了独特的产品气质和品牌特征。反之,如果茶叶店起名叫做“光明茶叶”,“光明”则无法让人联想到任何和茶叶有关的特点,那么就不适合作为茶叶店的店名。

2. 宝贝类目

发布宝贝时首先要设置宝贝类目,宝贝类目是电商平台预先设置好的商品分类形式。设置宝贝类目就是在平台设置好的类目中选择正确的类目以及子类目。发布宝贝时,如果类目选择错误,会影响宝贝的销售,同时还会由于类目错误被处罚(店铺降权或者扣分)。那么,电商平台的宝贝类目是如何分类的呢?

宝贝类目是为了方便买家寻找需要的宝贝,将商品集合总体系统地逐级划分为一级类目、二级类目和三级类目。依据商品学上的商品分类,商品的用途、原材料、生产方法、化学成分、使用状态等是商品最本质的属性和特征划分,是最常用的分类依据。

一级类目,主要是以用途为分类依据。商品的用途体现了商品的使用价值,也是探讨商品质量的重要依据,因此被广泛用于商品的研究、开发和流通。它非常适合对商品大类的划分,并且方便买家对比选购,有利于生产、销售和消费的有机衔接。例如,淘宝的一级类目按照用途分为不同的主体市场,百货食品、服装鞋包、家用电器、运动户外、文化玩乐等。

二级类目,在每个大类下继续按用途、生产方式或其他商品属性分为更为细致的类目名称,如百货食品下的类目有:居家日用、粮油米面 / 南北干货 / 调味品、水产肉类 / 新鲜蔬果 / 熟食等。

三级类目,在二级类目下按照特定的商品属性进行更细致的分类。例如水产肉类 / 新鲜蔬果 / 熟食,可再分为腌制蔬菜、海鲜 / 水产品 / 冻品、新鲜水果等。

确定宝贝类目,需要详细到三级类目。三级类目下就可以定位到具体商品名称了,例如新鲜水果类目下可以找到所有在平台销售的水果种类。例如上文中的案例,桃子所在的完整宝贝类目就应该是:水产肉类 / 新鲜蔬果 / 熟食》新鲜水果》桃。如果确实不清楚宝贝到底属于什么类目,可利用“类目搜索”工具,输入宝贝的通用商品名称,例如本书案例中的桃子,则商品可能存在的类目将在搜索栏下方显示出来,选择使用最为合适的一个即可。

3. 宝贝标题

网店上架宝贝并没有数量要求,宝贝发布要严格按照发布规则来填写相关信息,并且在规则范围内突出宝贝特色,美化宝贝信息。发布宝贝时填写的大部分信息都是客观的,按照实际情况进行填写即可,宝贝标题、宝贝图片和宝贝描述则是网店运营人员需要精心设计和打造的。

宝贝标题的好坏,能够直接影响宝贝排名。当宝贝排名靠前时,宝贝点击率相对就会增加,也就是买家访问宝贝的机会增加了,成交机会也会增加。所以宝贝标题十分重要。

宝贝标题的功能:一是被搜索,消费者是通过站内搜索来寻找自己想要的产品的,消费者在搜索框中输入产品关键词,平台则通过宝贝标题来进行匹配,能够匹配搜索的关键词的宝贝会出现在搜索列表中;二是激发消费者点击欲,标题中的词汇如果能说出买家最关心的问题或是激发他的好奇心,也可以激发买家的点击欲。

打造宝贝标题的步骤:

第一步,确定主词。主词可以是产品词,可以是类目词,也可以是品牌词或者二级词。冷门类目宝贝可以在标题内有两个或两个以上的主词,除此以外的标题基本都是一个确定的主词。

例如本书案例，宝贝标题的主词就是“桃”。

第二步，提取长尾词。长尾词是长尾关键词的简称，长尾词的特征是比较长，往往是 2 ～ 3 个词组成，有时是短语。长尾词目的性很强，很容易击中访问者需求，长尾词带来的客户购买率更高。提取长尾词方法：淘宝卖家中心提供了付费的工具“生意参谋”，可以使用“生意参谋”的“搜索词查询”输入主词，提取长尾词；使用淘宝首页的搜索框，输入主词，会自动跳出淘宝推荐的热门搜索词，这种方法不仅免费而且含金量跟高。

第三步，筛选长尾词。使用“生意参谋”或者“百度指数”对比筛选近期内搜索量比较大的，无线端或者所有终端搜索量大的长尾词。选定长尾词后，将其罗列就可以了。

宝贝标题长度限度为 30 个中文字符，字母、数字和符号算半个中文字符。宝贝标题设置完成后并非一劳永逸，设置后观察三天，如果访问量比较低，则需要对标题进行优化，优化的顺序参考打造宝贝标题的操作步骤，重点是筛选优质长尾词。

课堂实训

湖北省武汉市仪表电子学校机械制作部是湖北省重点专业，该专业开设的实操课程如车工、数控机床实训，同学们在课堂上实操练习过程中会制作出一些金属切割制品。

上周，在实训课上最新制作了一批规格大小不同的金属孔明锁，非常精致有创意。电子商务专业的老师认为可以帮助他们进行销售，鼓励数控专业的同学提升工艺水平，电子商务专业学生也可以借此进行开店操作的练习。请借助下面提供的信息进行开店的模拟操作（因为玩具类目下的店铺需要缴纳保证金才能发布全新宝贝，建议作为二手宝贝发布。）。

孔明锁：全金属，不锈钢材质；重量 500 g 以内；直径 20 cm；数量 40 个；成本价格为 8 元。

实训要求

4 ～ 5 名同学组成一个团队，利用上文中提供的信息及随书附赠的素材，完成下列任务并填写完成表 3-1-1 和表 3-1-2。

表3-1-1　网店开设的任务清单

团队成员			
店　主		店主淘宝账号	
初始店铺名称		新店铺名称	
是否设置店标	□是 □否	店铺简介	
经营地址			

续表

主要货源			
店铺介绍			
宝贝类目			
宝贝标题	（不少于10个汉字字符）		
宝贝卖点			
适用年龄		宝贝图片数量	
价格（元）		总数量（件）	
备　注			

提示：

- 在准备篇的课堂实训中，我们已经制作完成的商品图片可以再次修改后使用。
- 可借助“百度指数”https://index.baidu.com/ 代替“生意经”。
- 如果开设的店铺有实际销售，可联系教材配套素材中的淘宝店铺帮忙代发货。

表3-1-2　课堂训练任务评价表

任务名称	任务职责	参与成员	自评分	互评分

课后实训

湖北省武汉市仪表电子学校形象设计专业学生制作了一批美甲甲片成品，请电子商务专业同学帮忙在网上卖掉，回收资金再购买一些指甲油等课题练习消耗品。

每周五下午是形象设计专业的开放日，在这一个下午里，形象设计专业实训室是对外开放的，需要美甲、化妆、盘发造型的师生可以以较低的价钱请形象设计同学提供相应服务。收费标准：美甲 20 元 / 次，造型 15 元 / 次，纹眉、眼线、唇线大约 800 元 / 次。作为电子商务专业学生，请你提出自己的看法。

实训要求

问题一：把他们的美甲作品和服务开网店销售可行吗？

问题二：这种线上完成订购和支付，线下完成服务的方式我们称作 O2O 模式（ONLINE 2 OUTLINE）。假如我们要采用这种模式帮助形象专业的学生建立网店并完成整个交易过程，请绘制交易流程。

问题三：你认为建立的网店还可以提供哪些商品或服务？在线销售的产品和服务需要结合哪些宣传手段？

问题四：你认为完全在线销售的产品和 O2O 的服务，在宝贝特点、宣传方式、提供服务的方式上有什么不同？

以 4 ～ 5 人为一个团队，根据上文要求建设一个网店。如果你的学校里也有特色专业，能够提供一些特色产品给你，请因地制宜建设在线销售贵校特产的网店。

任务二 店铺视觉营销

任务背景

在上一个任务中，小吴已经对自己的淘宝店铺进行了基本设置，包括店名、店标、店铺介绍等基本信息的上传。并且在宝贝仓库中已经存放了几个商品，主要是不同包装规格的新鲜桃子。但是，小吴发现，虽然已经做了宝贝标题优化，但是访问量非常非常少。经过与同类高访问量网店对比，她认为可能是自己店铺的视觉设计出现了问题。

现在，小吴计划用几天的时间对自己的店铺进行美化。她的目标是：优化产品主图，提升店铺吸引力；更改店铺模板，做色彩美化，与产品相得益彰；优化店铺导航，帮助买家快速准确查找宝贝。

任务目标

- 能够根据类目选择店铺主色系。
- 会设计店铺首页布局。
- 会选主图。

实操教练 店铺视觉营销

1. 选出店铺主色系

（1）找一张纸，写下一些能够描述宝贝特点的关键词，如图 3-2-1 所示。

（2）在色彩情感图谱（见图 3-2-2）中，查找适合宝贝类目的主色系。

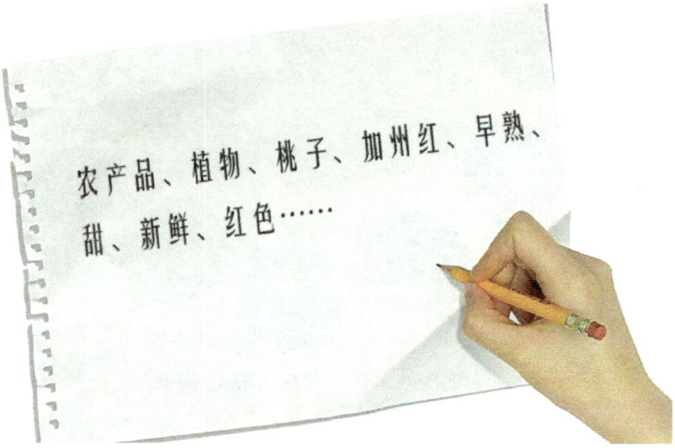

图3-2-1　写宝贝关键词

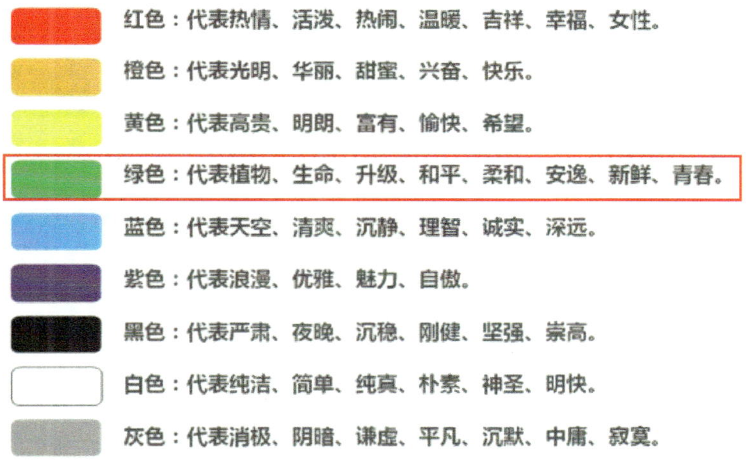

图3-2-2　色彩情感图谱

2. 确定好色彩搭配方案

（1）在色相环上找到选定的主色，如图 3-2-3 所示。

（2）在色相环上找到主色系的类似色、对比色与互补色，如图 3-2-4 所示。

小贴士：

类似色，色相环相距 60 度左右的色相对比；

对比色，色相环相距 120 度左右的色相对比；

互补色，色相环相距 180 度左右的色相对比。

图3-2-3　色相环（选中绿色）

图3-2-4　找类似色、对比色和互补色

（3）确定色彩搭配方案，如图 3-2-5 所示。

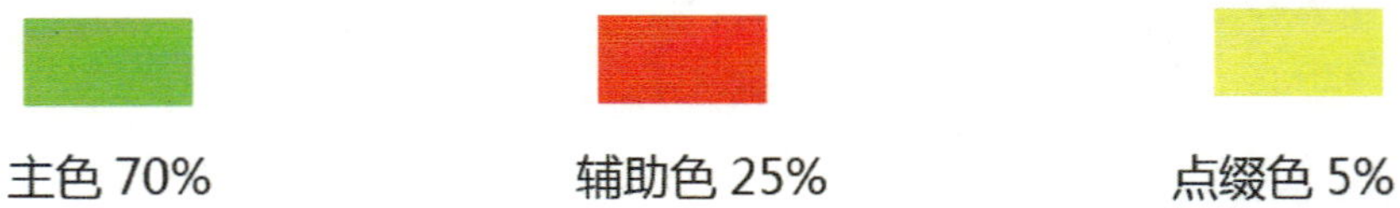

图3-2-5　确定色彩搭配方案

小贴士：

一般情况下建议页面色彩不超过 3 种。3 种指的是 3 种色相，比如深红和浅红可以看作一种色相。

3. 选购店铺模板

（1）单击淘宝首页的“千牛卖家中心”，如图 3-2-6 所示。

（2）进入“卖家中心”，单击左侧导航栏中的“店铺装修”，如图 3-2-7 所示。

图3-2-6 淘宝首页

图3-2-7 淘宝网卖家中心

（3）进入“淘宝旺铺”页面，单击页面上方的“店铺装修”，在左侧导航中选择“PC 店铺装修”，在右侧页面上方单击“装修模板”，如图 3-2-8 所示。

图3-2-8 “淘宝旺铺”页面

（4）进入“卖家服务装修市场”，单击选择“PC店铺模板”，将鼠标指针移动至“全部”，“行业分类”选择“食品茶饮”、“旺铺版本”选择“旺铺基本版”、“色系分类”选择绿色方块，如图3-2-9所示，“店铺模板”后输入“桃”并单击搜索按钮。

（5）进入模板筛选结果页面，选中符合配色方案的目标，如图3-2-10所示，单击打开。

图3-2-9　装修市场

图3-2-10　模板筛选结果

（6）单击“马上试用 / 立即购买”，如图 3-2-11 所示。

（7）返回“淘宝旺铺”，单击“预览”，如图 3-2-12 所示。

（8）进入“装修页面预览”，查看模板应用效果，如图 3-2-13 所示。

图3-2-11　模板购买页面

图3-2-12　淘宝旺铺模板试用效果

图3-2-13　装修页面预览

4. 编辑页面

（1）关闭装修预览页面，返回页面编辑，鼠标滑动至需要编辑的区域，如店招，单击待编辑区域右上方“编辑”按钮，如图 3-2-14 所示。

图3-2-14　店铺装修首页一页面

（2）在弹出的店铺招牌编辑窗口中，找到店招尺寸并记录下来，如图 3-2-15 所示。

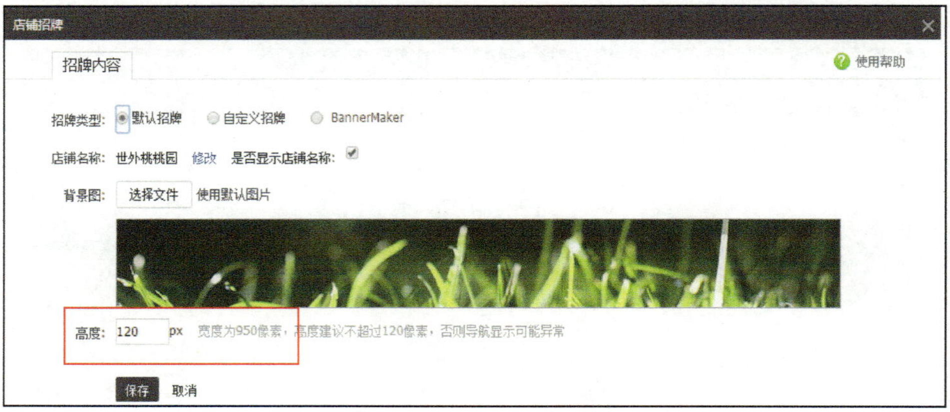

图3-2-15　店铺招牌编辑窗口

（3）打开 Photoshop 软件，新建一个店招尺寸的文件，命名为 Banner，如图 3-2-16 所示。

（4）制作店招图片，并存储为图片文件，如图 3-2-17 所示。

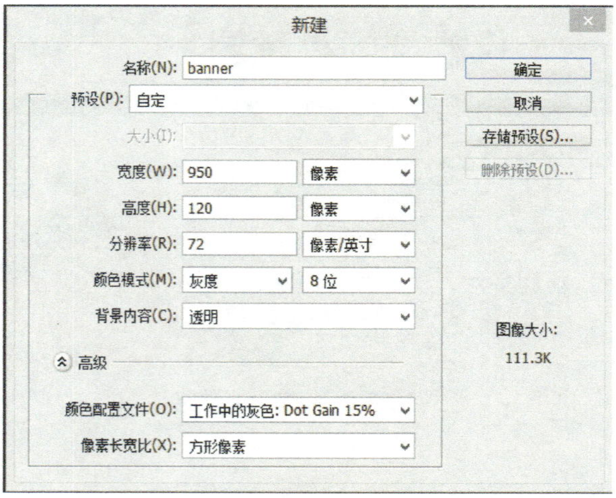

图3-2-16　PS新建文件窗口

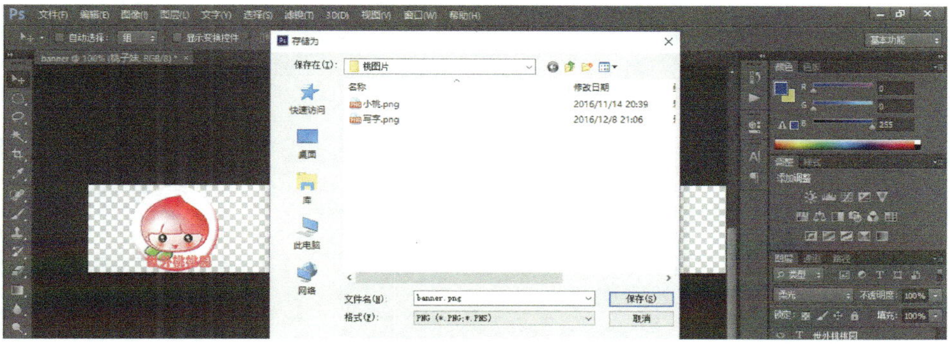

图3-2-17　存储文件窗口

(5) 在浏览器中打开“卖家中心”，单击“卖家地图”→“店铺管理”→“图片空间”，如图 3-2-18 所示。

(6) 进入“图片空间“页面，单击“上传图片”，如图 3-2-19 所示。

(7) 在打开的“上传图片”对话窗口中，单击“点击上传”，如图 3-2-20 所示。

(8) 找到正确的文件路径，上传成功，如图 3-2-21 所示。

(9) 在图片空间中，单击图片，单击“移动”，将图片移动至“店铺装修”文件夹，如图 3-2-22 所示。

图3-2-18　卖家中心

(10) 浏览器标签切换至“店铺装修”，单击店招区域右上角的“编辑”，在打开的窗口中选中制作的“Banner.png”，如图 3-2-23 所示。

图3-2-19　图片空间

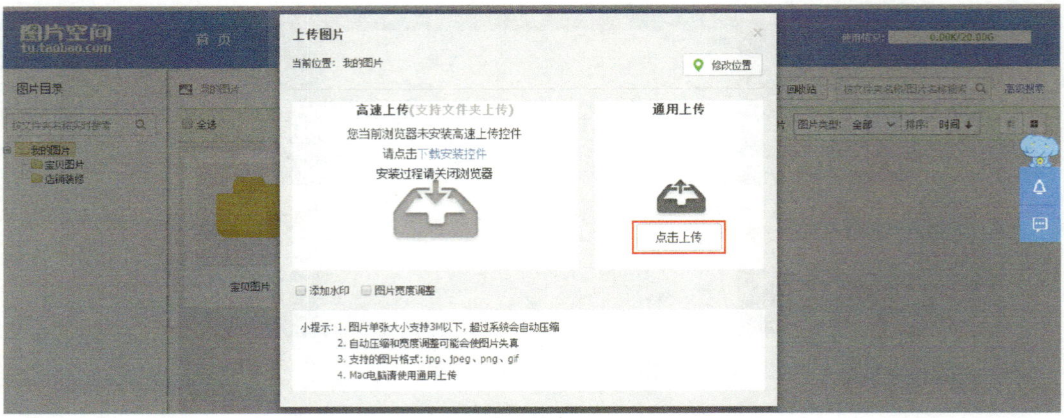

图3-2-20 “上传图片”对话框

图3-2-21 图片空间

图3-2-22 移动图片

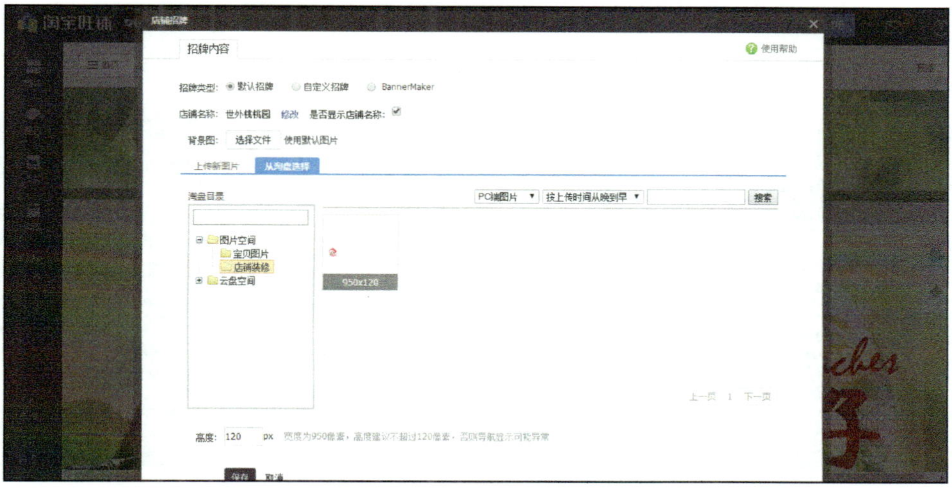

图3-2-23　店铺编辑弹出窗口

（11）保存修改，店招编辑成功，如图 3-2-24 所示。

（12）重复上述操作步骤，完成页面内其他区域的编辑，如轮播图、浏览动线规划等。

图3-2-24　店招编辑成功

5. 制作统一风格的宝贝主图

（1）启动 Photoshop 程序，新建 800×800 像素大小的文件，如图 3-2-25 所示。

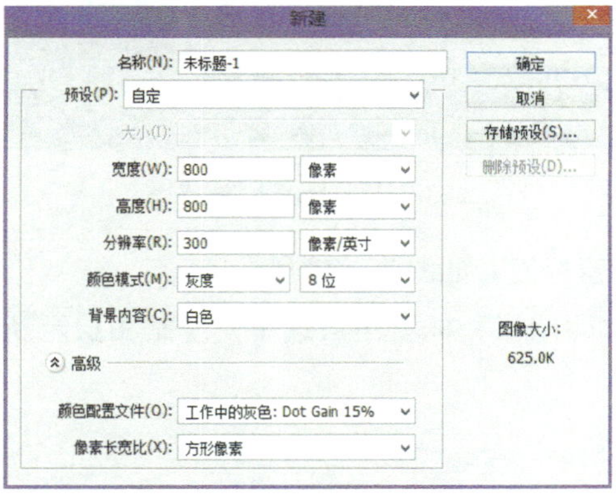

图3-2-25　新建图片文件

（2）将素材图片拖入新建文件，编辑大小至合适尺寸，制作合适背景，如图 3-2-26 所示。

（3）将店标源文件拖入文件，移动至画面左上角，制作水印效果，如图 3-2-27 所示。

图3-2-26　编辑图片文件

图3-2-27　添加店标效果

（4）新建图层，制作创意标签，如图 3-2-28 所示。

（5）按同样方法，将水印图层和标签图层选中，复制图层至新文档，制作其他宝贝主图，如图 3-2-29 所示。

图3-2-28　添加个性标签效果

图3-2-29　其他宝贝主图

知识储备

电子商务时代，顾客在淘宝网上购物，不可能以触摸、闻或者品尝的方式感受商品，唯一的感官体验就是看，也就是说，顾客会进入哪家店铺，取决于哪个店铺的展示信息更有效、更有吸引力。

视觉营销，Visual Merchandising，简写 VM 或者 VMD，也称为商品计划视觉化。在市场销售中管理并展现品牌或者商品特性，以及与其他品牌或商品形成差异化。实现的过程就是利用色彩、图像、文字等方式充分展现品牌或商品，吸引买家的关注，增加商品的认可度。视觉是手段，营销是目的，而营销是通过视觉来呈现的。因此我们在进行店铺的视觉设计和视觉呈现时，要遵循一些基本的原则，采用适当的方法营造更好的用户体验。

1. 视觉设计的六易原则

电子商务较之实体店铺更加注重“用户体验”，网店要通过视觉设计塑造一个拥有良好用户体验的网店，就要做到让目标顾客容易进，容易看，容易懂，容易选，容易买，容易回，也就是让访问者更加容易看，容易仔细看，容易形成购买，也就是提升宝贝转化率，并且让转化率与销售额产生联动。

1）容易进

站在全网访问者的角度，“容易进”是指采用常规的营销推广手段“引流”，让访问者愿意点击进入店铺，例如：优化宝贝标题提高自然搜索；直通车、钻展等付费流量；SNS 引流；淘宝客引流等。除了优化宝贝标题外，其他的推广方式都是“视觉化”引流方式，即利用好的设计吸引访问者，让用户容易进入店铺。

除此以外，“容易进”还有一层意思，特指店铺内各个分类导航或栏目频道，精心设计用户访问路径，通过视觉设计引导用户方便快速地进入相应栏目，甚至是主推单品页面。

2）容易看

用户进入店铺后，就要通过有吸引力的浏览效果，尽可能地留住他。除了产品本身，店铺和宝贝的视觉呈现是最重要的，画面的呈现、色彩、文字，一定要让用户迅速识别，有效传达。特别是主推产品主图，一定要精心设计，凸出显示。

3）容易懂

容易懂是指要访问者读懂店铺的视觉元素。要把宝贝卖出去，让访问者正确地读懂你的产品才是最重要的。也就是让访问者了解店铺内的宝贝，要看得懂宝贝的图片，读得懂文字，搞懂宝贝的卖点。访问者来自全网，生活背景和教育经历等完全不同，要做到让普通大众都容易懂。

4）容易选

主要指店铺内的分类设置、导航、产品推荐等区域做到有序且美观。在做店铺的视觉规划时，导航条和导航区域的规划是需要优先设置的。导航条和导航区域的分类方式往往从不同角度进行划分，如同超市里面商品陈列是分区放置的一样，网店内的分类也起到相同的作用。不论是哪种分类方式，一定要做好规划，让宝贝分类做到有序、简单、明了，达到方便用户查找和购买的效果。

> **提示：**
>
> 检索词条，什么是淘宝的“橱窗宝贝”？
>
> 买家点不点宝贝链接进店取决于“橱窗宝贝”主图。

5）容易买

在淘宝平台上，“买”这个动作还是比较容易实现的，毕竟宝贝上架后，在宝贝页面上很容易看到“放入购物车”或“立即购买”，后续流程则是平台的标准引导。需要注意的是，用户体验和用户习惯上的“容易买”，例如以下几个问题：

- 店铺中的广告是否链接到相应的产品页。
- 主推产品是否帮用户考虑到搭配套餐。
- 产品的关联销售是否是必要的。

- 详情页卖点介绍是否准确到位。
- 产品页的图片尺寸大小是否适用于一般的浏览器，是否方便用户快速打开浏览。

6）容易回

“容易回”是指用户在完成一次访问后，下次能够快速准确地回到店铺来，主要方式是促进用户加店铺或产品收藏。

促进用户加收藏，不仅方便用户回购，而且能够增加店铺及宝贝权重。一般来说，用户如果对店铺印象深刻，会主动加收藏。同时网店的视觉设计上也应该主动增加促进收藏的元素，例如设置“店铺收藏有礼”，通过赠送金币的方式增加收藏量；给店铺设置与众不同的“店铺收藏”链接等。

2. 店铺的结构

同样的商品，可以放置在大卖场卖，或放在专卖店里卖，也可以在大商场的专柜内卖。这几种方式给买家的感受是截然不同的。搭建合理的店铺结构，就是给买家构建一个购物的场所，让买家享受到购物的乐趣，满足买家的心理需求。

店铺的结构由首页、列表页、详情页三大页面构成。每个页面由页头、页面、页尾组成。

1）首页布局

首页是一家店铺的门面，访问者往往通过首页来判断这家网店合不合自己的“胃口”，进而才会产生下一层级的访问甚至是购买。因此，首页布局其实最重要的就是完成店铺形象传递，有目的的展示店铺内的推荐商品以及让访问者能够快速找到他想要的商品。

首页布局一般必备的模块有：店铺 / 品牌 LOGO、店招、收藏、通栏、导航、分类、店内搜索、海报、产品展示、推荐活动等等。推荐一个典型的首页布局，如图 3-2-30 所示。

图3-2-30 推荐的首页布局

这些模块是淘宝大部分店铺都会应用的模块，但也没有绝对的表现顺序，根据类目、产品、营销策略等方面的不同，可以对这些模块进行不同呈现方式的重新排列组合，例如导航可以用隐藏导航，分类也是可以隐藏的，收藏可以改变位置等。

设计并不是由美工完全决定的一件事情，而是先进行营销策划、文案，再进行框架布局，之后再进行设计制作、完善细节，最后经过测试调整。

2）列表页布局

列表页就是搜索列表页，是访问者在使用分类或者店内搜索某个宝贝名称之后出现的一个页面。

需要说明的是，列表页即使不设计也会出现默认的结果页面，但是默认的列表页仅仅出现符合查找条件的寥寥数个结果，除此以外的地方则会直接空着，如图 3-2-31 所示，两个搜索结果后全部是空的，大片的留白完全是对页面展示资源的浪费。

图3-2-31　默认模式的列表页实例

我们可以在合适的广告位上进行适当的产品推荐，而且这些广告位完全是免费的，不过有些事项需要在设计中注意，比如：控制长度，保证在一屏内就要出现搜索列表，让访问中不至于失去耐心；如果使用轮播，适当增加人气宝贝或者店铺活动，关联促销；分类推荐区别设置，避免搜索结果和推荐宝贝是一样的，浪费广告位。典型搜索列表页布局如图 3-2-32 所示。

3）店铺详情页布局

详情页也叫作宝贝描述页，用来作详细的宝贝介绍。一般情况下，访问者通过搜索，先进入的就是宝贝详情页，因此，详情页不仅要清晰有条理的介绍宝贝，而且要打动访问者，让他了解到“能给我什么？”。

一个典型的店铺详情页的结构如图 3-2-33 所示。

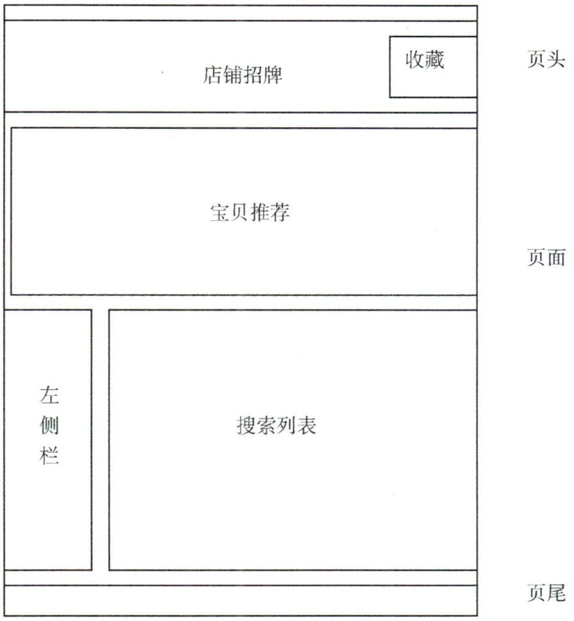

图3-2-32　典型搜索列表页布局

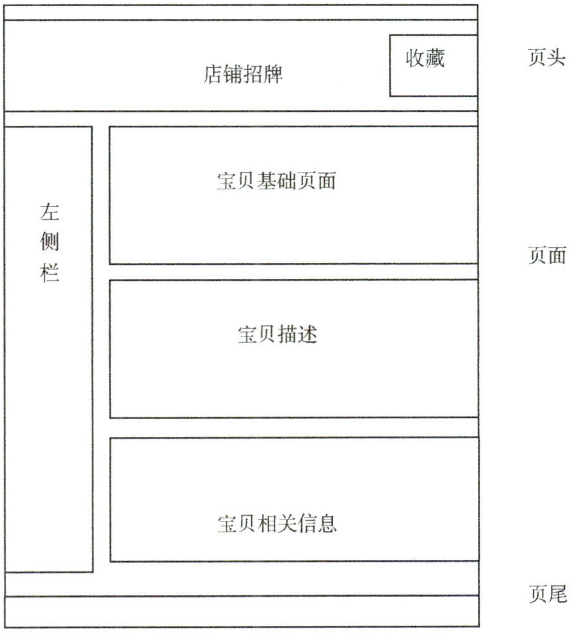

图3-2-33　典型店铺详情页布局

3. 设计图片的方法

在进行图片设计时，我们的同学往往是无从下手的感觉。而在实际工作中，负责制作图片的美工也往往得不到网店运营人员和访问者的认可，运营人员往往认为图片没有表达出应有的意思，是什么原因造成的呢？

答案就是“沟通”，在设计图片之前最重要的是先要弄清楚我们用图片是要表达什么，把意图确认后，再去做初步设计，运营团队就初稿设计进行讨论修改，确定好初稿后再做加工，就可以快速完成图片的设计制作了。

设计图片由以下五个步骤组成：

第一步：确认主题。即确认图片的内容和目的，明确图片要传达什么信息，在这一步，最好先制作一张文案。通俗的讲，在制作图片之前，首先明确要制作的图片是哪种类型的，是海报、主图还是详情图；图片是促销型、引导型还是展示型；等等。确定好这些，就大致对图片风格有了把握。

第二步：构图。将要设计的图片，根据上一步的文案，制作一个框架，可以多做几个方案。

第三步：设计画面主体。即在第二步的框架基础上，实现我们要做的图像，也就是先把构图中粗略的画面中的主体替换为我们设计的主体。

第四步：烘托氛围。主体设计好之后，如果感觉画面感不强，画面很空，可以选择与主题相关的素材进行补充，将氛围烘托得更好。但是切记不要被素材绑架，并非是好看的素材就是好的，要选择与主题相关的。

第五步：设计出成品。对图片或页面进行审视，做最后的调整和修改，图片设计制作完成。

课堂实训

湖北省武汉市仪表电子学校机械制作部的同学们在课堂上实操练习过程中会制作出一批规格大小不同的金属孔明锁，非常精致有创意。电子商务专业的老师认为可以帮助他们进行销售，鼓励数控专业的同学提升工艺水平，电子商务专业学生也可以借此进行开店操作的练习。

请借助下面提供的信息进行店铺装修的模拟操作（因为玩具类目下的店铺需要缴纳保证金才能发布全新宝贝，建议作为二手宝贝发布。）。

孔明锁：全金属，不锈钢材质；重量 500 g 以内；直径 20 cm；数量 40 个；成本价格为 8 元。

实训要求

4 ~ 5 名同学组成一个团队，利用上文中提供的信息及随书附赠的素材，完成下列任务并填写完成表 3-2-1 和表 3-2-2。

（1）给自己的网店进行色彩搭配，确定店铺的主色、辅色和点缀色。

（2）设计首页布局和列表页布局。

（3）设计首页的通栏栏目以及分类导航。

（4）选择适合的图片，用简单的裁剪、合成等功能制作店铺 LOGO 和海报。

（5）制作宝贝主图（根据需要设计水印、标签，也可以不用）。

表3-2-1　网店装修的任务清单

团队成员			
店铺主色调		主色内涵	
店铺辅色		点缀色	

续表

LOGO			
通栏设计	首页| | | |收藏我们		
访问路径设计			
宝贝分类			
海报	是/否 轮播	海报数量	
首页主要模块			
促销活动内容			
服务功能		会员活动	
页尾内容			

提示：

- 在准备篇的课堂实训中，我们已经制作完成的商品图片可以再次修改后使用。
- 服务功能和会员活动可不设置。
- 如果开设的店铺有实际销售，可联系教材配套素材中的淘宝店铺帮忙代发货。

表3-2-2　课堂训练任务评价表

任务名称	任务职责	参与成员	自评分	互评分

课后实训

湖北省武汉市仪表电子学校形象设计专业学生制作了一批美甲甲片成品，请电子商务专业同学帮忙在网上卖掉，回收资金再购买一些指甲油等课题练习消耗品。

每周五下午是形象设计专业的开放日，在这一个下午里，形象设计专业实训室是对外开放的，需要美甲、化妆、盘发造型的师生可以以较低的价钱请形象设计同学提供相应服务。收费标准：美甲 20 元 / 次，造型 15 元 / 次，纹眉、眼线、唇线大约 800 元 / 次。作为电子商务专业学生，请你提出自己的看法。

实训要求

问题一：作为一家卖美甲片的网店，采用什么颜色作为店铺主色比较好？为什么？

问题二：请你帮忙设计网店结构，设计通栏的栏目。

问题三：你认为访问者在店内的访问路径应该是什么样的？根据你规划的访问路径，请设计分类导航。

问题四：作为一家卖时尚美甲片的网店，首页设计应该注意哪些问题？店铺风格应该是什么样的？

以 4 ～ 5 人为一个团队，根据上文要求规划店铺首页布局，并尝试制做一张首焦海报。（首焦海报就是在网店首页第一屏核心位置的海报，通常宽度与通栏相同，单独一张不轮播。）

如果你的学校里也有特色专业，能够提供一些特色产品给你，请因地制宜建设在线销售贵校特产的网店。

任务三 宝贝描述

任务背景

在上一个任务中，小吴对自己的店铺重新做了视觉设计。在把首页编辑美化完成后，店铺的风格已经确定下来；对店铺的结构进行了重新规划，并体现在通栏上；店内宝贝不多，但还是根据设计的用户访问路径，站在用户角度对宝贝进行了分类；列表页增加了宝贝推荐，提升了页面使用率；所有宝贝主图都统一了风格，塑造品牌感。

目前的问题是，店铺的宝贝详情页还需进一步优化。在前面的任务中，提炼的商品卖点需要在宝贝详情中用图片、广告语等元素进行表达。现在，小吴在对比了大流量的店铺宝贝详情页和同类商品的详情页之后，总结了一些详情页必备的内容，准备优化自己店铺的宝贝。

任务目标

- 能够合理安排宝贝详情页的布局。
- 知道宝贝详情必备内容。
- 会选主图。
- 会选细节展示图。

实操教练 描述宝贝

1. 写宝贝详情文案

(1) 挑选一个店内宝贝，写下一些能够描述宝贝特点的关键词，如图 3-3-1 所示。

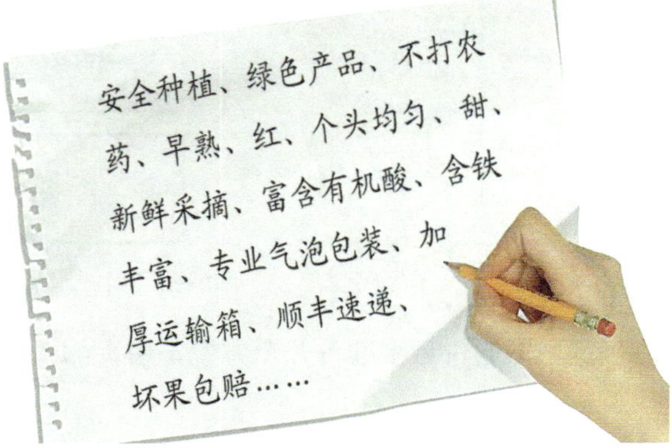

图3-3-1 写宝贝描述关键词

（2）将关键词按商品展示、实力展示、吸引购买、交易说明等进行分类，如同 3-3-2 所示。

商品展示：安全、绿色、不打药、早熟、红、个头均匀、甜、富有机酸、富含铁、新鲜

实力展示：果园场景、资质

吸引购买：坏果包赔、气泡包装、加厚运输箱、顺丰速递

交易说明：销售承诺等

图3-3-2　关键词分类

2. 制作宝贝详情页样板

（1）对宝贝详情的内容模块进行排序，如图 3-3-3 所示。

（2）使用 Photoshop 按照排序后的模块进行构图，并制定配色方案，如图 3-3-4 所示。

图3-3-3　内容模块排序

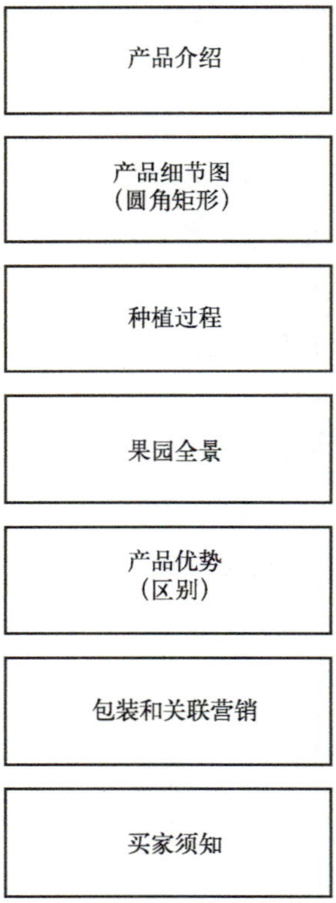

图3-3-4　宝贝详情样板构图

（3）准备素材，无法确定用图的，可多准备几个方案备用，如图 3-3-5 所示。

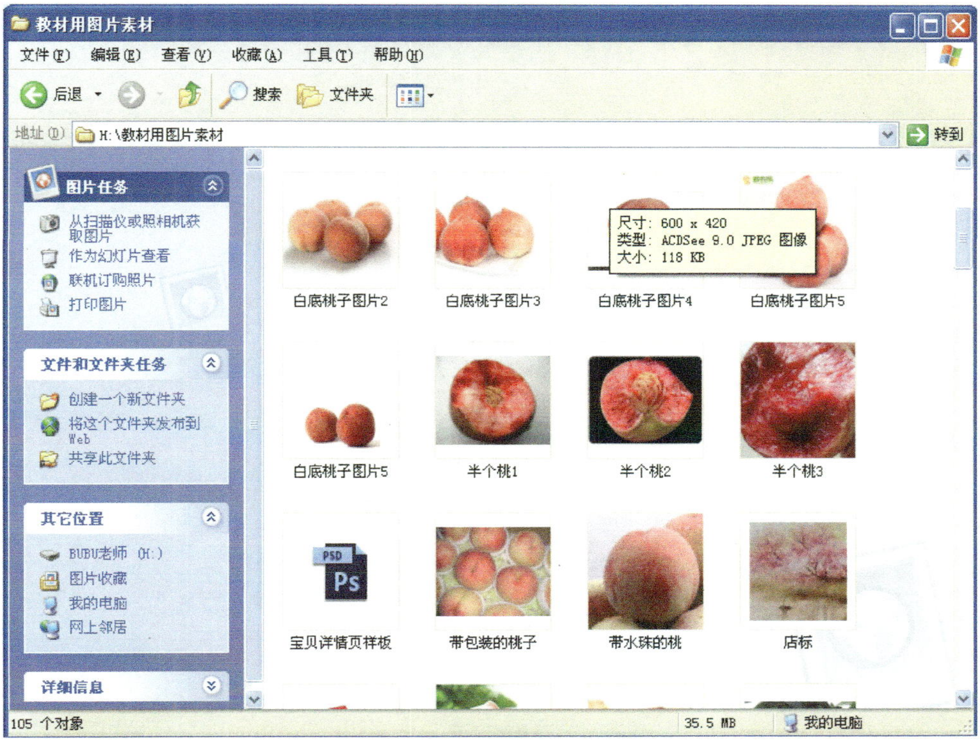

图3-3-5 准备素材

（4）制作宝贝详情初稿，如图 3-3-6 所示。初稿完成后，与网店其他运营人员讨论修改，确认无误后，再进行下一步。

图3-3-6 详情页初稿

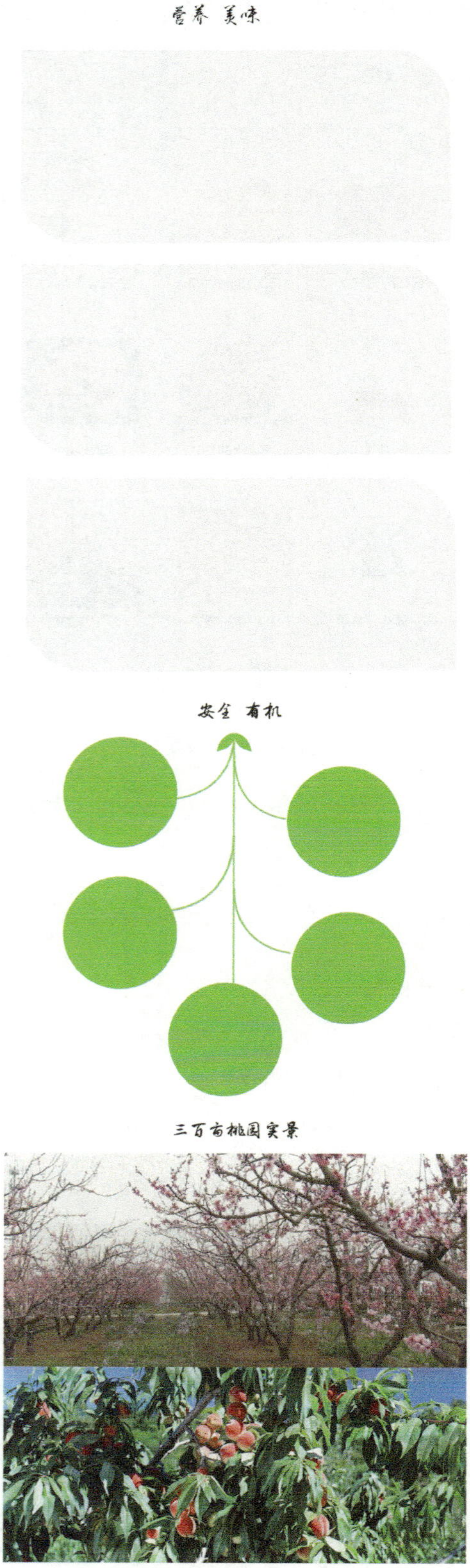

图3-3-6　详情页初稿（续）

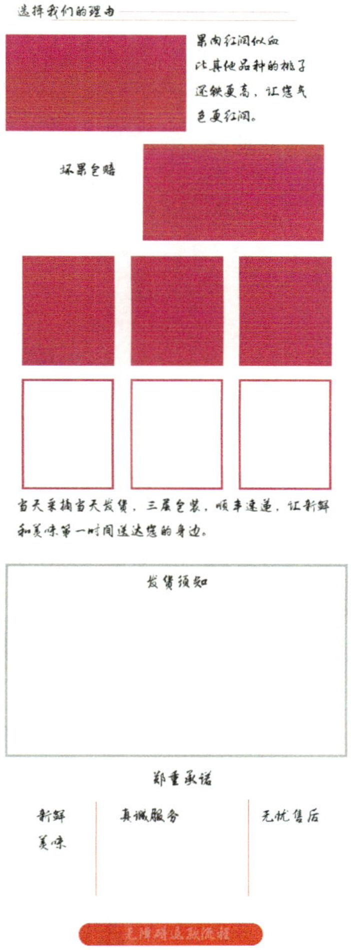

图3-3-6　详情页初稿（续）

（5）给详情页添加素材，调整配色，如同 3-3-7 所示。

图3-3-7　完善详情页

营养 美味
美
形美味更美
润
水润多汁
口味甘甜
养
补铁益气
全家健康
安全 有机
安全自然生长带来放心享受
有机土壤
安全营养从源头开始
修剪枝条
精剪枝条，确保果实品质
自然授粉
自然筛选，天然优质
适时打果
定量留果，只留下最好的
树上红
自然成熟，自然好滋味
三百亩桃园的春华秋实
得天独厚的自然环境，富硒土地上孕育了独特的早熟红桃。五月繁花季，桃妹家果园的桃子已经红透挂枝。安全种植，我们确保您吃得放心！
选择我们的理由
果肉红润似血
比其他品种的桃子含铁更高，让您气色更红润。

图3-3-7　完善详情页（续）

坏果包赔
运输过程中果子坏了？伤了？您挑出来拍个照，坏多少我们赔多少！
当天采摘当天发货，三层包装，顺丰速递，让新鲜和美味第一时间送达您的身边。
还有礼品包装，更表心意
2.5KG
香甜多汁 坏果包赔
品质 100%
清洗桃子小妙招：
方法一：
适量清水加食盐碱搅拌
桃子放入浸泡几分钟
清水冲洗干净
方法二：
桃子打湿撒上食盐
用手轻轻搓一遍
清水冲洗干净
桃子食谱——增强抵抗力、预防感冒的紫苏桃子姜
紫苏桃子姜

图3-3-7　完善详情页（续）

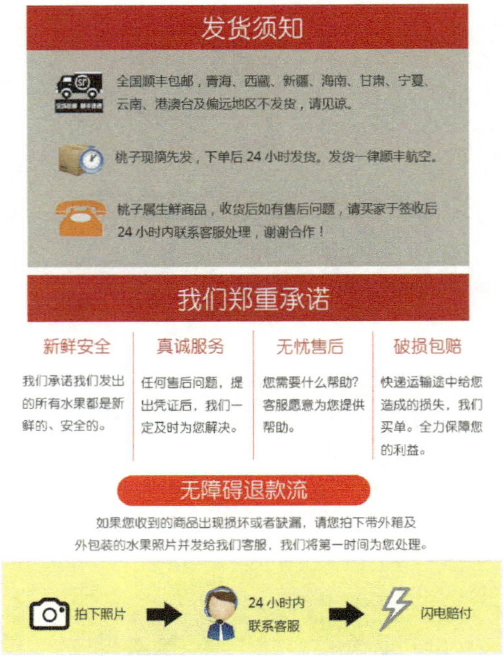

图3-3-7　完善详情页（续）

（6）最后对详情页细节进行调整，结案，如图 3-3-8 所示（全图太长，截取调整过细节的一段展示）。

（7）保存文档，并将文档另存为 JPEG 格式，如图 3-3-9 所示。

小贴士：

图片的 PNG 格式可以保留透明格式，JPEG 格式相对较小，GIF 则可以保存动态图片。保存源文档的 PSD 格式，制作另外的宝贝详情页时可以直接使用，节省时间。

图3-3-8　调整详情页细节

图3-3-8　调整详情页细节（续）

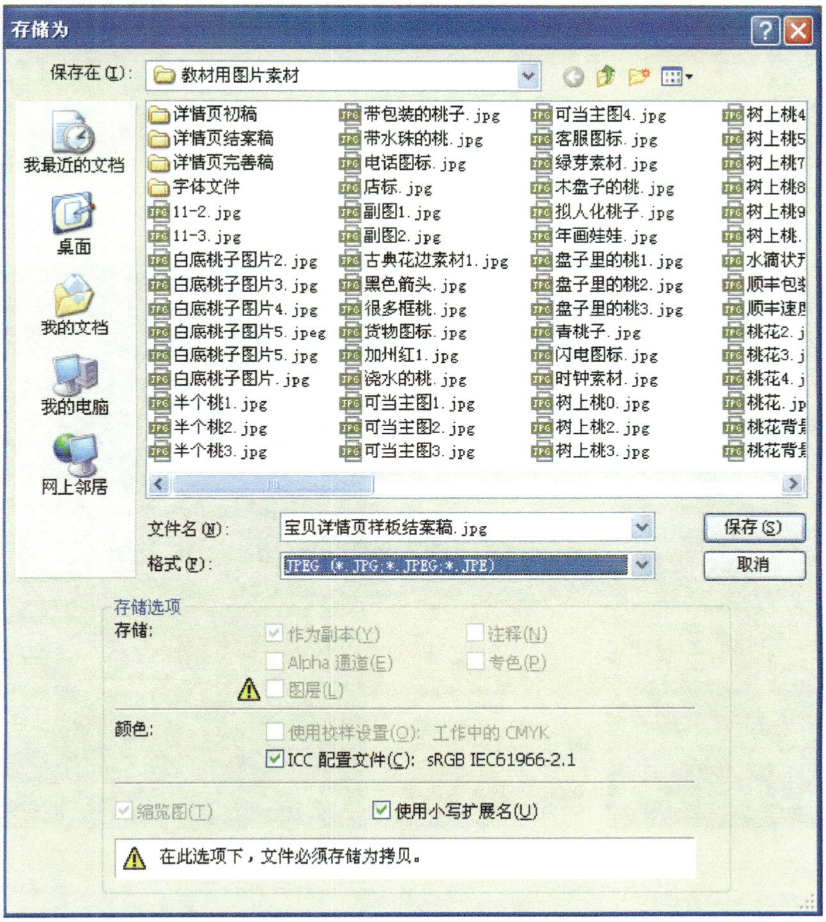

图3-3-9　保存文档

3. 切片

（1）将保存为 JPEG 格式的详情页文件用 Photoshop 打开，如图 3-3-10 所示。

（2）按【Ctrl+R】组合键，在适当的位置拉出参考线，如图 3-3-11 所示。

图3-3-10　装修市场

图3-3-11　模板筛选结果

(3) 在工具栏中单击"切片工具"，在属性栏中单击"基于参考线的切片"，如图 3-3-12 所示。

(4) 执行"文件"→"存储为 Web 所用格式"命令，如图 3-3-13 所示。

(5) 单击"存储"按钮，设置保存路径，存储结果如图 3-3-14 所示。

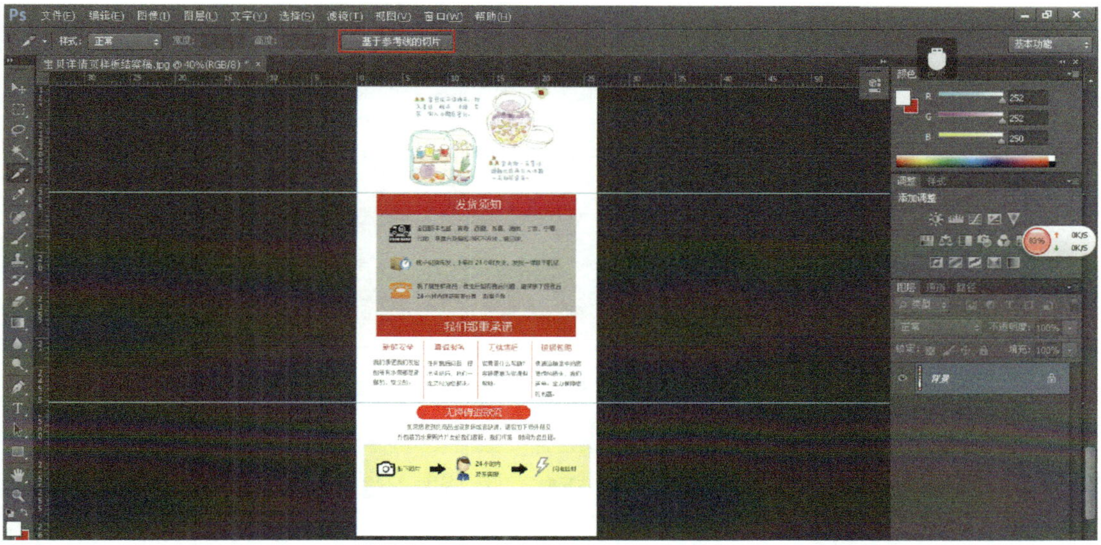

图3-3-12　设置参考线

图3-3-13　存储为Web所用格式

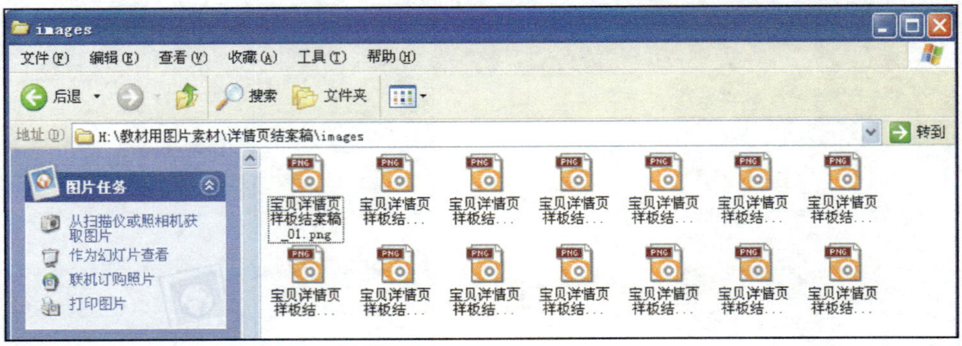

图3-3-14　存储效果

4. 发布宝贝

（1）进入图片空间，将宝贝主图、副图及刚宝贝详情图上传至宝贝空间，如图 3-3-15 所示。

图3-3-15　上传图片至图片空间

（2）单击页面左侧“视频”，将准备好的主图视频上传，如图 3-3-16 所示

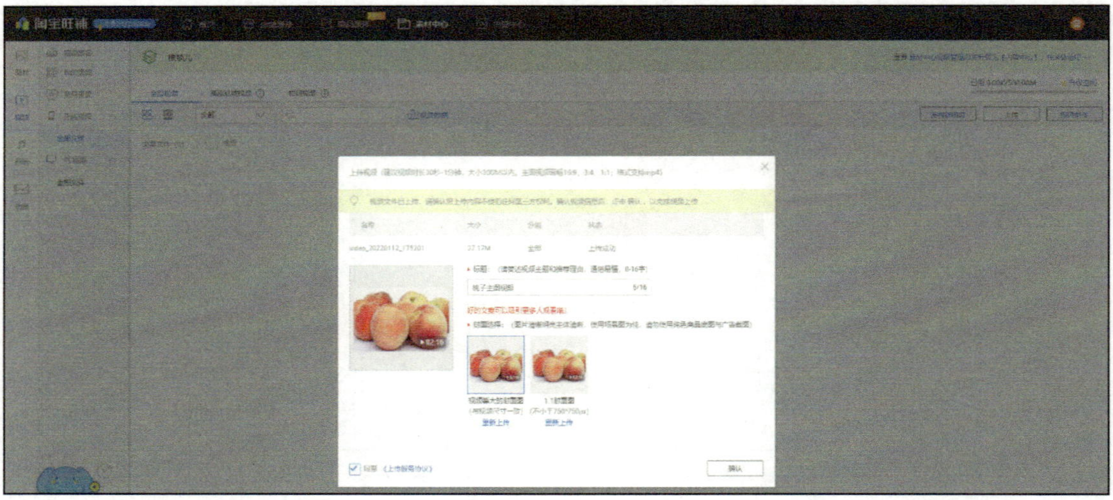

图3-3-16　视频中心

（3）进入卖家中心，单击左侧边栏的“发布宝贝”，在弹出的窗口中设置宝贝类目，进入“一口价宝贝发布”，如图 3-3-17 所示。

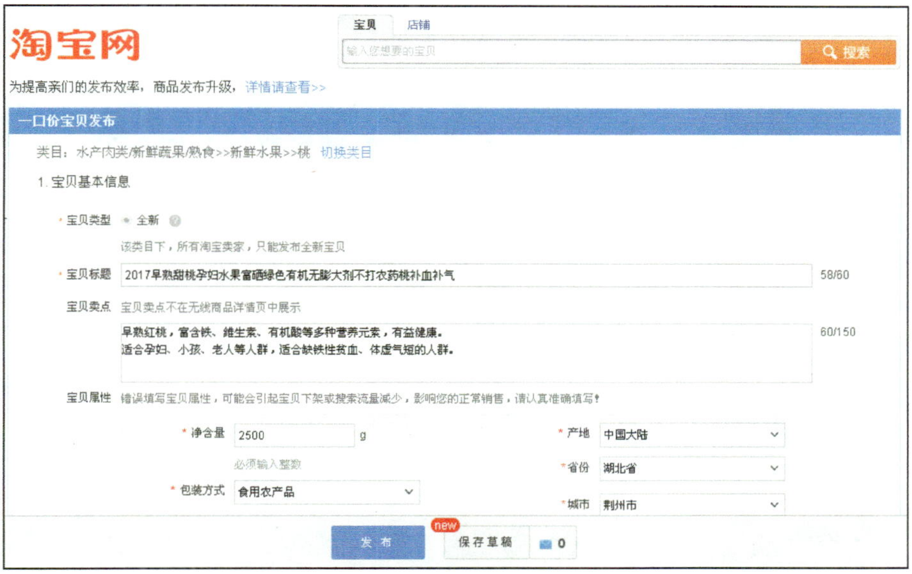

图3-3-17 一口价宝贝发布

（4）将当前页面必要内容填写完整，下拉至底端，在图片空间中选择主图和主图视频上传，如图 3-3-18 所示。

图3-3-18上传宝贝主图和视频

（5）继续滑动至页面底部，完善“详情描述”，如图 3-3-19 所示。

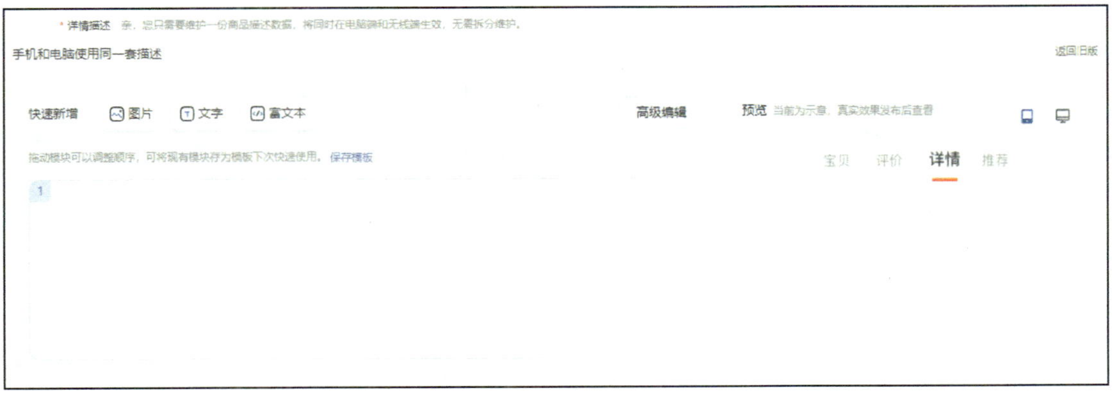

图3-3-19　详情描述

（6）在浏览器新标签页中打开图片空间，找到“宝贝详情 01”，单击“复制代码”，如图 3-3-20 所示。

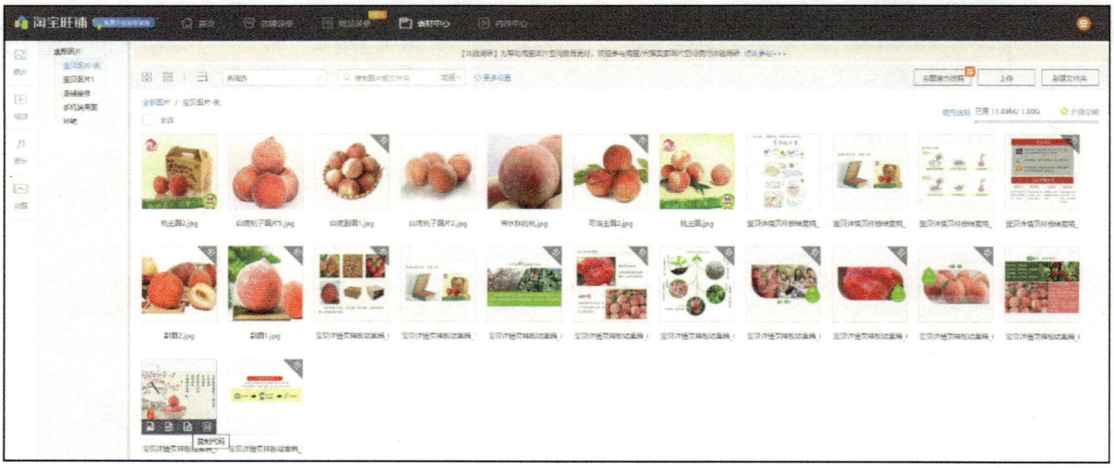

图3-3-20　在素材中心复制图片代码

（7）在发布宝贝页底端的宝贝详情部分，单击“富文本—源码”按钮，并在下面空栏中进行粘贴操作，结果如图 3-3-21 所示。

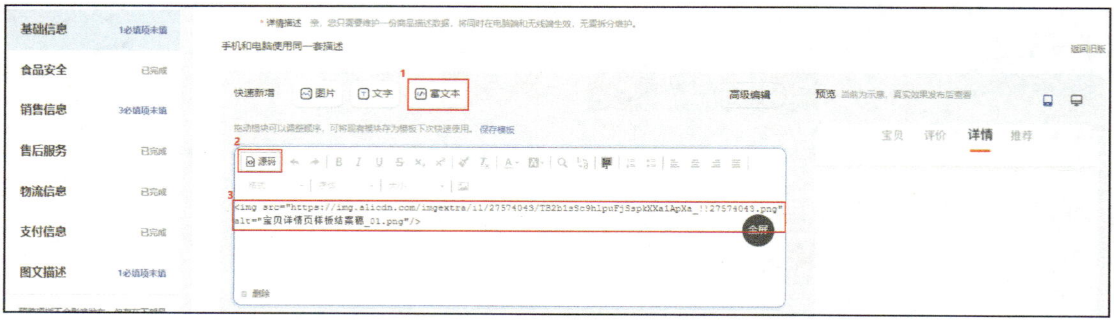

图3-3-21　粘贴图片代码

（8）按回车键确认，在页面右侧查看预览效果，如图 3-3-22 所示。

（9）将宝贝详情的切片图片代码，分别进行复制并粘贴到宝贝发布页的宝贝详情栏页面，如图 3-3-23 所示。

（9）宝贝详情设置好后，发布宝贝，如图 3-3-24 所示。

（10）“查看宝贝”，可以看到宝贝详情的实际网页效果，如图 3-3-25 所示。

图3-3-22　预览效果

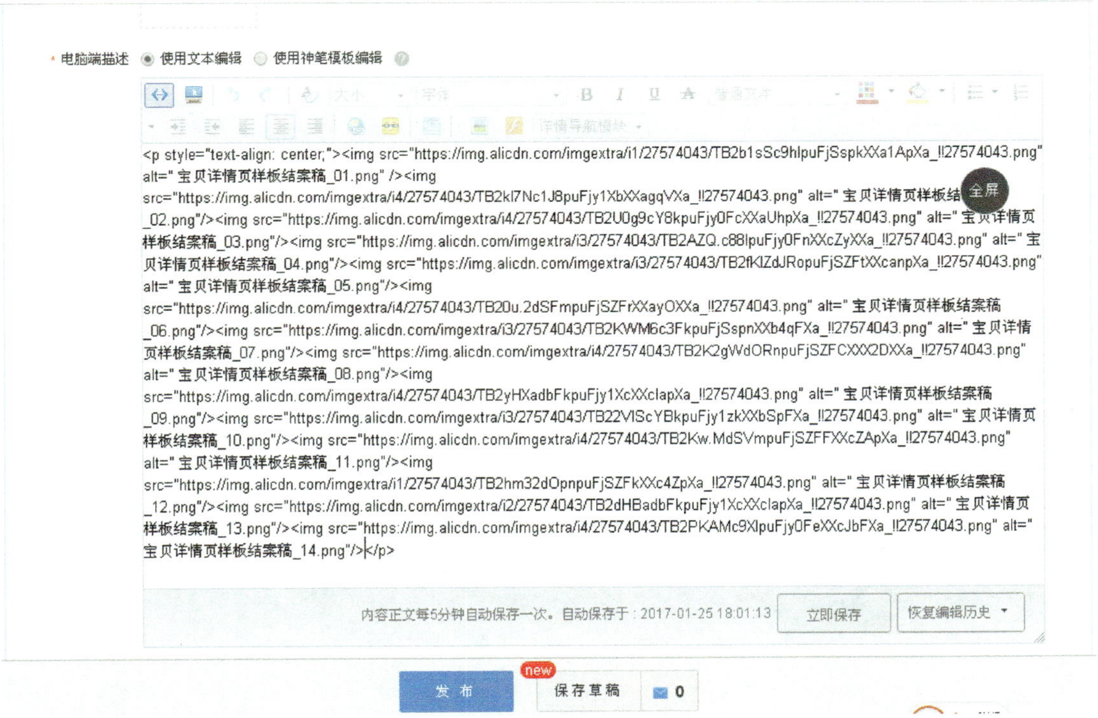

图3-3-23　复制完所有切片代码

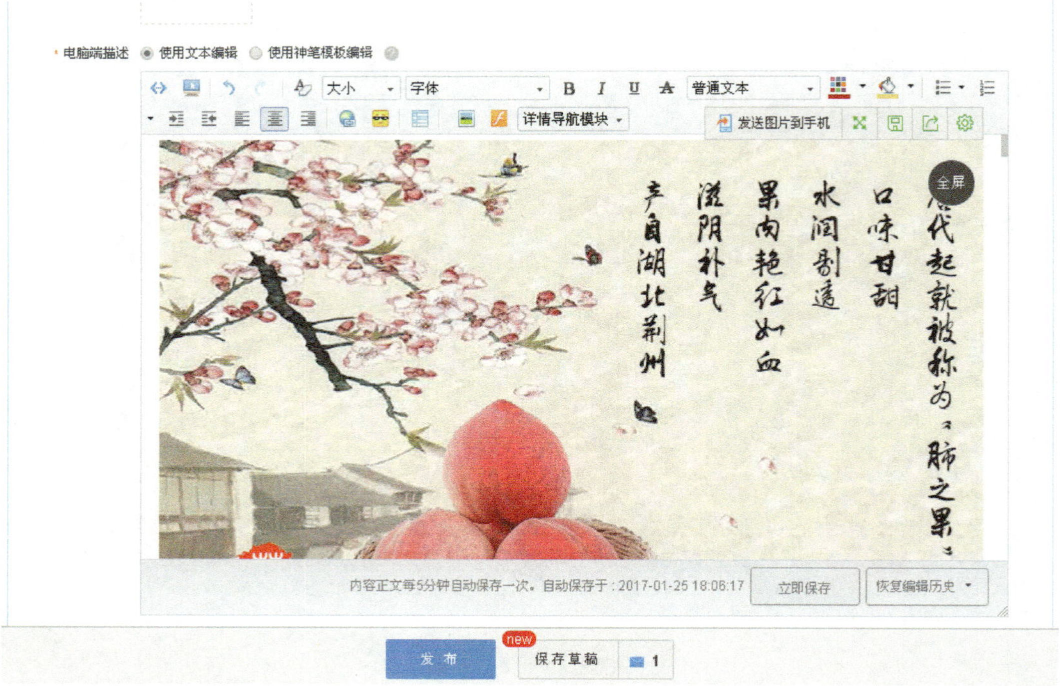

图3-3-24　保存草稿

图3-3-25　查看宝贝

知识储备

宝贝描述就如同实体店铺的导购专员，能提升宝贝转化率，引导访问者一步一步认识商品，最终产生购买行为。

一般情况下，访问者是通过搜索找到宝贝主图，通过单击主图进入产品描述页。因此，宝贝描述页是访问者最先进入的页面，我们需要做到让访问者在这个页面完成转化，如果不能，也要引导分流到其他的描述页。

由此可得出，宝贝描述页要做到：

- 引导访问者认识宝贝，激起访问者兴趣和购买欲望，完成转化。
- 进行关联促销，将流量引导分流，或者完成二次转化。

1. 制作宝贝描述的规范流程

1）写宝贝描述的文案

在“淘大”的课程中，经常提到一个观点：打造一个爆款需要三米长的宝贝描述。我们的宝贝有时候并不需要三米长的宝贝描述，但是一定要能做到三米，然后再进行精简优化。那么，一个三米长的宝贝描述都包含哪些内容呢？

- 商品展示类：色彩、细节、优点、卖点、包装、搭配、效果。
- 实力展示类：品牌、荣誉、资质、销量、生产、仓储。
- 吸引购买类：卖点打动、情感打动、买家评价、热销盛况。
- 促销说明类：热销商品、搭配商品、促销活动、优惠方式。
- 交易说明类：购买、付款、收货、验货、退换货、保修。

在写宝贝描述文案的时候，可以按照上面这些分类逐一用关键词填充，并考虑访问者的浏览习惯，按照从上到下的顺序进行罗列。

2）制作宝贝描述模板

前面提到的各类信息进行分类，可以形成几种模块：细节图片、交易条款、整体图片、产品介绍文字、联系方式和售后服务等，还可以有更多。

把模块罗列出来后，需要根据访问者在购买过程的心理过程，形成递进的过程顺序，对上述那些模块进行排序。一般情况下，大多数商品都适用下面的排序：

（1）宝贝整体图片。

（2）宝贝细节图片。

（3）产品介绍文字。

（4）售后服务。

（5）交易条款。

（6）联系方式。

按照模块排列顺序，制作一张宝贝描述的草图，图片位置先用灰色块代替，形成一个模板。

虽然大多数商品都可以使用这个顺序，不过这种排序也不一定适用于所有，例如那些对外观要求不高的商品，例如手机贴膜，外观尺寸基本一致，那么访问者可能更关心是它的参数，我们永远要把买家最关心的内容放在最上面。

3）制作完整的效果图

用描述图替换模板中的灰色块，用描述图搭配少量文字传达每个模块的含义。描述图不要简单堆砌，要进行设计和美化，需要强调的内容还要用有视觉冲击力的图片来表达。

那么，是不是宝贝描述一定要做成三米长才是好的宝贝描述呢？并不是，宝贝详情依靠内容取胜，而非长度，重要的是将信息表达清楚。

4）切片

使用 Photoshop 里面的切片工具，将制作好的很长的宝贝描述图片进行切片，生成 N 个单独的图片。目的是单独放置在宝贝描述中，避免图片太大，下载时间太长，访问者失去耐心。切片的高度应小于宽度，淘宝宽度为 750 像素，因此，注意切片高度小于 750 像素。

5）制作宝贝描述代码

把切片后的图片存储的淘宝的图片空间里，按顺序给图片编号。然后依次把切片后的图片地址代码复制下来（一次只能复制一张图片的代码），在宝贝详情的编辑区域，以源代码模式打开，进行粘贴操作，全部粘贴完成即可。

6）宝贝上架

做好上面的准备工作，宝贝就可以上架与买家见面啦！

2. 宝贝描述设计要领

1）宝贝描述图的图片拍摄

宝贝描述图一定要做到真实展示、图片清晰。

图片拍摄注意角度和景别。角度要做到多角度全方位拍摄产品，包括正面、背面、各个侧面等；景别指拍摄对象在画面中呈现出的范围大小，包括远景、全景、中景、近景、特点等。

2）注意两种不同的访问者类型的页面设计

我们把访问者分为刚性需求和潜在需求两种，他们对宝贝描述的信息需求程度是不同的。

（1）刚性需求的访问者是对商品有需求的，他们关注的是你的宝贝是不是他需要的那一款，价格是不是划算，质量好不好，卖家是否可靠，如果都满足了他的期望，就会形成购买。所以针对刚性需求的访问者，宝贝详情设计就不需要太多挖掘卖点，而是在访问者关注的点上增强说服力就可以了。

（2）潜在需求的访问者，没有那么强烈的购买欲望，在宝贝详情设计时就要加强卖点挖掘，做出引导，努力打动访问者。在宝贝详情中，就要增加有视觉冲击力的图片，多试试产品类比，适当推出促销增强吸引力。

3. 关联营销

关联营销，就是在一个宝贝的描述页里，放入其他宝贝的促销信息。因为我们制作的宝贝详情，不可能讨好每一位访问者，形成转化。当访问者对当前宝贝不感兴趣时，如果跳失了，可能就再也不会回来了，如果在宝贝详情中加入关联营销，那么就可能增加了分流的机会，引导流量去其他宝贝页面，增加产生购买的概率，降低流量的浪费。

关联营销的摆放位置，可以在页面的上面或者下面，需要根据情况不一而论。首先要看当前宝贝详情的跳失率和转化率，如果跳失率高，则关联营销放在页面上面，分流；如果转化率高，则首先确保转化率，因而关联营销应该放页面下边。

关联营销的内容不能每页都是一样的，需要根据宝贝详情页的不同情况进行不同的关联。常见的关联营销内容有：

（1）同类商品互相关联。同一系列的不同款式商品，买家不喜欢这个，也许会喜欢另一个，同类互相关联可以给买家更多选择。

（2）热销宝贝的关联。可以安排与宝贝搭配的单品，例如风衣搭配衬衫、风衣搭配裤子，风格保持一致，说不定可以带来二次转化。

（3）销量一般的或者跳失率比较高的宝贝，可以与热销宝贝关联。

不管是什么关联内容，关联营销都要从访问者的角度出发。我们要记得，既然访问者是通过搜索进入了宝贝页面，说明访问者的需求与当前宝贝是相关的，如果他不喜欢现在这个，那他会喜欢什么？或者是他已经买了这个，还会再买什么？要经常分析买家的心理需求和订单，就知道关联营销应该安排什么内容了。

总而言之，宝贝描述要做到：

- 把卖点凸出来！
- 让买家知道你的卖点和他有关。
- 体现品牌感。

课堂实训

湖北省武汉市仪表电子学校机械制作部的同学们在课堂上实操练习过程中制作出一批规格大小不同的金属孔明锁，非常精致有创意。电子商务专业的老师认为可以帮助他们进行销售，鼓励数控专业的学生提升工艺水平，电子商务专业学生也可以借此进行开店操作的练习。

请借助下面提供的信息进行一个宝贝详情页的模拟操作（因为玩具类目下的店铺需要缴纳保证金才能发布全新宝贝，建议作为二手宝贝发布）。

孔明锁：全金属，不锈钢材质；重量 500 g 以内；直径 20 cm；数量 40 个；成本价格为 8 元。

实训要求

4 ~ 5 名同学组成一个团队，利用上文中提供的信息及随书附赠的素材，完成下列任务并填写完成表 3-3-1 和表 3-3-2。

（1）对比网上同类产品，列出宝贝详情的内容模块。

（2）对宝贝详情的主要展示图片进行设计描述。

（3）写出宝贝的卖点，列出宝贝吸引购买的措施或者特点。

（4）尝试制作宝贝详情页。

表3-3-1　制作宝贝详情的任务清单

团队成员	
内容模块	

续表

模块排序			
宝贝卖点整理			
是否关联	□是 □否	关联类别	
卖点表现	（请描述你表现每个卖点的方式或者设计图片）		
需重点表现的卖点			
吸引购买措施			
页尾设计内容			

提示：

- 在准备篇的课堂实训中，我们已经制作完成的商品图片可以再次修改后使用。
- 如果开设的店铺有实际销售，可联系教材配套素材中的淘宝店铺帮忙代发货。

表3-3-2 课堂训练任务评价表

任务名称	任务职责	参与成员	自评分	互评分

课后实训

湖北省武汉市仪表电子学校形象设计专业学生制作了一批美甲甲片成品，请电子商务专业同学帮忙在网上卖掉，回收资金再购买一些指甲油等课题练习消耗品。

每周五下午是形象设计专业的开放日，在这一个下午里，形象设计专业实训室是对外开放的，需要美甲、化妆、盘发造型的师生可以以较低的价钱请形象设计同学提供相应服务。收费标准：美甲 20 元 / 次，造型 15 元 / 次，纹眉、眼线、唇线大约 800 元 / 次。作为电子商务专业学生，请你提出自己的看法。

实训要求

问题一：请思考，时尚美甲片属于什么类目的宝贝？

问题二：美甲片的宝贝详情应该有些什么内容？

问题三：请在给出的素材中挑一组作为待售宝贝，针对这个宝贝，找卖点。

问题四：对比同类宝贝，在哪些方面可以做吸引购买的设计？

以 4 ~ 5 人为一个团队，根据上文要求规划宝贝详情页，并尝试制作一张布局设计图。

如果你的学校里也有特色专业，能够提供一些特色产品给你，请因地制宜建设在线销售贵校特产的网店吧。

任务四 移动端店铺设置

任务背景

在之前的任务中，小吴对自己的店铺重新做了视觉设计。不仅在店铺整体上进行了全面修整，而且对宝贝详情页也做了进一步优化。重新对比同类商品和自己的宝贝特色，整理了卖点，做出了内容比较齐备的宝贝详情。而且宝贝详情格式固定了以后，以后再上架新的宝贝也会更加方便。

小吴和所有 90 后女孩一样，手机不离手。可是，小吴用手机淘宝客户端登录查看自己的店铺时，发现明明装修了，可是从淘宝 APP 的入口看到的店铺还是未装修的，宝贝详情页也显得不太合适。迷惑的小吴想起来，在卖家中心装修店铺的时候，好像没有设置移动端的店铺。而且，淘宝新闻提到，移动端的流量比 PC 端的更多，看来小吴必须对移动端再进行装修了。

任务目标

- 能布局移动端店铺首页。
- 能布局移动端宝贝详情。
- 能根据移动端特点挑选宝贝用图。

实操教练　移动端店铺设置

1. 装修手机店铺首页

(1)从PC端淘宝卖家中心，进入“店铺管理—手机淘宝店铺”，单击“立即装修”按钮，如图3-4-1所示。

图3-4-1　手机店铺装修入口

(2) 进入手机店铺装修页面后，首先编辑默认首页，单击“编辑页面”按钮，进入首页编辑页，如图3-4-2所示。

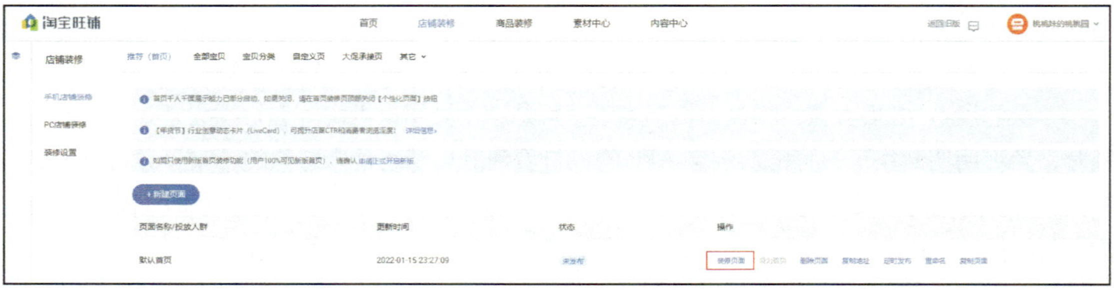

图3-4-2　首页编辑入口

(3) 浏览页面左边栏“官方模块”，选择需要的模块直接拖拽至右侧编辑区域，如图3-4-3所示。

(4) 按上一步操作，依次选择首页模块“优惠券”、“店铺热搜”、“排行榜”等，如图3-4-4所示。

(5) 具体修改“轮播图海报”模块，选中该模块编辑区域，在页面右侧通栏中设置模块基本内容并单击“保存”。如图3-4-5所示。

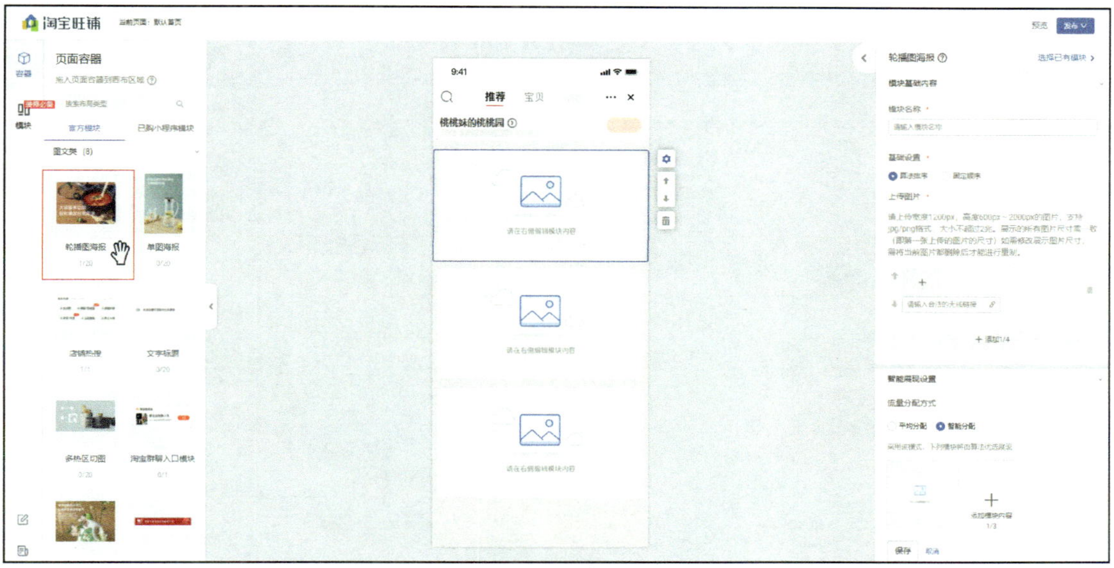

图3-4-3　编辑模块

图3-4-4　设置首页模块

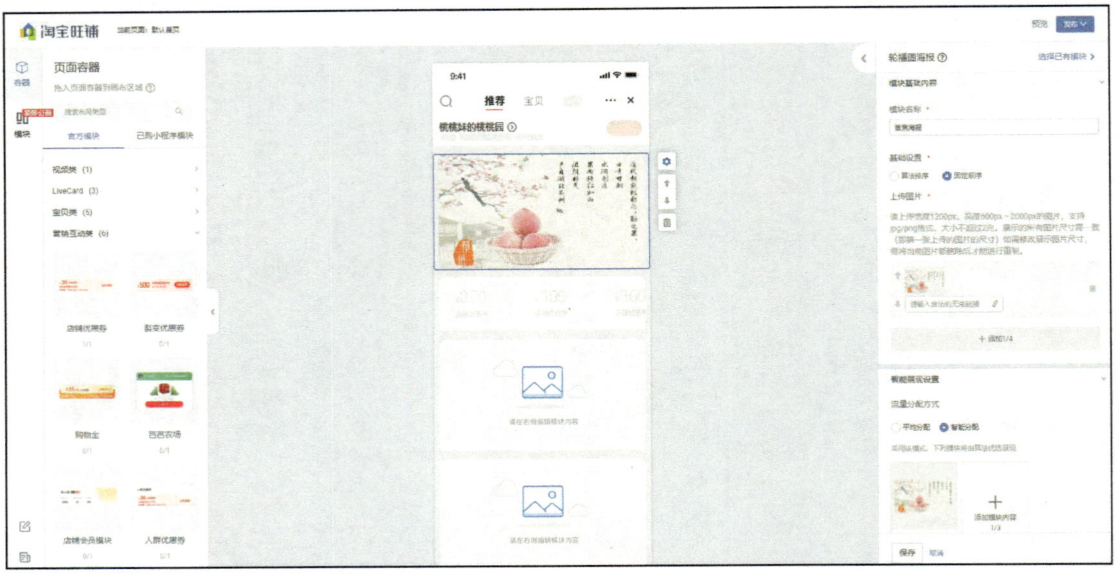

图3-4-5　“轮播图海报”模块基本内容设置

小贴士：

轮播图最多可添加 4 张图片，手机版轮播图尺寸固定，按淘宝要求设置即可。

（6）返回“淘宝千牛工作台”，进入“上架营销中心”，单击“优惠券—创建店铺优惠券”，根据店铺需要创建优惠券，如图 3-4-6 所示。

（7）重新进入手机店铺装修页面，选择“首页”中的“优惠券模块”，在右侧通栏中设置模块基本内容，如图 3-4-7 所示。

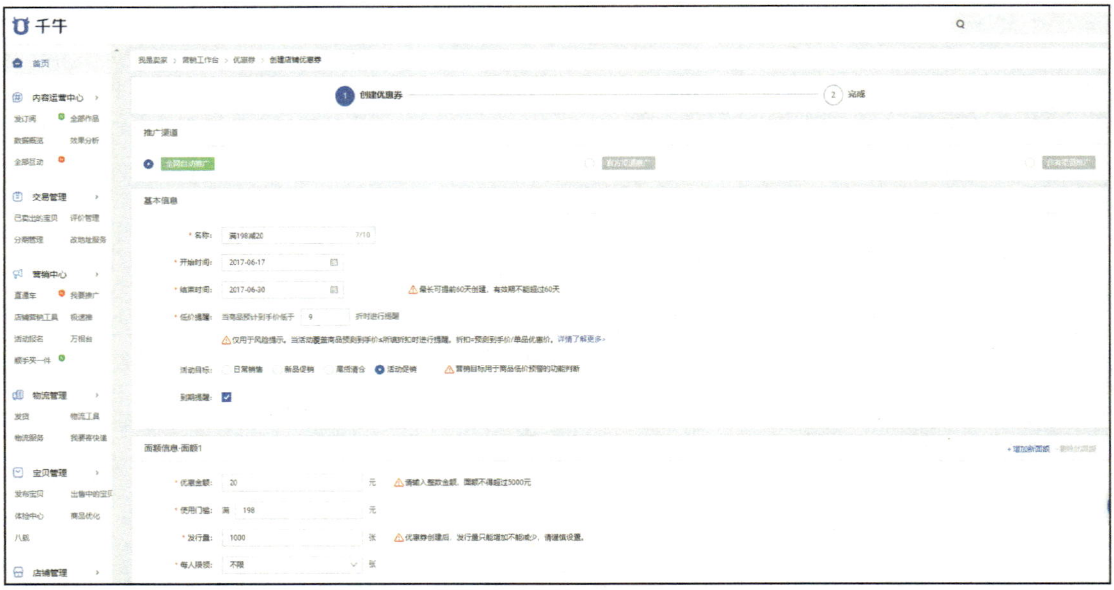

图3-4-6　创建店铺优惠券

图3-4-7　设置首页“优惠券模块”

（8）依次完成剩下的模块内容设置，并保存修改，发布，效果如图 3-4-8 所示。

图3-4-8　手机店铺首页编辑效果

（9）对于页面编辑区域中模块，单击默认出现的模块，单击“↑”上移，单击“↓”下移，单击“🗑”可以删除不需要的模块，如图 3-4-9 所示。

图3-4-9　删除模块

（10）从左侧的功能模块中挑选需要的，如“店铺会员”，按住鼠标左键拖动模块至出现的虚线框内，如图 3-4-10 所示。

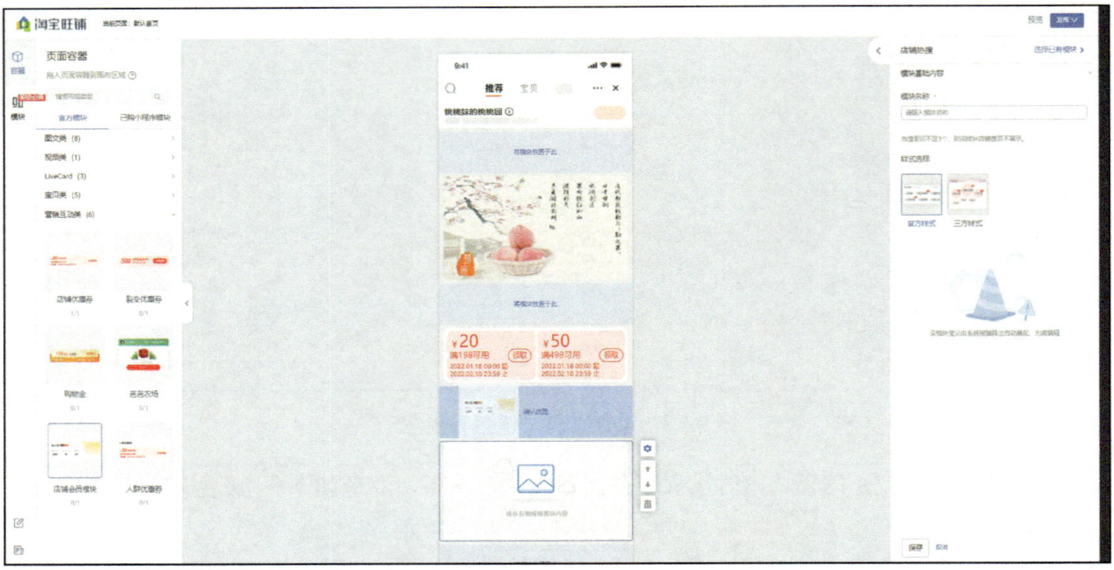

图3-4-10　增加功能模块

2. 移动端详情页装修

（1）单击“千牛卖家工作台—店铺管理—手机淘宝店铺”，单击右侧的“立即装修”，如图 3-4-11 所示。

（2）打开新页面后，单击页面顶部的“商品装修”按钮，如图 3-4-12 所示。

（3）在打开的“宝贝详情”页中，单击“图文详情”下方的“编辑”按钮进入详情编辑，如图 3-4-13 所示。

图3-4-11　“手机淘宝店铺”装修入口

图3-4-12　“商品装修”入口

图3-4-13　“宝贝详情”编辑入口

（4）在打开的“详情编辑器”中，从左侧“仅无线可用”的功能模块中选择适当的模块，按住鼠标左键拖拽至右侧编辑区域，如图 3-4-14 所示。

图3-4-14　“详情编辑器”页面

（5）手机淘宝店铺的商品详情页编辑完成。

知识储备

随着电子商务行业的成熟度越来越高，以及手机智能化和智能手机普及化程度越来越高，使得淘宝无线端的流量比重越来越大。目前，无线端的流量已经超过 PC 端，所以，如果对无线端的店铺装修不理不睬，那么可能要损失很多流量，失去很多交易机会。

卖家首先要知道，无线端店铺的装修和 PC 端的要求是不同的。这是由于无线端访客使用的访问工具是手机，使用移动网络，会受到很多条件限制，因此在装修无线端店铺时，要充分考虑访客的耐心、下载速度和数据流量消耗等问题。

1. 无线端首页装修

店铺首页装修直接影响着访问者访问深度，通过数据对比，装修过的店铺表现明显好过没经过装修的店铺。它们之间的点击率、收藏量和成交率都有很大的不同，访问者明显更喜欢装修过的店铺。因为如果产品给访问者的视觉感受不行，那么明显是店铺装修不行，带不来成交量。

无线端和 PC 端店铺首页装修基本相同，但是考虑到手机屏幕宽度和长度，店招、店标等尺寸都有缩小，可重新制作不同的图，也可直接使用 PC 端的裁剪图。

一般来说，无线端首页较之 PC 端更为简洁，下载效率需要更高，信息传达要更高效。无线端店铺首页常用结构如图 3-4-15 所示。

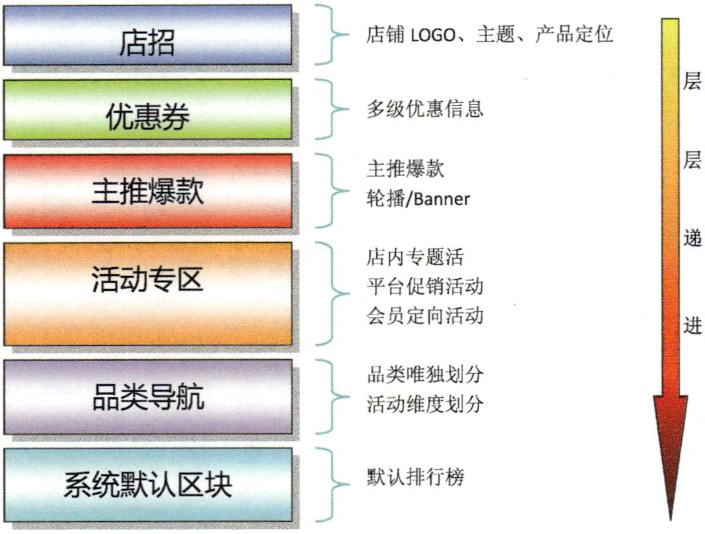

图3-4-15　无线端首页结构

2. 无线端详情页装修

店铺首页是积攒流量的入口，详情页就是转化率的入口。如果能把握好详情页，把详情页的装修做到位，那么转化率就会有明显提升。很多卖家也知道无线端的重要性，但是装修却做不好，只是把 PC 端直接照搬过来，这是不行的。生搬硬套只会让移动端详情出现冗长和混乱。

宝贝详情页要设计好，首先要考虑屏数，一般无线端详情页做三四屏就可以了。也可以将产品图片做成长图，切片上传，这样可以减少加载时长，方便访问者更快看到。

无线端宝贝详情页内容设计如图 3-4-16 所示。

图3-4-16　无线端宝贝详情页结构

无线详情页设计注意要点：

- 产品醒目。
- 文字简练。
- 详情 6 屏内。
- 注意图片大小。

在设计详情页时，不要炫技，也不用做得太花哨，突出产品卖点和重点，这样才可以提升转化率！

课堂实训

湖北省武汉市仪表电子学校机械制作部的同学们在课堂上实操练习过程中制作出一批规格大小不同的金属孔明锁，非常精致有创意。电子商务专业的老师认为可以帮助他们进行销售，鼓励数控专业的同学提升工艺水平，电子商务专业学生也可以借此进行开店操作的练习。

请借助下面提供的信息进行手机淘宝店铺装修的模拟操作（因为玩具类目下的店铺需要缴纳保证金才能发布全新宝贝，建议作为二手宝贝发布）。

孔明锁：全金属，不锈钢材质；重量 500 g 以内；直径 20 cm；数量 40 个；成本价格为 8 元。

实训要求

4 ~ 5 名同学组成一个团队，利用上文中提供的信息及随书附赠的素材，完成表 3-4-1 和表 3-4-2。

表3-4-1　无线端网店装修的任务清单

团队成员			
店铺主色调		主色内涵	
店铺辅色		点缀色	
无线端店招			
首页布局设计			
图文模块	是/否 轮播	海报数量	
海报设计			

续表

交互营销内容			
详情页长度	（屏）	详情页重点	
详情页的布局设计			

提示：

- 前文中我们已经制作完成的商品图片可以再次修改后使用。
- 如果开设的店铺有实际销售，可联系教材配套素材中的淘宝店铺帮忙代发货。

表3-4-2　课堂训练任务评价表

任务名称	任务职责	参与成员	自评分	互评分

课后实训

湖北省武汉市仪表电子学校形象设计专业学生制作了一批美甲甲片成品，请电子商务专业同学帮忙在网上卖掉，回收资金再购买一些指甲油等课题练习消耗品。

每周五下午是形象设计专业的开放日，在这一个下午里，形象设计专业实训室是对外开放的，需要美甲、化妆、盘发造型的师生可以以较低的价钱请形象设计同学提供相应服务。收费标准：美甲 20 元 / 次，造型 15 元 / 次，纹眉、眼线、唇线大约 800 元 / 次。作为电子商务专业学生，请你提出自己的看法。

实训要求

问题一：移动端店铺设计可否与 PC 端一致？什么可以一致，什么不可以？

问题二：请你帮忙设计无线端店铺首页布局。

问题三：你认为访问者在访问无线端店铺时最注重什么，速度和内容有什么特别要注意的？

问题四：无线端详情页设计要注意哪些问题？

以 4 ～ 5 人为一个团队，根据上文要求规划详情页，并尝试制作一张介绍卖点的图片。

如果你的学校里也有特色专业，能够提供一些特色产品给你，请因地制宜建设在线销售贵校特产的网店。

任务五 网店日常运营管理

任务背景

在本篇任务中，小吴开设了自己的淘宝店铺。但却运营不顺利，小吴对店铺进行了自我诊断，发现了很多问题。因为产品是没有问题的，那么绝大部分原因都是视觉方面的。小吴系统地对店铺的视觉设计进行了调整，包括 PC 端和无线端店铺，对店铺的整体视觉设计、首页布局、详情页设计和搜索页都进行了精心设计和安排。

小吴的上述调整都是在有经验的朋友指导下完成的。朋友还告诉小吴，在店铺开设后，要经常关注后台数据，根据数据结果调整店铺视觉、宝贝陈列、甚至产品搭配、包装等问题，特别是宝贝标题，一定要周期性地进行平台内的标题搜索优化，这些都是常规性操作，小吴准备自己摸索出店铺动态更新工作流程，使网络管理规范化。

任务目标

- 能够整理已有的视觉模板。
- 会使用手机版千牛工作台。
- 了解淘宝排名规则。
- 认识淘宝付费推广渠道。
- 综合利用以上工具和规则实现网店的动态管理。

实操教练 网店运营管理

1. PC 端店铺现有成果

（1）店铺基本设置如图 3-5-1 所示。

图3-5-1　店铺基本设置

（2）店铺首页视觉效果如同 3-5-2 所示，可观察其通栏和悬浮导航的效果。

图3-5-2　通栏设计和悬浮导航效果

（3）宝贝主图视觉效果如图 3-5-3 所示。

图3-5-3 宝贝主图

（4）宝贝详情效果如图 3-5-4 所示。

图3-5-4 宝贝详情页效果

图3-5-4　宝贝详情页效果（续）

2. 无线端店铺现有成果

（1）移动端店铺首页效果，如图 3-5-5 所示。

（2）移动端详情页效果，如图 3-5-6 所示。

图3-5-5　移动端店铺首页效果

图3-5-6　移动端详情页效果

3. 会使用千牛工作台查看网店经营数据

（1）在手机上下载安装“千牛工作台”，如图 3-5-7 所示。

（2）“千牛工作台”界面如图 3-5-8 所示。

图3-5-7　千牛工作台

图3-5-8　“千牛工作台”界面

（3）查看消息，熟悉工作台界面。

（4）点击“生意参谋”查看后台数据，如图 3-5-9 所示。

（5）点击“交易管理”，分别对待付款进行客服询问、待发货安排发货、已发货的追踪物流信息，以免错失订单引起投诉，如图 3-5-10 所示。

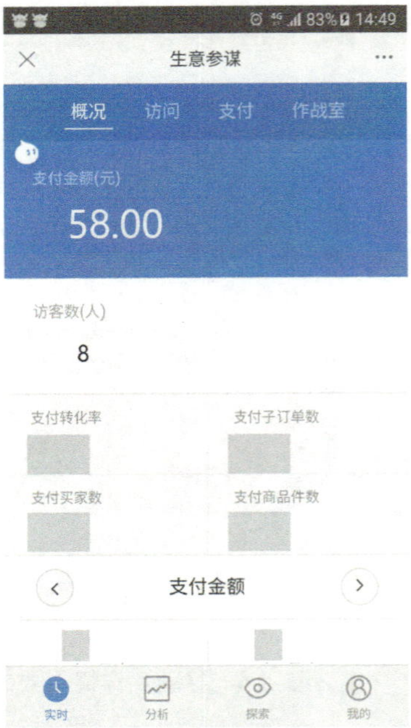

图3-5-9 生意参谋界面

图3-5-10 交易管理界面

4. 优化店铺

（1）管理商品，经常检查上架宝贝的库存，特别是销量大的宝贝，及时补充库存 或者下架 0 库存宝贝。

（2）每隔一段时间，在淘宝首页上方的搜索栏内输入“桃子”，查看搜索推荐词，并选用相关性比较强的词汇进行宝贝标题搜索优化，如图 3-5-11 所示。

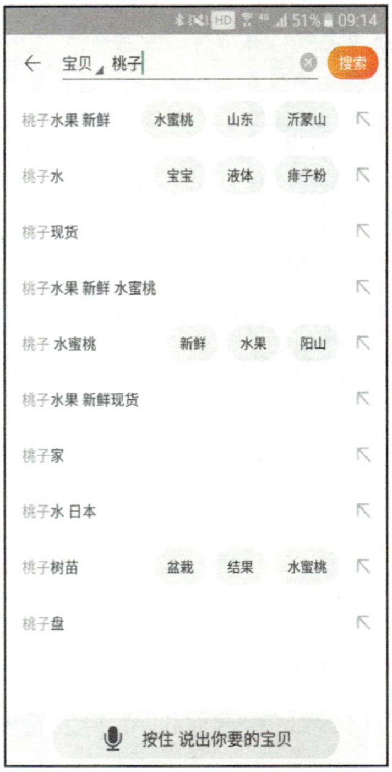

图3-5-11 淘宝推荐关键词

小贴士：

网店日常管理中需要定期做宝贝标题优化，也就是俗称的 SEO 优化，与前文任务中提到的 SEO（搜索引擎优化）不是同一个概念，某个宝贝的 SEO 优化的时间节点可与该宝贝的上架时间保持一致，即 7 天一次。

目前淘宝的宝贝上架时间统一设定为 7 天，7 天后下架可再次自动上架。

（3）开通淘宝客推广。淘宝客开通入口：卖家中心 / 营销中心 / 我要推广，如图 3-5-12 所示。

图3-5-12　开通淘宝客的入口

（4）每日结束后查看日报，每周查看周报，做到对每个宝贝销售情况了如指掌。登录千牛工作台，点击进入“生意参谋 / 简报”，查看日报 / 周报，如图 3-5-13 所示。

图3-5-13　店铺运营周报

(5) 客服设置自动回复，并尽快回复客户实时问答。

进入千牛工作台，点击“设置”→“客服工具”→“自动回复”，弹出页如图 3-5-14 所示。点击“查看详情”购买“云端自动回复”(0.0 元)；后退，再次点击“打开工具”，开启自动回复并设置回复消息，如图 3-5-15 所示。

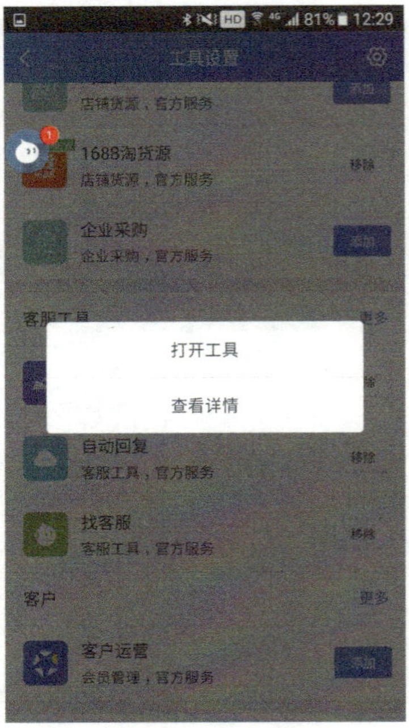

图3-5-14　弹出页

图3-5-15　设置自动回复

(6) 将店铺二维码添加在微博文章、邮件列表信息等的地步，借助一切可用的网络营销渠道进行推广。

知识储备

通过本篇的工作任务，我们学习了如何开始淘宝店铺，如何给店铺做简单装修和视觉设计，统一店铺和宝贝风格，树立品牌感。在制作过程中，我们已经做好了首页布局和详情页设计等，相当于做好了一套样板，后续上架新产品时，则可以保持格式和模块不变，更换细节图即可，大大减轻了后续的工作压力。因此，在做初次设计时，一定要根据设计的原则，认真做好设计工作。

在新店刚开张的一段时间内，淘宝根据鼓励新店政策，会给新店流量支持。因此，在新店刚开始的一个月内，一定要做好各项工作，抓住优惠期，特别是免费流量。

1. 淘宝排名规则解读

在网店建设时，在完成上述建设重点的过程中，要特别注意不能违反淘宝规则。遵守规则，利用规则，提升权重，搜索排序提升，则可以争取尽可能多的免费流量。

视 频

淘营销

每年淘宝规则都会发生变化，但是基本规则是保持不变的。影响淘宝自然搜索排名的典型因素有：不违规、破 0、属性、店铺人气、相关性、橱窗推荐、下架时间、点击反馈、销量稳定增长、店铺动态评分（DSR)、其他服务、价格、标签、旺旺响应时间、回头客、个性化、转化率等。

1）不违规

不违反淘宝交易规则，不做淘宝禁止的一些操作。常见的违规操作有：

（1）SKU 作弊：SKU（Stock Keeping Unit）作弊指利用商品属性（如套餐）设置超低或者不规范、不真实的一口价，从而使商品排序靠前（如价格排序），淘宝搜索将这种商品判定为 SKU 作弊商品。SKU 作弊会受到搜索降权、全店铺价格排序不展示甚至全店铺降权的处罚。

（2）虚假交易：也就是大家平时听说的刷单、虚假引流，淘宝对此的处罚也是非常严厉的。

（3）关键词堆砌：卖家为使发布的商品引人注目，或使买家能更多的搜索到所发布的商品，而在商品名称中滥用与本商品无关的字眼，扰乱淘宝网正常运营秩序的行为。例如，“卖 ** 送 **”的字样出现在标题中，就属于典型违规。

常见的影响排名的违规行为还包括：盗图、换宝贝、“牛皮癣”、违背承诺、错放类目、重复铺货、虚假发货等。一般情况下，出现违规淘宝会在后台先行提醒，应及时改正或者申诉，以免搜到严重处罚。

2）店铺人气

店铺人气包括收藏量、访问量、销量、客单价、关注的人数等。

3）属性

属性包括宝贝定义的属性是否是淘宝推荐的、和宝贝本身的相关性，以及属性的完整性等。

4）相关性

相关性包括宝贝的各种设置的相关性，例如宝贝的标题、副标题、主图、属性、类目、各种文本等。

5）下架时间

宝贝下架时间与上架时间直接相关，具体为上架时间为 7×24 小时。越靠近下架时间，宝贝排名越靠前（相对靠前）。

其他影响排名的因素还有很多，在经营过程中，遇到问题要多思考、多求教，及时学习淘宝最新排名规则，尽可能把握住免费流量，控制店铺经营成本。

2. 淘宝推广渠道

在淘宝上，成交的基础就是要有浏览量，也就是访问量。所以，推广，让访问者尽可能多得看到，增加展现机会就非常必要。那么，淘宝店铺的推广渠道有哪些呢？总体来说，可以分为免费渠道和付费渠道。

（1）免费渠道：

① 会员群推广：会员群形式很多，如旺旺群、微淘等。

② EDM 推广：即电邮直接营销，也可以换个形式，比如交易过的访客留下的电话（订单留下的收件人电话），也可以群发消息。

③ CRM 营销：用 CRM 技术管理与客户直接联系。

④ 在店铺首页或者店招等位置放置店铺二维码；在包裹和产品上贴二维码，卖家可采用开包扫码、送购物券、商品码上购、传统媒体印二维码、实体零售 O2O 等方式，提高复购率。

⑤ 站外推广：用微博、微信做话题营销，通过促销活动吸引用户关注店铺微淘，在微淘平台上设置专享商品、专享优惠，最终促成成交。

⑥ 线下推广：在校园、实体店等放置易拉宝或者包裹单页推广（包裹联合营销）。

（2）付费渠道：

① 直通车。直通车是一种展示免费，点击付费，根据卖家设置将宝贝展示给潜在买家的推广工具。直通车的展位一般是在搜索页的右侧栏和下侧栏。简单的说，开通直通车的方式就是卖家在后台购买关键词，当买家通过关键词搜索时，如果关键词是卖家购买过的，则卖家宝贝可能会出现在直通车展位（可能出现的原因是，直通车也有排名，排名靠前出现在好位置，排名靠后则无法出现在第一页）。

开通直通车的要求：卖家达到 2 颗心（11 个好评）才能加入，商城卖家或无名良品卖家可不受级别限制；店铺动态得分各项均值在 4.4 分或以上，同时店铺好评率在 97% 或以上；部分主营类目的卖家需要加入消费者保险并缴纳消费者保障服务保证金才可以加入。

② 钻展。如果说直通车展示的是单个宝贝，钻展（钻石展位）一般是品牌展示。钻展是淘宝网图片类广告位竞价投放平台，是为淘宝卖家提供的一种营销工具。钻展依靠图片创意吸引买家点击，获取巨大流量。

钻展是按照流量竞价售卖的广告位。计费单位为 CPM（每千次浏览单价），按照出价从高到低进行展现。卖家可以根据群体（地域和人群）、访客、兴趣点三个维度设置定向展现。钻展还提供数据分析报表和优化指导。

钻展适合对象：有一定活动运营能力的成熟店铺；需要短时间内大量引流的店铺。

③ 淘宝客。淘宝客的推广是一种按成交计费的推广模式，只要从淘宝客推广专区获取商品代码，任何买家（包括您自己）经过您的推广（链接、个人网站，博客或者社区发的帖子）进入淘宝卖家店铺完成购买后，就可得到由卖家支付的佣金。简单说来，淘宝客就是指帮助卖家推广商品并获取佣金的人，这个购买必须是有效购物，即指确认收货。

卖家是佣金支出者，需要淘宝客推广的卖家要提供自己需要推广的宝贝到淘宝联盟，并设置好每卖出一个商品愿意支付的佣金。

④ 淘宝达人。淘宝达人是淘宝上的自媒体明星，因为每个达人的个性不同，会受到相应领域粉丝的关注，相当于意见领袖，他们在淘宝的达人入口上每天发布各种专业的宝贝推荐，不仅受到粉丝热捧，而且也对宝贝推广起到很大的作用。

虽然理论上淘宝达人推荐宝贝是免费的，不过大部分淘宝达人都是团队运作，并借此获得收入，因此，卖家还是要主动出击，联系淘宝达人并付出一定的报酬，才能让自己的宝贝被推荐。

现阶段，淘宝有 7 个淘宝达人入口，是淘宝社群电商的主推，例如：淘宝头条、爱逛街等。

课堂实训

湖北省武汉市仪表电子学校机械制作部的同学们在课堂上实操练习过程中制作出一批规格大小不同的金属孔明锁，非常精致有创意。电子商务专业的老师认为可以帮助他们进行销售，鼓励数控专业的同学提升工艺水平，电子商务专业学生也可以借此进行开店操作的练习。

孔明锁：全金属，不锈钢材质；重量 500 g 以内；直径 20 cm；数量 40 个；成本价格为 8 元。

实训要求

4 ~ 5 名同学组成一个团队，利用上文中提供的信息及随书附赠的素材，完成下列任务并填写完成表 3-5-1 和表 3-5-2。

(1) 将店铺建设完整。

(2) 上传并发布至少 5 个宝贝，主图、标题必须是不同的。

(3) 列举店铺推广渠道。

(4) 根据淘宝排名规则，对宝贝标题进行优化。

(5) 如果有被提示的违规，及时进行纠正。

表3-5-1 网店运营任务清单

团队成员			
宝贝数量		橱窗宝贝1	
主推宝贝		橱窗宝贝2	
主推宝贝标题优化后			
开通淘宝客的条件			
二维码位置			
计划使用的推广渠道和费用	（推广渠道）	（费用）	

表3-5-2 课堂训练任务评价表

任务名称	任 务 职 责	参与成员	自评分	互评分

课后实训

湖北省武汉市仪表电子学校形象设计专业学生制作了一批美甲甲片成品，请电子商务专业同学帮忙在网上卖掉，回收资金再购买一些指甲油等课题练习消耗品。

每周五下午是形象设计专业的开放日，在这一个下午里，形象设计专业实训室是对外开放的，需要美甲、化妆、盘发造型的师生可以以较低的价钱请形象设计同学提供相应服务。收费标准：美甲 20 元 / 次，造型 15 元 / 次，纹眉、眼线、唇线大约 800 元 / 次。作为电子商务专业学生，请你提出自己的看法。

实训要求

问题一：店铺建设完善了吗？如果没有请补充完善。

问题二：请你帮忙设计宝贝分类。

问题三：请收集淘宝排名规则信息，还有哪些因素影响宝贝搜索排名？

问题四：针对本案，我们可以采用哪些推广渠道？请写出你的创意推广方案。

如果你的学校里也有特色专业，能够提供一些特色产品给你，请因地制宜建设在线销售贵校特产的网站。

移动篇

思政目标

- 通过结合当地文化撰写营销文案，将对家乡文化的自豪感上升为主动传播的自觉，增进文化自信。
- 通过面对新冠疫情时，改变营销方式及参与公益的情境设置，建立起面对灾难时积极应对的思维，及感恩回馈社会的意识。

任务一 微信“朋友圈”推广

任务背景

“微信”每个人几乎都有，它现在已经和人们的生活密不可分，发布朋友圈，和亲朋好友发个信息非常方便，常言说：“有人的地方就有市场”，为了拓宽销路，增强自家产品的辨识度，挖掘新的消费需求，通过前期的营销推广，小吴也积累了一批微信朋友，小吴决定从“朋友圈”入手，，做网络推广。她应该怎么做呢？

任务目标

- 能熟练地对商品进行“朋友圈”推广。
- 掌握一定的软文写作技巧。
- 能够利用微信进行潜在客户挖掘。

实操教练 微信“朋友圈”推广

1. 注册“微信”账号

（1）在手机应用市场上下载“微信”应用程序，如图 4-1-1 所示。

（2）点击手机界面的“微信”图标，如图 4-1-2 所示。

（3）点击“微信”初始界面的“注册”按钮，如图 4-1-3 所示。

(4) 在打开的界面中，填写昵称、手机号码、密码后，点击“注册”按钮，如图 4-1-4 和图 4-1-5 所示。注册就完成了。

图4-1-1　应用市场中下载“微信”

图4-1-2　手机“微信”APP的图标

图4-1-3　“微信”初始页面

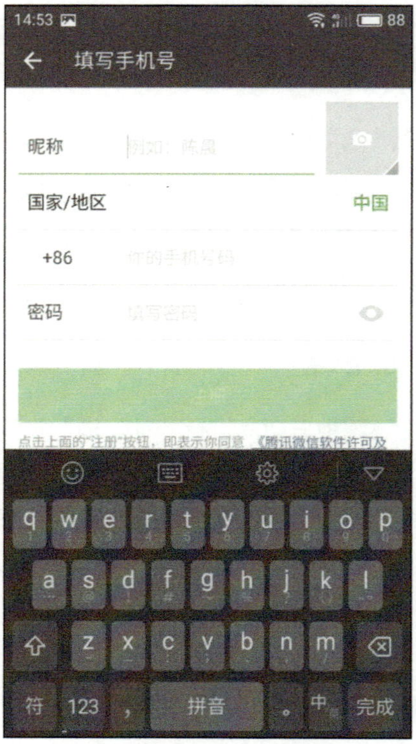

图4-1-4　微信注册界面

2. 认识“微信”的“朋友圈”

登录“微信”之后，在“微信”界面下方，点击“发现”，找到“朋友圈入口”，如图 4-1-6 所示。“微信”的“朋友圈”就处在“发现”一项中。

图4-1-5　微信注册成功

图4-1-6　登录后的微信界面

小贴士：

除了手机客户端以外，“微信”还提供电脑客户端服务，在实际应用中可根据需要选用。

3. 推广前准备

1）增加好友人数

分别用两种常见方式添加：①直接添加或者扫描二维码添加；②通过手机“摇一摇”“附近的人”查找添加，如图 4-1-7 所示。

2）拟定推广策略，准备推广内容

小吴果园所在的县城，为打造旅游品牌，促进当地居民创收，结合当地成规模的桃园种植情况，拟定每年举办“桃花节”，既吸引游客赴当地旅游，又能促进当地桃子品牌的推广。根据这个情况，小吴拟定以下推广策略：

(1) 结合每年“桃花节”的主题，围绕主题活动策划本公司推广内容；

(2) 以一周两至三次的频率发布与桃相关的图文信息，发布时间定在 20：00 至 22：00 时间段。

3）“朋友圈”推广实施

今年是第一届“桃花节”，节日活动以“访智者故里，游世外桃源”为主题，通过“桃花缘”（相亲交友、桃园寻宝）、“桃花行”（垂钓、摄影）、“桃花会”（农机推广、农产品展示）、“结佛缘”（挖掘和宣传智者大师）等主题活动，展现智者故里优美、落英缤纷的美景。小吴根据准备的策划方案和内容在“朋友圈”里推广自己的产品。

（1）预热。在“桃花节”前，选取带有指向性的 ID“桃子”，做软广告，用诗句代替干巴巴的通知公告。同时利用微信创建位置的功能，标示出了“桃花节”这一重要信息，如图 4-1-8 所示。

通过几幅图片 展示桃花之美，配上诗句显示出对生活美的向往，引人遐想，激起观者参与的欲望。

图4-1-7 常用好友添加方式

图4-1-8 桃花节预热推广

（2）铺垫。小吴在朋友圈发布了举办桃花节的消息之后，收到了朋友们热烈的回应，她认为应该趁热打铁，找到热点亮点，进一步扩大影响力，于是她策划了一系列围绕桃花、桃子、桃树的营销推广，让人们将桃花的美与自己家桃子的品质结合起来，如图 4-1-9 所示。

（3）沉淀。通过一系列宣传推广，朋友们转发、集赞、报名参加“桃花节”。根据策划，桃子进入提升效果环节，建立了微信交流群，进一步拉近自己与目标客户之间的关系。如图 4-1-10 所示。

图4-1-9　桃花节推广之桃花酒转发、集赞图

4-1-10　目标客户沉淀整合

知识储备

1. “朋友圈”基础功能

（1）图片动态。“朋友圈”可直接发布图片动态，图片可以选择拍照或者从相册中选取，一次最多可以分享九张图片，但图片发布出来后会有压缩，不同平台的压缩比率不同。通常来说，iOS 下发布的图片清晰度高于其他平台。发布图片的同时可以配上文字说明。

（2）小视频。可以拍摄小视频发布在“朋友圈”与大家分享。“小视频”当前支持最长 8 秒钟的小视频分享，朋友圈中显示的小视频默认自动播放，但无声音，点击“小视频”进入单独播放画面时可播放声音。也可以在聊天列表界面下直接拍摄发布小视频，以达到快捷分享的需要。

（3）纯文字信息。长按发布“朋友圈”的相机图标，可以进入发布纯文字动态的界面。纯文字动态支持保存最近一次的草稿，上次编辑未发送或者清空的内容在下次打开时会自动恢复。

（4）网页和链接。“朋友圈”支持其他应用的分享。其他应用可以通过接入“微信”的分享端口，在应用内部直接分享内容到“朋友圈”中。分享到“朋友圈”中的内容以链接形式存在。音乐类应用分享的歌曲可以在“朋友圈”中点击播放图标直接播放，不需打开链接。

（5）广告。“朋友圈”可以推送广告，形式和一般“朋友圈”类似，为“图片 + 文字”。“朋友圈”会在右上角显示“推广”字样。“微信”第一版广告中仅有“vivo”“可口可乐”和“宝马”三条广告，基于内部算法分别推送给不同用户，现在参与到推广中的厂商越来越多。广告“朋友圈”和一般“朋友圈”类似，会随着时间线而被新的“朋友圈”内容往后推进，并不是固定位置。

（6）评论和点赞。“朋友圈”分享可以评论和点赞。自己发表的评论可以随时删除，“点赞”

的再点击一次可以取消，每条消息只能进行一次点赞操作。朋友的“朋友圈”下的评论只有同时也是自己的联系人时才可以看到。

2. “朋友圈”高级功能

（1）自己的“朋友圈”分享可以随时删除，图片和链接可以收藏和转发，收藏支持标签管理，图片还可以编辑权限为“仅自己可见”。

（2）“朋友圈”支持设置“不看 TA 的朋友圈”与“不让 TA 看我的朋友圈”。

（3）“朋友圈”支持分组分享。在发送图片和小视频时可以选择“谁可以看”，可以选择已经创建的分组，将朋友圈消息发送给指定分组好友，或者指定分组好友不可查看。也可在此页面中管理分组。

（3）支持发出“地点和 @”。发送图片和小视频时支持添加地点信息，需要手机打开“允许应用使用位置信息”。位置可以选择已有地标，也可以创建新地标，目前对于地标的创建无审核，通过创建个性化的地标可以起到为朋友圈分享添加“小尾巴”的效果。发送图片和小视频时同时可以 @ 某人，被 @ 的联系人会收到提示消息提示查看该条朋友圈。

课堂实训

湖北省武汉市仪表电子学校的学生在实训课上最新制作了一批规格大小不同的金属孔明锁，非常精致有创意。电子商务专业的老师鼓励本专业的学生以孔明锁为商品，借此进行微信朋友圈推广的练习。请借助下面提供的信息进行操作。

孔明锁：全金属，不锈钢材质；重量 500 g 以内；直径 20 cm；数量 40 个；成本价格为 8 元。图片为教材中提供的相应图片，可根据需要修改，也可用其他图片代替。

实训要求

4 ~ 5 名同学组成一个团队，利用上文中提供的信息及随书附赠的素材，完成下列任务并填写完成表 4-1-1。

表4-1-1　朋友圈推广的任务清单

微信账户名	
命名依据	
团队成员	
成员分工	

续表

推广思路	
推广效果评价	

完成表 4-1-2 课堂训练任务评价表。

表4-1-2　课堂训练任务评价表

任务名称	任务职责	参与成员	自评分	互评分

课后实训

湖北省武汉市仪表电子学校形象设计专业学生制作了一批美甲甲片成品，请电子商务专业同学帮忙在网上卖掉，回收资金再购买一些指甲油等课题练习消耗品。

每周五下午是形象设计专业的开放日，在这一个下午里，形象设计专业实训室是对外开放的，需要美甲、化妆、盘发造型的师生可以以较低的价钱请形象设计同学提供相应服务。收费标准：美甲 20 元 / 次，造型 15 元 / 次，纹眉、眼线、唇线大约 800 元 / 次。

实训要求

问题一：如何在微信朋友圈中推广他们的产品？

问题二：你能试着找出在微信朋友圈中推广该类产品的要点么？

以 4 ～ 5 人为一个团队，根据上文要求进行微信朋友圈推广，并评估效果。如果你的学校里也有特色专业，能够提供一些特色产品给你，请利用你的朋友圈进行推广吧。

任务二 建立微信公众号/微官网

任务背景

小吴自从在微信“朋友圈”中开始推广之后，越来越多的人认识她和她的桃子，有人就建议她干脆开个公众号，建个微官网，这样大家就能更方便地在网上买她的桃子，小吴在经过咨询之后，决定着手建立自己的公众号和微官网。她应该怎么做呢？

任务目标

- 能自主进行公众号的申请。
- 了解一般公众号的应用方式。
- 能够利用公众号发软文。
- 会自主申请微官网账号，并建立网站。

实操教练 建立微信公众号/微官网

1. 注册公众号

（1）登录网页搜索“微信公众号注册”页面，如图 4-2-1 所示。

图4-2-1 登录网页搜索公众号注册页面

（2）单击“使用帮助”，了解微信公众号注册的规则，如图 4-2-2 所示。

图4-2-2　了解微信公众号使用规则

(3) 单击图 4-2-1 的界面中的“立即注册”。在之后出现的界面中，根据需要选择“订阅号”“服务号”“小程序”“企业号”，小吴选择了“订阅号”，如图 4-2-3 所示。

图4-2-3　选择公众号类别

(4) 选择之后，在注册界面中填写邮箱、密码、验证码后，单击“注册”按钮，如图 4-2-4 所示。

图4-2-4 填写注册信息

（5）微信公众号平台发送确认邮件到注册邮箱，如图 4-2-5 所示。

图4-2-5 平台向注册邮箱发送确认邮件

（6）登录邮箱，单击链接确认，如图 4-2-6 所示。

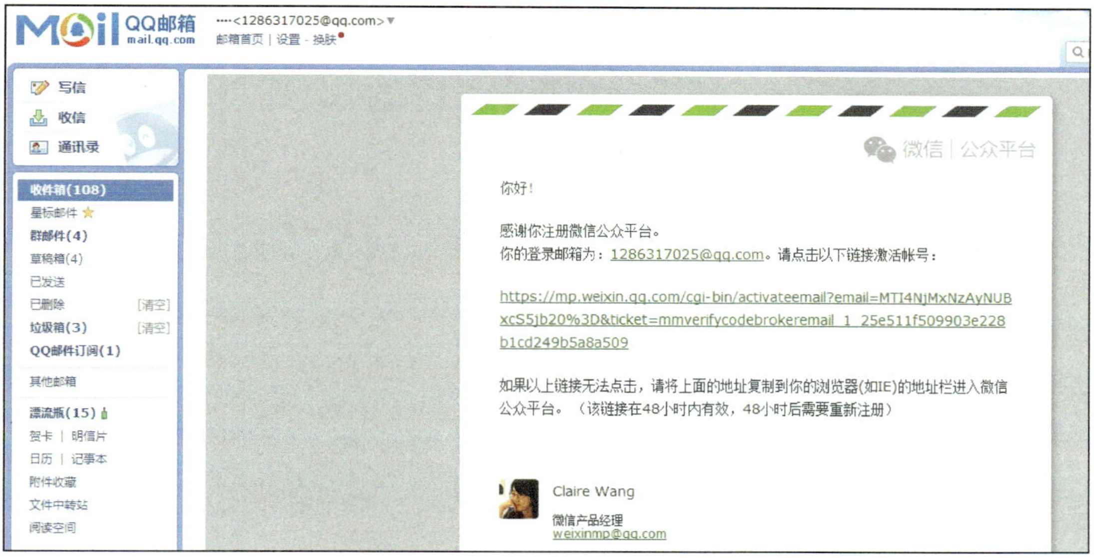

图4-2-6 登录邮箱查看邮件

（7）单击链接之后，在弹出页面里选择公众号类型，小吴选择“订阅号”，在这里尤需注意的是选择之后就不能更改，如图 4-2-7 所示。

图4-2-7 选择公众号类型

（8）进行运营者身份信息登记，如图 4-2-8 所示。

图4-2-8　运营者信息登记

(9) 填写好公众号的相关信息，单击“完成”，就注册成功了，如图 4-2-9 所示。

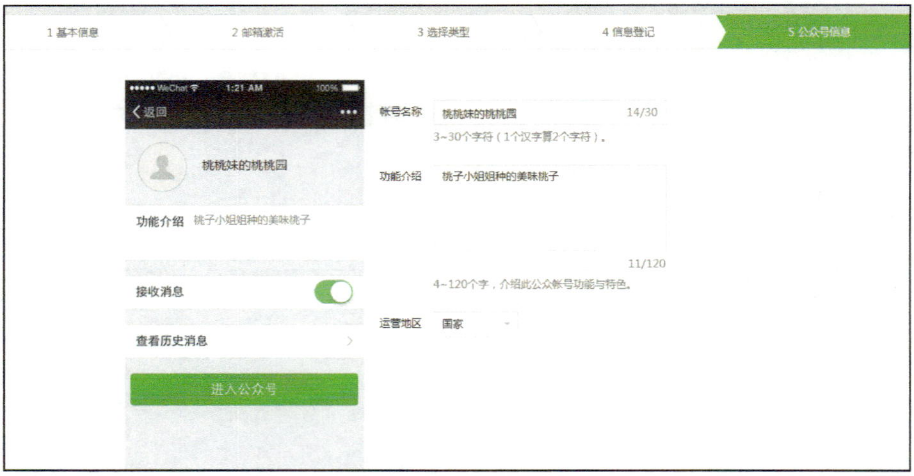

图4-2-9　填写公众号信息，注册完成

2. 认识使用公众号

在公众号注册成功之后，小吴进行了第一次登录，密密麻麻的功能组件把她给搞蒙了，如图 4-2-10 所示，她该怎么来使用呢？

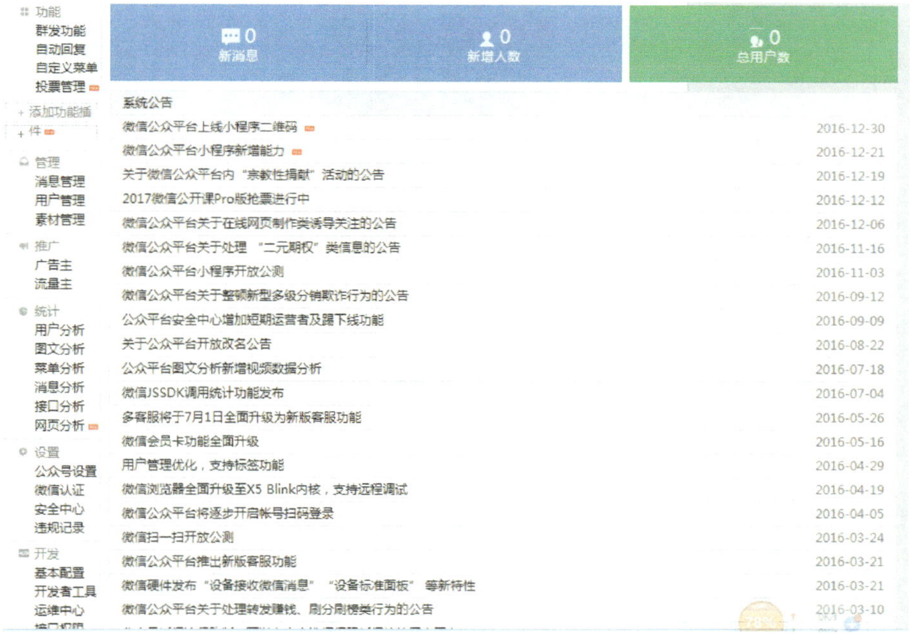

图4-2-10　公众号初始登录界面

（1）对界面进行梳理，小吴发现，整个公众号界面类似自己以前常用的QQ空间，无非就是设置、发送和管理，有了这些认识之后，小吴就有了应用微信公众号的信心。

（2）小吴准备先尝试一下，利用微信公众号，发送自己的第一则消息，如图4-2-11所示。这里要注意的是每天只有一次群发的机会，所以要重视内容的编辑。

图4-2-11　图文内容编辑

（3）单击“群发”按钮后，根据提示扫描二维码，如图4-2-12所示。

图4-2-12　发消息前需扫码确认

（4）扫描二维码获取授权后，就发送成功了，如图 4-2-13 和图 4-2-14 所示。

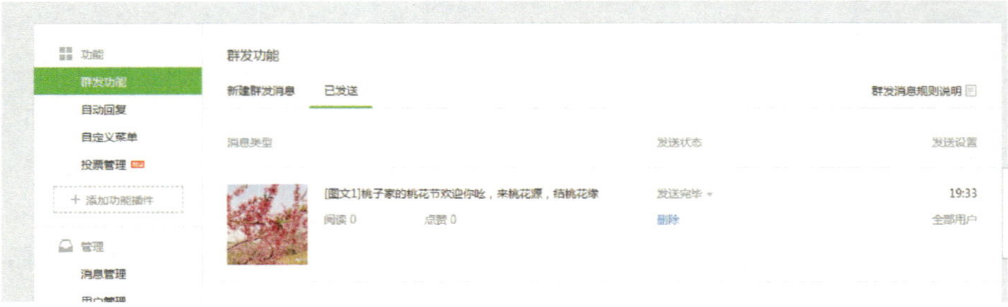

图4-2-13　发送成功（1）

通过操作她还发现，在自己的微信上绑定了公众号平台账号，很多操作，也能够用自己的手机来完成，这样以后发起消息来就更加方便了，如图 4-2-15 所示。

图4-2-14　发送成功（2）

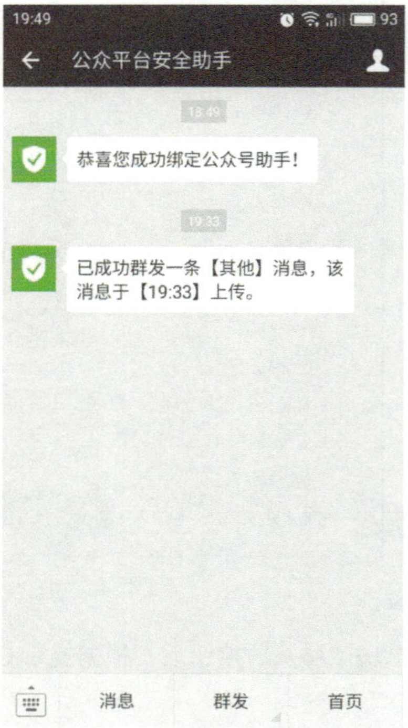

图4-2-15　微信绑定公众号助手

3. 建立微官网

小吴在网上查询相关信息之后，就决定自己尝试建立一个微官网，与公众号双管齐下，提升自家桃子的品牌特性。可以做微站的平台五花八门，功能各异，在多方比较之后，她选取了 BlueMP 网站来做微站开发，具体操作如下：

（1）在浏览器上登录 BlueMP 官网，单击“注册”选项，如图 4-2-16 所示。

图4-2-16　登录BlueMP官网

（2）填写信息，注册麦片账号，如图 4-2-17 所示。

图4-2-17　注册麦片账号

（3）登录网站，确认是否有免费建站资格，如图 4-2-18 所示。

图4-2-18　确认是否可免费建站

（4）如不可免费建站，则需要购买资格，如图 4-2-19 所示。

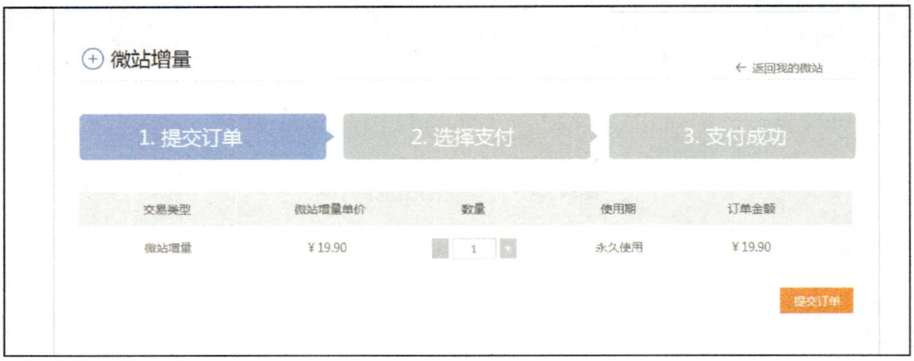

图4-2-19　购买微站增量

（5）对微官网进行基本信息设置，如图 4-2-20 所示。

图4-2-20　对微官网进行信息设置

（6）对微官网进行分享设置，如图 4-2-21 所示。

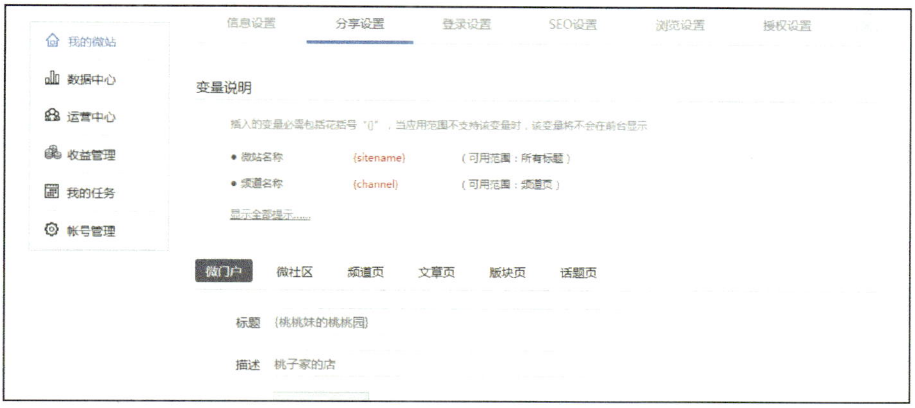

图4-2-21 对微官网进行分享设置

（7）根据需要选择微官网的模板，如图 4-2-22 所示。

图4-2-22 选择模板

（8）设置微官网界面，如图 4-2-23 所示。

图4-2-23 设置微官网界面

（9）在微官网发表文章，如图 4-2-24 和图 4-2-25 所示。

图4-2-24　微官网发表文章（1）

图4-2-25　微官网发表文章（2）

（10）微官网初建完成，可扫描二维码在手机登录，如图 4-2-26 和图 4-2-27 所示。

图4-2-26　微官网预览图

图4-2-27　手机登录微官网

知识储备

1. 微信公众号的类型

建立微信公众号时，可选择的类型有订阅号、服务号、企业号及小程序，公众号运营者按照自己的需求和自身的特点来选择不同的类型。一旦选定，公众号类型是不允许再次更改的。那么，这些不同的公众号类型之间有什么区别呢？

1）订阅号

订阅号的作用就是媒体社交，订阅号最主要是自媒体或媒体为读者用户提供优质的、他们感兴趣或有价值的内容，从而与关注者建立关系或使用户对自身品牌的认可。订阅号适用于组织和个人。

2）服务号

服务号主要是商业（组织）为客户提供优质的服务，提供强大的业务服务与用户管理服务，帮助企业与关注者建立关系、促进购买。不适用于个人，只适用于组织。

3）企业号

顾名思义，企业号是企业组织应用的一种公众号类型，很多学校使用的“智慧校园”就是一种企业号应用。企业号是一个对“内部”开放的平台，也是一个应用入口，帮助企业或组织建立员工、上下游合作伙伴与企业 IT 系统间的连接。

利用企业号，企业、组织或第三方合作伙伴可以帮助企业快速、低成本地实现高质量的移动轻应用，实现生产、管理、协作、运营的移动化。不适用于个人，只适用于组织。

应用场景包括员工出差、移动办公、管理一线员工、连接合作伙伴、提升服务能力等。

4）小程序

小程序就是应用号，是2016年微信新推出的公众号类型。打开个人微信账号的“发现”可以发现小程序，里面有“附近的小程序”，不需要特意查找。现在很多人使用的“摩拜单车”也出现在小程序里。

小程序使用起来和安装的APP（应用程序）的使用感受是一样的，使应用程序有了更轻量的形态，类似于把APP安装在云端，用户更换手机也无需担心程序丢失。

对于微信用户而言，微信成为这些应用的一个容器和统一入口，用户终端上就可以少装一些低频度使用的应用，也节约了手机的内部资源。

总结一下，个人申请公众号的类型只能是订阅号；企业或组织对外服务可选择订阅号或服务号，对内管理选择企业号；小程序则是企业开发的APP的微信安装版。对企业而言，订阅号、服务号和企业号如何选择，可以在一些更细致的方面进行比较，如表4-2-1所示。

表4-2-1　订阅号、服务号和企业号对比项目表

对比项	订阅号	服务号	企业号
群发消息限制	每天1条	每月4条	无限制（每分钟可发1 000次）
消息显示位置	折叠在订阅号目录中	会话列表首层	会话列表首层
基础消息接口	有	有	有
自定义菜单	有（认证订阅号）	有	有
高级接口权限	部分支持（普通订阅号不支持，认证订阅号部分支持）	支持（普通服务号不支持，认证服务号完全支持）	部分支持（普通企业号不支持，认证企业号部分支持）
微信支付	不支持	可申请（认证服务号）	不支持
面向人群	个人、媒体、企业、政府或其他组织	媒体、企业、政府或其他组织	企业、政府或其他组织
关注者身份验证	任何微信用户扫码即可关注	任何微信用户扫码即可关注	通讯录成员可关注
消息保密	消息可转发、分享	消息可转发、分享	消息可转发、分享。支持保密消息，禁止转发和分享
定制应用	不支持，新增订阅号需要重新关注	不支持，新增服务号需要重新关注	可根据需要定制应用，多个应用聚合成一个企业号
侧重功能	信息传播	对用户进行服务	实现生产管理、协作运营移动化

2. 微信公众号的常用功能

微信公众号尽管有多种类型，但是基本功能相同。微信公众号的常用功能如下：

1）群发功能

微信公众平台对群发消息没有人数限制，但只能群发给订阅用户；支持群发文字、语音、图片、视频、图文消息；上传至素材管理中的图片可反复使用；群发消息标题上限为64个字节、内容文字上限600个字符或汉字、语音最大30 MB、视频最大20 MB；群发消息仅支持中英文。

2）自动回复功能

- 被添加自动回复：可设置当用户关注微信公众号时自动推送一条信息，内容支持文字、

图片、视频等类型。

- 关键词自动回复：设置关键词和与关键词对应的回复信息，当用户发送包含关键词的消息，系统会通过匹配关键词自动回复用户。
- 消息自动回复：当订阅用户回复消息时，管理员未设置关键词或者消息匹配不到关键词，系统自动推送的信息。

3）信息管理功能

- 用户管理：可对用户进行定义分组、黑名单、星标组（重要用户），然后分别推送不同的消息。
- 素材管理：管理公众平台的图片、语音、视频以及图文消息，在回复用户或者推送消息时可随时选用。
- 消息管理：可看到订阅用户最近 5 天发送给微信公众号的消息，并进行回复，5 天后消息将被删除。

4）统计数据功能

- 数据统计用户分析：微信公众号后台可对关注的人数、每日新增用户数以及分布等进行数据统计。
- 数据统计图文分析：包括一些帮助运营人员判断图文消息阅读情况的一些关键指标，如送达人数、图文页阅读人数（点击图文页的人数，重复点击不计在内）、图文阅读次数（点击图文页的次数，包括非订阅用户的阅读和用户的重复阅读）、原文阅读人数、原文阅读次数、分享转发人数、分享转发次数等。

5）功能接口

如果微信公众号的运营者自己拥有服务器资源，可提供 URL 并正确提供相应微信的验证，则可申请成为开发者，在微信公众平台提供的接口接入更多个性化功能。

3. 微官网

简单的说，就是把网站移到微信上，也就是个微缩版的网站。企业网站的功能都可以移植到微官网上，企业服务信息、活动等通过微信网页的形式打开。

课堂实训

湖北省武汉市仪表电子学校的学生在实训课上最新制作了一批规格大小不同的金属孔明锁，非常精致有创意。电子商务专业的老师鼓励本专业的学生以孔明锁为商品，借此进行微信公众号推广的练习。请借助下面提供的信息进行操作。

孔明锁：全金属，不锈钢材质；重量 500 g 以内；直径 20 cm；数量 40 个；成本价格为 8 元。图片为教材中提供的相应图片，可根据需要修改，也可用其他图片代替。

实训要求

4 ~ 5 名同学组成一个团队，利用上文中提供的信息及随书附赠的素材，完成表 4-2-2 和表 4-2-3。

表4-2-2 微信公众号推广的任务清单

微信公众号账户名	
命名依据	
团队成员	
成员分工	
推广思路	
推广效果评价	

表4-2-3 课堂训练任务评价表

任务名称	任务职责	参与成员	自评分	互评分

课后实训

湖北省武汉市仪表电子学校形象设计专业学生制作了一批美甲甲片成品，请电子商务专业同学帮忙在网上卖掉，回收资金再购买一些指甲油等课题练习消耗品。

每周五下午是形象设计专业的开放日，在这一个下午里，形象设计专业实训室是对外开放的，需要美甲、化妆、盘发造型的师生可以以较低的价钱请形象设计同学提供相应服务。收费标准：美甲 20 元 / 次，造型 15 元 / 次，纹眉、眼线、唇线大约 800 元 / 次。

实训要求

问题一：如何在微信公众号上推广他们的产品？

问题二：推广之后，如何提炼客户形成消费呢？

以 4 ~ 5 人为一个团队，尝试建立一个微官网。如果你的学校里也有特色专业，能够提供一些特色产品给你，请你也尝试着做个微官网吧。

任务三 团购模式和微商城

任务背景

自从开通了公众号和微官网之后，小吴越来越能感受到电子商务为自家桃子销售带来的好处，她在应用中发现好多商家经常会做团购、拼爆款，还有些建立了自己的微商城，对销售大有帮助。她也在想，卖桃子该怎么团购呢？如果做微商城，怎么做出特色呢？

任务目标

- 掌握一般的团购操作模式。
- 会建立并运营一家微商城。

实操教练　利用微信平台做团购和微商城

1. 团购前准备

(1) 定价选择。平时销售桃子的价格，是在综合考虑市场价、运费、损耗、人工等各种因素的基础上制定的，一般 5 至 8 元一斤（500 g）。在团购中，排在第一位的要素就是价格，比平时低是必然的，但是要是低得太多，有可能亏本。在经过测算之后，小吴做出如下的安排：

重量（斤）	3	5	10
价格（元）	20	30	50

(2) 时间选择。自家桃子是在每年四月中下旬上市，比其他品种早上市 15 ~ 20 天，有较好的销售时间，团购选在五月上旬，赶在其他品种桃子上市之前，用销量带动销售，提高收益。

(3) 包装。团购中三款价格的桃子采用固定包装模式，分别选用标准纸箱，对商品保护得当，避免运输中损耗。

2. 团购实施

(1) 信息发布。编辑团购广告发布在微信公众号、微信上，并采用微信转发，如图 4-3-1 ~ 图 4-3-3 所示。

（2）客户发掘。通过微信订货的客户加入团购群组或做好标识重点维护，做好一对一服务，如图 4-3-4 所示。

（3）售后。邀请客户发布团购体验或评价小文章，在微信公众号或微信上转发，增强美誉度。

图4-3-1　微信公众号发布团购信息（1）

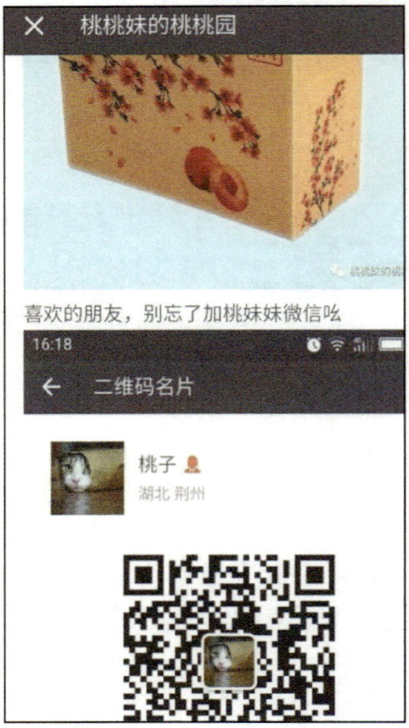

图4-3-2　微信公众号发布团购信息（2）

图4-3-3　微信转发公众号信息图

图4-3-4　创建团购群关注重点客户

团购让小吴的桃子销量有了增长，有人建议说桃子每年只有一个季节，光卖桃子不是浪费平台和资源么？为什么不试着建一个微商城，将更多的农产品上架，做一个优质品牌呢？小吴会怎样做微商城呢？

3. 微商城的构建

（1）登录微信公众号平台，单击“添加功能插件”按钮，显示如图 4-3-5 所示，单击“微信小店”选项。

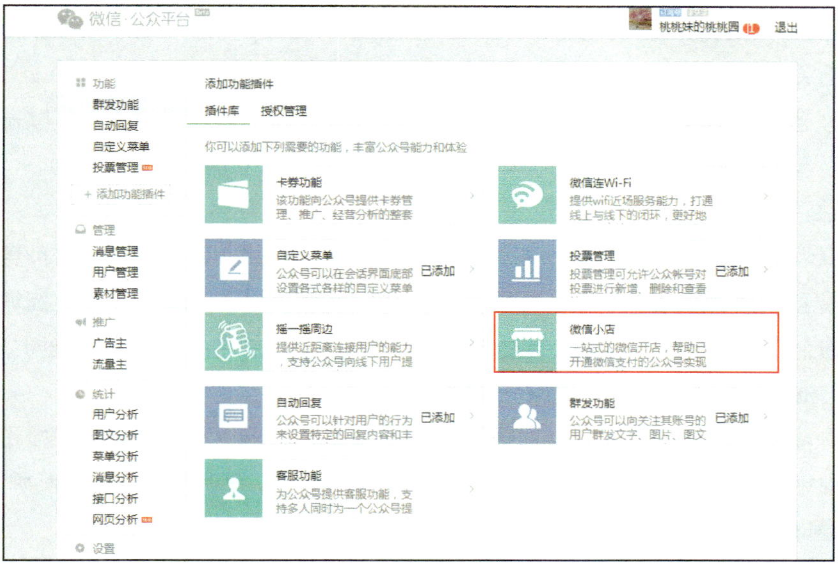

图4-3-5　在添加功能组件里选择“微信小店”

（2）弹出开通界面，在这里注意“申请条件”的提示，要在开通“微信支付”之后才能开通微信小店，如图 4-3-6 所示，满足条件，点击“开通”按钮，微店就开成功了。

图4-3-6　开通微信小店

知识储备

1. 什么是团购

团购（Group purchase）就是团体购物，指认识或不认识的消费者联合起来，加大与商家的谈判能力，以求得最优价格的一种购物方式。根据薄利多销的原理，商家可以给出低于零售价格的团购折扣和单独购买得不到的优质服务。

团购作为一种新兴的电子商务模式，通过消费者自行组团、专业团购网站、商家组织团购等形式，提升用户与商家的议价能力，并极大程度地获得商品让利，引起消费者及业内厂商、甚至是资本市场关注。

商家可以通过像美团网、糯米网、大众点评这样的专门平台做团购，也可以通过像微信这样的自媒体平台做团购。

2. 什么是微商城

微商城又叫微信商城，是 Micronet 微网基于微信而研发的一款社会化电子商务系统，同时又是一款传统互联网、移动互联网、微信商城、易信商城、APP 商城、支付宝商城、微博商城七网一体化的企业购物系统。消费者只要通过微信商城平台，就可以实现商品查询、选购、体验、互动、订购与支付的线上线下一体化服务模式。

本例中，小吴通过微信、微官网、团购等形式让自家的桃子有了销量，积攒了粉丝，可以在这个基础上建微商城，将更多的农产品上架，充分利用资源，同时有利于企业品牌形象的提升。

3. 微店和微商城的区别

微店就是微信端的私人店铺，是很多人利用碎片化时间，在微信端进行经营活动的一种方式。经营微店的人就是微商。和字面意思不同，微店和微信关系并不大，微店一般是借助下载安装的 APP 开设的，微商城也是微店的一种类型。

前文所提的微信小店严格来说应该叫做微商城，是依托公众号平台存在的。在功能上，微信小店类似于移动端的淘宝，是基于微信支付并通过公众账号售卖商品，可以实现包括开店、商品上架、货架管理、客户关系维护、维权等功能。

开设主体上，微店一般是个人开设，微信小店一般是企业行为。

销售商品数量上，微店商品比较少，微商城可以上架几十甚至几百款产品。

课堂实训

湖北省武汉市仪表电子学校的学生在实训课上最新制作了一批规格大小不同的金属孔明锁，非常精致有创意。电子商务专业的老师鼓励本专业的学生以孔明锁为商品，借此进行微信团购的练习。请借助下面提供的信息进行操作。

孔明锁：全金属，不锈钢材质；重量 500 g 以内；直径 20 cm；数量 40 个；成本价格为 8 元。图片为教材中提供的相应图片，可根据需要修改，也可用其他图片代替。

实训要求

4 ~ 5 名同学组成一个团队，利用上文中提供的信息及随书附赠的素材，完成表 4-3-1 和表 4-3-2。

表4-3-1　微信团购的任务清单

微信账户名	
团队成员	
成员分工	
团购定价策略	
团购发布平台	
团购客户维护方式及情况	
团购销售情况评价	

表4-3-2　课堂训练任务评价表

任务名称	任务职责	参与成员	自评分	互评分

课后实训

湖北省武汉市仪表电子学校形象设计专业学生制作了一批美甲甲片成品，请电子商务专业同学帮忙在网上卖掉，回收资金再购买一些指甲油等课题练习消耗品。

每周五下午是形象设计专业的开放日，在这一个下午里，形象设计专业实训室是对外开放的，需要美甲、化妆、盘发造型的师生可以以较低的价钱请形象设计同学提供相应服务。收费标准：美甲 20 元 / 次，造型 15 元 / 次，纹眉、眼线、唇线大约 800 元 / 次。

实训要求

问题一：他们要做团购的话，该怎样进行产品搭配？

问题二：请尝试帮忙设计合适的团购宣传策略。

问题三：怎么有效的帮他们找到团购目标客户？

以4～5人为一个团队，根据上文要求进行微信团购推广，并评估效果。如果你的学校里也有特色专业，能够提供一些特色产品给你，请利用你的微信做做团购。

任务四 “淘宝直播”推广

任务背景

突如其来的新冠疫情给大家的生活带来了翻天覆地的变化。每年春节期间，原本是不少农民的“致富季”、“畅销季”，但因为疫情的冲击，今年不少地方的农民在销售上犯了难，小吴家的桃子也因此滞销。一方面果蔬商贩无法出门，无人能到产地购买，造成产品积压库存量大；另一方面是无良中间商贩长期哄抬果蔬价格，使果蔬进入一个异常高价暴发期，造成产地卖不出，消费者买不起。新鲜蔬果如何直达百姓餐桌，成为大众最为关注的民生痛点。

为解决疫情期间农货滞销的难题，淘宝上线了“吃货助农”会场，淘宝吃货官方直播间与原产地连麦，直播推介滞销农产品。直播间的现场连麦，让消费者直观地看到蔬果来自原产地品质和新鲜，产地直供、线上销售的助农新模式，也让更多农户找到了新的市场空间，小吴也开始尝试加入直播的行列。

任务目标

- 能完成淘宝直播账号的注册
- 能熟练的对商品进行“淘宝直播”推广
- 掌握一定的直播产品预告发布技巧
- 能够为售卖产品录制直播讲解

实操教练 “淘宝直播”推广

1. 注册直播“账号”

(1) 在手机应用市场上下载“淘宝主播”应用程序，如图4-4-1所示。

(2) 单击手机界面的“淘宝主播”图标。

(3) 单击“淘宝主播”初始界面的“淘宝账号绑定”或者选择“支付宝账号绑定”，注册完成。

图4-4-1　应用市场中下载“淘宝主播”

2. “淘宝主播”入驻认证

(1) 单击“立即入驻，即可开启直播”按钮，如图 4-4-2 所示。

(2) 淘宝主播需要实人认证，单击“去认证”进行实人认证，如图 4-4-3 所示。

(3) 人脸识别认证，如图 4-4-4 所示。

(4) 完成认证，如图 4-4-5 所示。

(5) 返回主界面，在账号设置中，按照产品需求修改昵称，如图 4-4-6、图 4-4-7 所示。

(6) 单击小电视按钮，进入直播界面。

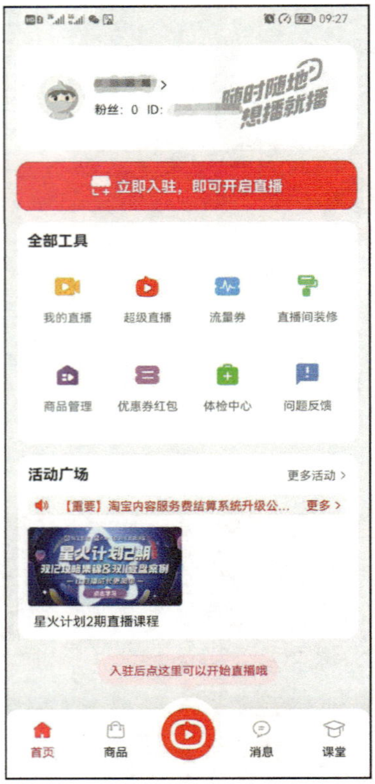

图4-4-2　单击“立即入驻，即可开启直播”

图4-4-3　“实人认证”界面

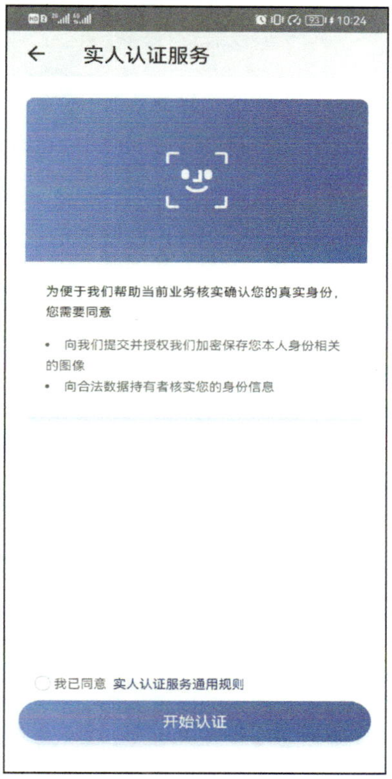

图4-4-4　“人脸识别认证”界面

图4-4-5　“完成认证”界面

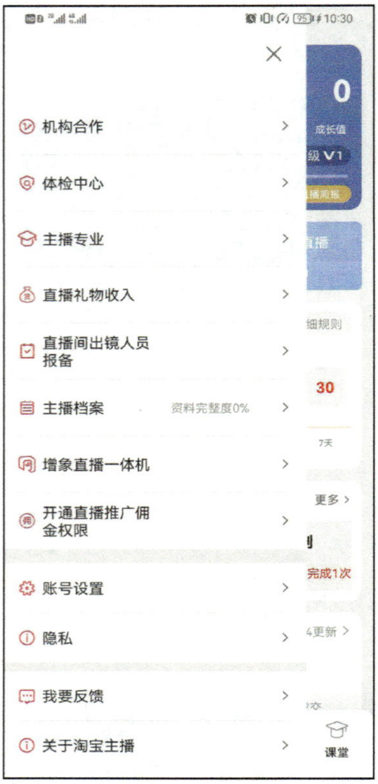

图4-4-6　“账号设置”界面

图4-4-7　“修改昵称”界面

3. 推广前准备

小吴注册淘宝主播之后，在家乡果园进行“加州红”桃直播预告，需要切换至“发预告”界面如图 4-4-8 所示，添加封面图片，添加预告视频、直播标题、直播时间、内容介绍、频道栏目等内容，进入发布预告界面如图 4-4-9 所示。

图4-4-8 “发预告”界面

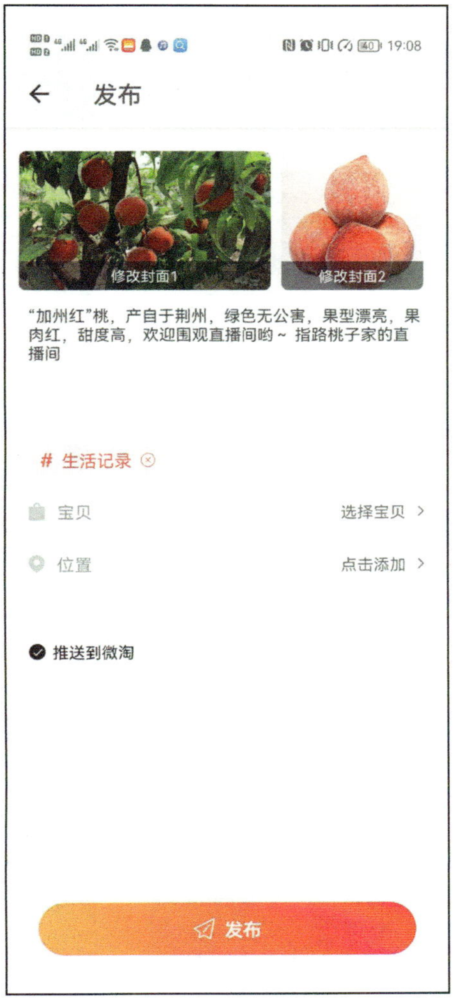

图4-4-9 “发布”界面

4. 开始直播

小吴根据预告中的时间准时开始直播，在直播中介绍家乡的“加州红”桃，与直播间观众进行互动，如图 4-4-10 所示。

5. 拍摄视频

小吴为了留住更多的客源，同时拍摄了果园内部的视频上传到直播平台，如图 4-4-11、4-4-12 所示。

图4-4-10 “开始直播”界面

图4-4-11　果园拍摄视频

图4-4-12　发布拍摄视频

6. 直播讲解

小吴在直播讲解过程中，需要单击“上架”按钮，将店铺商品上传至直播间宝贝处，如图 4-4-13、4-4-14 所示，选择商品开始讲解，录制讲解视频，最后单击结束讲解按钮，如图 4-4-15、4-4-16、4-4-17 所示。

图4-4-13　“上架商品”界面

图4-4-14　选择需要上架商品

图4-4-15　选择商品开始讲解

图4-4-16　直播讲解录制

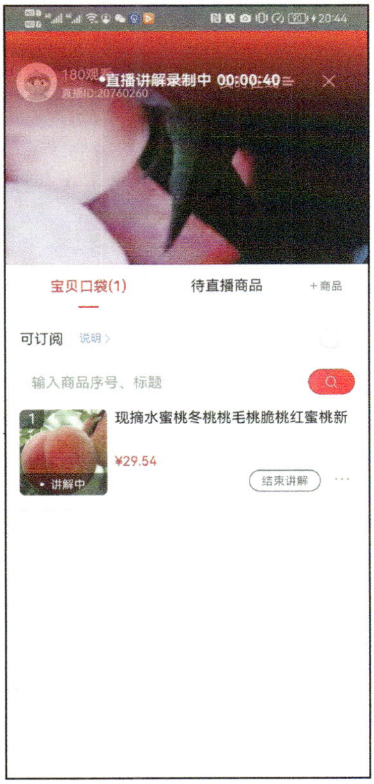

图4-4-17　结束直播讲解

知识储备

1. 淘宝直播与淘宝直播讲解

淘宝直播是阿里巴巴推出的直播平台，定位于“消费类直播”，主要的目的是以推销卖货卖产品为主，用户可边看边买，从而提升店铺的销量。电商 + 直播新型推广模式的出现，让直播成了主流的带货方式之一。同时，淘宝直播的内容涵盖的范畴是非常广泛的，包括母婴、美妆、农产品等。因此，众多的电商平台都开启了直播带货的新模式，例如京东、淘宝、苏宁易购等。

淘宝直播讲解是淘宝直播中的一个功能，相当于淘宝直播的录像功能，商家一般会对不同产品单独录制。用户在观看时可以只看某个感兴趣的产品介绍，节省用户时间、满足了大众利用碎片化的时间观看的需求。

- 使用了”直播讲解”功能的直播间，所对应的”直播讲解”将会被淘宝直播平台个性化投放到频道页的”所见即所得”模块、淘宝主搜、猜你喜欢等模块，获得更多的公域流量曝光机会（需确保宝贝主图中至少 1 个是白底图）。
- 正确使用”直播讲解”功能的直播间，能让粉丝更方便地观看直播回放，加速寻找宝贝的效率，提升直播间的成交转化效率，获得更多收益。

2. 淘宝直播的优势

淘宝是一个非常大电商平台，作为电商行业的领头羊，其直播最明显的优势就是有完善的电商体系。直播作为一种新型的营销模式，既有新媒体的引流吸粉属性又跟电商售卖相挂钩。近年来在短视频大热的前提下，直播形式的销售模式也日趋重要。论娱乐性和整体流量，淘宝直播显然不如纯粹的短视频平台，但若论直播“带货”，淘宝绝对具有核心竞争力。淘宝直播有线上商家店铺做后盾，整套直播带货的流程链条畅通无阻，直播时方便买家“一键触达”，商品关联度高、直播目的性强、购物链路便捷完整使得用户的购物体验更完善顺畅。

其次，淘宝平台作为国内的电商行业鼻祖，其平台客户的粘性比较强，它本身就具有非常高的知名度以及信任度，消费者可以非常大胆的在平台当中进行产品购买以及销售。因为淘宝平台的消费者已经习惯在平台当中购买商品，在这个前提下，消费者对淘宝直播带货平台主播的信任感会更强，再加上直播间购买产品有额外促销政策支持，也进一步刺激了消费者的购买欲望，提升了直播间的转化率以及观众购买频次。

淘宝直播作为一种新型消费模式，与实体店铺相比具有以下优势：

（1）在线直播过程提高了销售效率，降低了销售成本。

（2）直播提高了品牌知名度，增加了商品营销推广方式。

（3）降低营销推广成本。与传统营销推广渠道相比，直播的营销费用相对较低，直播回放可以长期影响受众，巩固宣传效果。

（4）直播构建了交互性购物场景，有助于现场打消消费者顾虑，提升消费者信任度，提升店铺转化率。

（5）直播可以辅助店铺运营打造爆款产品，提高店铺权重。

（6）直播可以帮助网店运营人员进行产品评测、辅助选款等，优化网店运营情况。

3. 淘宝直播的两面性

淘宝直播虽然能带来可观的收益，但是如果没有优质的直播内容，直播收获的效果也会微乎其微。卖家们需要认识到淘宝直播的两面性，考虑自己店铺是不是适合做淘宝直播。淘宝直播的需要慎重考虑的因素如下：

（1）大卖家布局早，平台分级严重。很多大卖家很早就已经单独邀约淘宝达人合作或者通过自己的渠道做达人。大卖家资源丰富，很早就着手建立自己的新媒体团队，签约主播，快速布局。但平台上的中小卖家资源、能力有限，想要分享剩余的这部分流量，只能自己下场，效果可想而知，因此平台上的层级分化越来越严重。

（2）直播内容良莠不齐。虽然有些类目是明令禁止不能进行直播的，参与直播的卖家数量众多、主播素质也良莠不齐，难免会有一些不良直播内容掺杂其中，极其容易造成内容混杂、难以监管的局面。

（3）直播在时间方面的局限性。一场直播往往有 2 个小时甚至更长时间，如果没有优秀的直播内容和丰富的产品及配套营销策略，是很难吸引粉丝持续观看的。

4. 淘宝直播的形式

淘宝直播的形式主要分为达人直播和店铺直播。

（1）达人直播："淘宝达人"直播是商家通过对自己产品的类别和特点进行分析，然后邀请相关行业中比较有名气的"达人"给自己的产品做直播，这样可以直接锁定定向的流量，提升流量的相对精准度。"达人"直播卖货没有具体的政策性限制，可以选择与多个商家合作，介绍多个商品，品种丰富、更新速度快、灵活度高。达人直播的核心是"人带货"，通过前期活动积累人气或者本身已经具有一定的粉丝人群的"达人"进行直播带货。

（2）店铺直播：店铺直播又叫店播，店播的主播一般都是商家自己培养的，主播为自己的店铺进行直播带货，有时候店主自己就是主播。店铺直播卖的都是自己店铺里的产品，直播间货品的更新取决于店铺的上线频率，如果当月店铺没有上新，那么这一个月主播就只能卖同样的东西。店播的主播更像是一个推销员的角色，用户是冲着商品或品牌来直播间的，因此就算有时直播间换主播，对消费者来说影响不大。店铺直播的核心是"货带人"，只要有品牌或者工厂质造优质商品，就能开展直播活动。

5. 淘宝直播的注意事项

主播进入门槛不高，但是要爆发，必须天时地利人和，放到电商行业就是人货场资源匹配。淘宝直播是从淘宝电商延申出来的玩法，很多逻辑都是从电商运营规则套用来的。淘宝万年不变的以数据为王，要求主播不仅能够把控好直播间节奏，还要学会从数据中分析直播间的动作。作为一名新手在直播时可以从以下角度出发：

（1）直播间封面与标题设置能吸引用户。封面图片和直播的标题，是直播间的门面。开播后，开播信息会被推送到平台，首先映入观众眼帘的就是直播间的封面和标题，这决定了在众多的直播间封面中用户是否会单击并进入到我们的直播间，所以我们的直播标题和封面不仅要合规，还要有吸引力。

① 标题要突出亮点，点明我们的直播间要推广的产品类型。

② 封面图片要清晰，突出产品的亮点。

(2) 直播中的主播技巧。

① 主播的亲和力要好（形成自己的风格）。

② 要和粉丝互动，聊天。刚开播时问候每一位进来的朋友，感谢大家每天来打卡，重复介绍一下自己，提醒粉丝关注自己。

③ 聊天过程中拉近和粉丝距离，聊天过程拔高自己的主播 IP，获取粉丝信任（在聊天过程中也要慢慢引导粉丝）。

④ 尽可能的每一条评论都回复，时不时提醒一下粉丝关注点赞，活跃直播间气氛。提醒刚进直播间的粉丝进行关注，关注过的分享等。

⑤ 直播控场一定要控好。比如把直播分为两轮，第一轮把所有产品过一遍，每个平均 5 分钟，不以自己的喜好去定夺和主推，不影响数据。第一轮结束，和粉丝进行互动或者抽奖（优惠或者发红包或者奖励都可以），然后根据第一轮的粉丝回馈和成交数据来决定第二轮的主推产品。

⑥ 直播结束最后，要感谢粉丝支持和点赞；回顾今天的主推款，要买的话可以看回放；强调自己的简介和关注，单击开播提醒等等。下播前抽个奖，形成习惯，这样每天同时在线时长会多。

课堂实训

我们通过“淘宝直播”试着用你特有的风格来尝试推广水蜜桃吧。图片为教材中提供的素材图片，可根据需要修改，也可用其他图片代替。

实训要求

3 ~ 4 名同学组成一个团队，利用上文中提供的信息及随书附赠的素材，完成下列任务并填写完成表 4-4-1 和表 4-4-2。

表4-4-1　淘宝直播推广的任务清单

淘宝账户名	
命名依据	
团队成员	
成员分工	
推广思路	
推广效果评价	

表4-4-2　淘宝直播推广任务评价表

任务名称	任务职责	参与成员	自评分	互评分

课后实训

如何为形象设计专业学生提供的服务进行淘宝直播推广呢？

问题一，如何在淘宝直播中推广他们的产品？

问题二，你能试着找出在淘宝直播中推广该类产品的要点么？

问题三，以 3-4 人为一个团队，根据上文要求进行淘宝直播推广，并评估效果。

如果你的学校里也有特色专业，能够提供一些特色产品给你，请利用淘宝直播进行推广吧。

任务五　阶段性总结——社群电商方案

任务背景

从最基础的微信“朋友圈”到时下流行的“直播带货”，小吴已经感受到网络和社交媒体给自己的销售带来的便利，但是最早的应用都是临时起意，用起来往往不是很得心应手，再加上应用过程中，她发现这些功能并不是相互独立的，它们之间存在着千丝万缕的联系。

她结合自己的产品以及在推广中的体验，决定对现有的各个应用进行整合，统一自己的网络形象，增强品牌效应和商品辨识度，最好能打通各个应用，不再各自为战，而是相互补充，相互促进。让我们一起来帮帮她吧。

任务目标

- 对已有的各个平台应用进行整理分析。
- 提出合理的改进建议。
- 熟悉社交媒体营销的常规操作方法。
- 能自己利用社交媒体做整合营销。

实操教练　社群电商方案

1. 现有平台应用

（1）查看微信效果，如图 4-5-1 所示。

（2）在微信公众号中编辑，如图 4-5-2 和图 4-5-3 所示。

图4-5-1 查看微信效果

图4-5-2 在微信公众号中编辑1

（3）查看微官网效果，如图 4-5-4 和图 4-5-5 所示。

图4-5-3 在微信公众号中编辑2

图4-5-4 查看微官效果1

图4-5-5　查看微官效果2

2. 对现有平台应用进行诊断分析

（1）小吴对现有的平台数据进行了统计，以期找出现有的问题，总结出好的做法，如表 4-5-1 所示。

表4-5-1　统计表格

应用名称	使用频率（次数）	成单率（次数）	亮点	存在问题
微信	100	23	①信息发布方便快捷；②客户群相对稳定；③反应及时，商品交易方便；④即时通信方便产品在客户群体中被广泛认可	①用户好友有上限，辐射面窄；②僵尸好友较多，须定期清理；③因维护不及时产生过丢单漏单情况
微信公众号	30	1	①有利于做品牌推广；②受众面广，结合QQ、网络软文等可使更多的人看到并关注微信公众号的内容	①目标指向性较弱；②客户引流做的不通畅
微官网	30	2	①很好的展示平台；②产品信息更新方便，能扩大覆盖面	①缺乏有效的互动通道，客户不能通过微官网实现购物；②展示的信息以图片为主，缺乏新意

（2）在基础数据的基础上，她采用 SWOT 分析法，进行了对照分析，如表 4-5-2 所示。

表4-5-2 SWOT分析模型

SWOT分析模型	
优势：①积累了一定的客户，有了较好的客户基础；②发布相对比较及时，能较快的更新产品信息，完成交易	机会：①桃子现在进入采摘期，货源充足；②网上关于天然食品、健康养生的舆论氛围营造较好；③农户们准备合作开展线下采摘直播宣传；④有网络合作商前来洽谈
劣势：①产品图片、介绍相对单一，缺乏系统宣传；②客户维护不专业，不能有效找到并深度挖掘；③对公众号、微官网、微信的维护不能专事专策	挑战：①网上桃子销售进入高峰期，出现了压价现象；②客户发展陷入瓶颈，新客户开发进度放缓

(3) 结合数据分析结果，提出改进措施如下：

① 老客户梳理：按活跃度对老客户进行分类，深度开发。

② 产品形象设计，咨询或聘请专业的宣传人员，对桃子进行二次包装，突出亮点、卖点。

③ 确立主次，从效果上看，微信强于公众号和微官网，那么微信的应用应放到首位，另外两项作为有效补充，整合推广。

④ 不能局限于微信固有的限制，要采用统一、专业的设计，拓宽客户吸引途径、优化各个应用，实现整合营销。

3. 优化各个应用，实现整合营销

你提的建议很好，请你根据改进建议，帮小吴完成各个应用的优化，实现整合营销吧。

知识储备

1. 微信营销

微信营销是网络经济时代企业或个人营销模式的一种。是伴随着微信的火热而兴起的一种网络营销方式。微信不存在距离的限制，用户注册微信后，可与周围同样注册的“朋友”形成一种联系，订阅自己所需的信息，商家通过提供用户需要的信息，推广自己的产品，从而实现点对点的营销。

2. 微信营销的功能

微信营销主要体现在以安卓系统、苹果系统的手机或者平板电脑中的移动客户端进行的区域定位营销，商家通过微信公众平台，结合转介率，微信会员管理系统展示商家微官网、微会员、微推送、微支付、微活动，已经形成了一种主流的线上线下微信互动营销方式。主要的功能应用：

(1) 点对点精准营销：微信拥有庞大的用户群，借助移动终端、天然的社交和位置定位等优势，每个信息都是可以推送的，能够让每个个体都有机会接收到这个信息，继而帮助商家实现点对点精准化营销。

(2) 形式灵活多样的漂流瓶：用户可以发布语音或者文字，然后投入大海中，如果有其他用户“捞”到则可以展开对话，如：招商银行的“爱心漂流瓶”用户互动活动就是个典型案例。

(3) 位置签名：商家可以利用“用户签名档”这个免费的广告位为自己做宣传，附近的微信用户就能看到商家的信息，如：“饿的神”“K5 便利店”等就采用了微信签名档的营销方式。

(4) 二维码：用户可以通过扫描识别二维码身份来添加朋友、关注企业账号；企业则可以设定自己品牌的二维码，用折扣和优惠来吸引用户关注，开拓 O2O 的营销模式。

（5）开放平台：通过微信开放平台，应用开发者可以接入第三方应用，还可以将应用的LOGO放入微信附件栏，使用户可以方便地在会话中调用第三方应用进行内容选择与分享。如，“美丽说”的用户可以将自己在“美丽说”中的内容分享到微信中，可以使一件“美丽说”的商品得到不断的传播，进而实现口碑营销。

（6）公众平台：在微信公众平台上，每个人都可以用一个QQ号码打造自己的微信公众账号，并在微信平台上实现和特定群体的文字、图片、语音的全方位沟通和互动。

（7）“强关系”的机遇：微信的点对点产品形态注定了其能够通过互动的形式将普通关系发展成“强关系”，从而产生更大的价值。通过互动的形式与用户建立联系，互动就是聊天，可以解答疑惑、可以讲故事甚至可以“卖萌”，用一切形式让企业与消费者形成朋友的关系，你不会相信陌生人，但是会信任你的“朋友”。

课堂实训

湖北省武汉市仪表电子学校机械制作部的同学们在课堂上实操练习过程中会制作出一批规格大小不同的金属孔明锁，非常精致有创意。电子商务专业的老师认为可以帮助他们进行销售，鼓励数控专业的同学提升工艺水平，电子商务专业学生也可以借此进行开店操作的练习。

孔明锁：全金属，不锈钢材质；重量500 g以内；直径20 cm；数量40个；成本价格为8元。

实训要求

4～5名同学组成一个团队，利用上文中提供的信息及随书附赠的素材，完成下列任务并填写完成表4-5-3和表4-5-4。

（1）将微信、朋友圈文章、公众号信息全部发布到位。

（2）会利用微信里的朋友圈、扫一扫、漂流瓶、附近的人等方式进行推广。

（3）在微信公众号上传并发布至少5个宝贝或活动的介绍。

表4-5-3　网络推广任务清单

团队成员	
所用微信功能	朋友圈□　扫一扫□　漂流瓶□　摇一摇□ 附近的人□　位置签名□
朋友圈文章标题	1. 2. 3. 4. 5.
公众号文章标题	1. 2. 3. 4. 5.

续表

推广亮点	
推广中碰到的问题	

表4-5-4 课堂训练任务评价表

任务名称	任务职责	参与成员	自评分	互评分

课后实训

湖北省武汉市仪表电子学校形象设计专业学生制作了一批美甲甲片成品，请电子商务专业同学帮忙在网上卖掉，回收资金再购买一些指甲油等课题练习消耗品。

每周五下午是形象设计专业的开放日，在这一个下午里，形象设计专业实训室是对外开放的，需要美甲、化妆、盘发造型的师生可以以较低的价钱请形象设计同学提供相应服务。收费标准：美甲 20 元 / 次，造型 15 元 / 次，纹眉、眼线、唇线大约 800 元 / 次。作为电子商务专业学生，请你提出自己的看法。

实训要求

问题一：在朋友圈、公众号上发布信息了么？请帮忙发布或修改。

问题二：请设计至少一种基于微信功能的推广。

问题三：请分析下这些商品对应不同微信功能的推广切入点。

问题四：试着做一次 SWOT 分析，找出产品的优势和劣势。

如果你的学校里也有特色专业，能够提供一些特色产品给你，请帮着他们做网上推广。

参 考 文 献

[1] 冯英健 . 网络营销基础与实践 [M]. 4 版 . 北京 ：清华大学出版社 ，2013.

[2] 王涛 . 网络营销实务 [M]. 北京 ：机械工业出版社，2012.

[3] 罗绍明 . 网络营销实训教程 [M]. 北京 ：科学出版社，2010.

[4] 张宏 . 网络营销项目化教程 [M]. 北京 ：中国铁道出版社，2013.

[5] 方国平 . 淘宝美工店铺装修实战宝典 [M]. 北京 ：电子工业出版社，2015.

[6] 淘宝大学 . 网店视觉营销 [M]. 北京 ：电子工业出版社，2013.